U0905463

珍藏本

纪念版

汉译世界学术名著丛书

亚里士多德的三段论

〔波兰〕卢卡西维茨 著

李真 李先焜 译

商务印书馆
SINCE 1897 The Commercial Press
2017年·北京

Jan Lukasiewicz

ARISTOTLE'S SYLLOGISTIC

From the Standpoint of

Modern Formal Logic

Second Edition

1957

Oxford University Press

London

根据牛津大学出版社 1957 年版译出

汉译世界学术名著丛书
（120年纪念版·珍藏本）
出 版 说 明

2017年2月11日，商务印书馆迎来120岁的生日。120年前，商务印书馆前贤怀揣文化救国的理想，抱持“昌明教育，开启民智”的使命，立足本土，放眼寰宇，以出版为津梁，沟通中西，为中国、为世界提供最富智慧的思想文化成果。无论世事白云苍狗，潮流左右激荡，甚至战火硝烟弥漫，始终践行学术报国之志，无改初心。

迻译世界各国学术名著，即其一端。早在20世纪初年便出版《原富》《天演论》等影响至今的代表性著作，1950年代后更致力于外国哲学和社会科学经典的译介，及至1980年代，辑为“汉译世界学术名著丛书”，汇涓为流，蔚为大观。丛书自1981年开始出版，历时三十余年，迄今已推出七百种，是我国现代出版史上规模最大、最为重要的学术翻译工程。

丛书所选之书，立场观点不囿于一派，学科领域不限于一门，皆为文明开启以来，各时代、各国家、各民族的思想与文化精粹，代表着人类已经到达过的精神境界。丛书系统译介世界学术经典，引领时代思想，为本土原创学术的发展提供丰富的文化滋养，为推动中国现代学术和现代化进程做出了突出的贡献。

为纪念商务印书馆成立120周年，我们整体推出“汉译世界学术名著丛书”120年纪念版的珍藏本，寄望既利于文化积累，又便于研读查考，同时向长期支持丛书出版的译者、编者和读者致以敬意。

两甲子后的今天，商务印书馆又站在了一个新的历史时间节点上。我们不仅要铭记先辈的身影和足迹，更须让我们的步伐充满新的时代精神。这是商务人代代相传的事业，更是与国家和民族的命运始终紧密相连的事业。我们责无旁贷，必须做好我们这代人的传承与创造，让我们的努力和成果不仅凝聚成民族文化的记忆，还能成为后来人可以接续的事业。唯此，才能不负前贤，无愧来者。

商务印书馆编辑部

2017年10月

目　录

本书述评

这本书是波兰逻辑学家卢卡西维茨教授的一部重要著作。作者的目的是从现代形式逻辑主要是符号逻辑的观点，对于古希腊亚里士多德（公元前384—前322年）所创始的以三段论为主的形式逻辑的一种解释。现代符号逻辑或数理逻辑发展异常迅速，已远远超出古典形式逻辑的范围，然而它仍然和亚里士多德所创立的形式逻辑有密切的联系。现代许多西方的逻辑学家在用现代形式逻辑的观点解释古典形式逻辑方面曾经进行过若干尝试，但是，全面地、系统地应用符号逻辑的方法来解释亚里士多德的三段论的著作是不多的，这是其中的一本。

本书作者卢卡西维茨教授（1878—1956）是波兰著名逻辑学家、波兰科学院院士（1937）；利沃夫（综合性）大学教授（1906—1915）；华沙（综合性）大学教授（1915—1939）；第二次世界大战后，1946年起，在都柏林的爱尔兰皇家科学院任教授。他在逻辑学方面的主要著作除本书外，还有《逻辑中的归纳法和因果关系问题》、《概率论的基础理论》、《第一个多值逻辑系统的构造，并用以构造模态逻辑系统》、《为形式逻辑和数学表达式而制订的一种创造性的语言》（即卢卡西维茨教授的没有括号的符号系统）等。由于卢卡西维茨教授的工作，波兰成为数理逻辑的世界中心之一，人才辈出。

本书第一版出版于1951年，共五章；1957年出第二版时，增加了三章，讨论亚里士多德的模态逻辑。本书根据第二版译出。

本书第一至第三章，作者考证了与三段论有关的两个历史问题。第一个问题，作者根据《前分析篇》和《后分析篇》希腊原文的研究，阐明了亚里士多德三段论的真正形式与传统逻辑的三段论形式之间的区别。第二个问题即所谓三段论的第四格，通常称为加伦（或译盖伦）格的问题。作者根据古抄本断定，三段论有两种：一种是简单三段论，即亚里士多德的三段论，亚里士多德划分为三个格，第四格是一位佚名作者增补的；另一种是复合三段论，是加伦发明的，他把这种三段论划分为四个格；复合三段论有四个词项，其中有两个中项，三个前提。它与亚里士多德的简单三段论不是一回事。所以通常认为第四格是加伦发明的看法是错误的。作者的这些历史考证，发前人所未发，颇富有启发性。

第四至第五章讨论非模态逻辑的三段论，这两章是本书的核心部分；第六至第八章讨论模态逻辑。作者对于亚里士多德的非模态三段论系统给予高度的评价，认为“亚里士多德三段论是一个系统，其严格性甚至超过了一门数学理论的严格性，而这就是它的不朽的价值”（第179页）。下面我们分别来介绍卢卡西维茨教授在这部书中所达到的研究成果。

体系。卢卡西维茨教授在1929年以前创造了一个符号体系，即不用括号的书写方式，这个符号体系，自从他发明以来，不甚为人们所注意；但是自从计算机科学发展以来，这种符号体系，在计算机上的应用却是很方便的。在这同时期，他还创造了一个演绎体系。卢卡西维茨教授说，这个演绎体系是最根本的逻辑体系，一切其他的逻辑体系都要建立在这个演绎体系的基础之上。正是在这个基础之上，他构造起来了亚里士多德三段论的全部体系。这个体系所采用的三条公理(第111页)对于亚里士多德三段论的证明是最重要的工具。

关于亚里士多德的三段论，不同的逻辑学家有不同的看法。例如说，肖尔兹教授认为"亚里士多德逻辑可以说是一种谓词的或概念的逻辑，也可以说是类的逻辑"。[①] 著名的美籍波兰逻辑学家塔尔斯基却认为"整个的旧的传统逻辑几乎可以完全简化为类与类之间的基本关系的理论。即是说，简化为类的理论中的一个小部分"。[②] 卢卡西维茨教授不同意以上两种看法。他认为，亚里士多德的三段论体系是名词(词项)逻辑，它的形式是：

所有的S都是P，

这里S、P这些字母只能代入名词，如"人"、"动物"、"哲学家"等等。本书作者和德国逻辑学家肖尔兹教授都认为，亚里士多德知道有命题逻辑，并且直观地应用了它。据肖尔兹教授说，由于他没有找到命题逻辑的推论规则，所以没有发展它。他的学生德奥弗拉斯特斯和欧德谟斯，最早用假言三段论的推理扩展了亚里士多

① 《简明逻辑史》，〔德〕亨利希·肖尔兹著，张家龙译，商务印书馆1977年版，第34页。

② 《逻辑与演绎科学方法论导论》，塔尔斯基著，商务印书馆1980年版，第73—74页。

德的逻辑，从而奠定了命题逻辑的基础。[①] 在他们之后约半个世纪的斯多亚派，在历史上第一次发展了命题逻辑的体系。[②]命题逻辑最简单的形式是：

如果 P，那么 P，

代入字母 P 的是一个命题，而不是一个名词。这两位逻辑学家及其他有些逻辑学家都认为，命题逻辑是最根本而又最重要的逻辑。

卢卡西维茨以他所创立的演绎体系和命题演算作为辅助工具来构造形式化的亚里士多德三段论的体系。他用到了命题演算的十四条断定命题，这就是简化定律、交换律、假言三段论定律、归谬定律等。在有些证明中，作者还用到了罗素和怀德海在《数学原理》(*Principia Mathematica*)一书中所表述的断定命题。这样，卢卡西维茨教授就大大扩展了亚里士多德的三段论体系。

卢卡西维茨教授说："我所关注的是根据作者本人画定的轮廓……来建立亚里士多德的三段论的原来的系统。"(第 179 页)是否真是这样，似乎还是一个问题。

公理化。公理化是近代演绎科学的一种主要方法。可是，在亚里士多德的逻辑学中，已经应用了公理化的方法。"亚里士多德并没有局限在简单列举他认为是可靠的推理规则，而是头一次对逻辑作出了某种公理化。这个成就确实是很大的。"[③]据肖尔兹教授的研究，公理化的研究是《后分析篇》这部著作的核心。

---

①② 参阅《简明逻辑史》，第 35 页。又见本书第 71 页。

③ 《简明逻辑史》，第 10 页。

卢卡西维茨教授认为，普通逻辑教科书中，把 *Dictum de Omni et nullo* 原则（全和零原则，严复译为“曲全公论”，这条原则的意思是说：凡对于一类事物的全部所肯定或否定的，对于这一类的某一个或每一个也是可以肯定或否定的）当作是亚里士多德形式逻辑的公理，这是不正确的，并且是没有根据的（第 69 页）。作者认为，亚里士多德的公理理论实际上是他的化归论，他将第一格的头两个式，即 AAA 和 EAE 作为完全的式，而把其余的不完全的式化归为这两个式。这样就对不完全的式作出了证明。这个看法并非本书作者所特有，当代有一些逻辑学家也持有这种看法。

亚里士多德划分三段论为三个格，后人又增补第四格，四个格共有正确的式二十四个，中世纪的逻辑学家给每一个式取一个名称，以便学生死背。这种办法没有什么意义，近代已经不采用了。亚里士多德取第一格的两个式作为完全的式，当作公理，其余的二十二个式是不完全的式，通过证明，化归为完全的式。现将二十四个正确的式及其名称列举如下，以便于参考：

完全的式　　AAA(Barbara)，EAE(Celarent)

不完全的式：

第一格

AAI(Barbari)；　　AII(Darii)；

EAO(Celaront)；　　EIO(Ferio)。

第二格

AEE(Camestres)；　　AEO(Camestrop)；

AOO(Baroco)；　　EAE(Cesare)；

EAO(Cesaro)；　　EIO(Festino)。

第三格

AAI(Darapti)；　　AII(Datisi)；

EAO(Felapton)；　　EIO(Ferison)；

IAI(Disamis)；　　OAO(Bocardo)。

第四格

AAI(Bramantip)；　　AEE(Camenes)；

AEO(Camenop)；　　EAO(Fesapo)；

EIO(Fresison)；　　IAI(Dimaris)。

亚里士多德用换位法和归谬法把二十二个不完全的式化归为完全的式。尽管卢卡西维茨教授认为亚里士多德的这些证明是既严格而又简洁的，但是，他认为这些证明是用直观的办法作出来的，不够形式化。于是，他自己构造了一个公理系统来作证明。他取四条断定命题作为公理(第68—69、122页)；以命题演算和他所创造的演绎体系作为辅助工具，通过符号的变换，推出三段论理论的全部定律，包括换位定律、对当定律等所有二十二个正确的式。

亚里士多德三段论的式的数目是 $4\times4^3=256$ 个。其中24个是正确的，其余232个式是不正确的，应当加以排斥。排斥的概念是亚里士多德的三段论所特有的。作者说："关于断定一个命题和排斥一个命题这两种智力活动，现代形式逻辑只就第一种加以考虑。弗雷格把断定的概念和断定符号(⊢)引进了逻辑……排斥的概念，从过去到现在一直都被忽略了。""现代形式逻辑，就我所知，没有使用'排斥'作为与弗雷格的'断定'相对立的一种运算。"(第100、130页)亚里士多德排斥不正确的式所采用的办法，以及作出的证明是很简洁而又严格的。在传统逻辑中，总结出了一些三段论各格的规则，那些不合这些规则的式都要被排斥，也是很清楚的。卢卡西维茨教授却采取更普遍的方法，也就是公理化和形式化的方法，排斥所有不正确的式。这是一种独创性的方法。他采取第二格的两个被排斥的式作为公理(第133页)，所有不正确的式，用这两条公理和推论规则加以排斥。232个不正确的式，其中两个作为公理，其余的230个不正确的式都用这个方法排斥。

判定问题。就这本书中所构造的三段论的体系说来，卢卡西维茨教授认为，这个公理系统是不充分的。他说，除了正确的三段论的形式以外，在亚里士多德的逻辑中还存在着许多有意义的表达式，实际上，这种表达式的数目是无穷的，而我们不能确定，用我们的断定的公理和推论规则，是否所有真的表达式都能够推出，并且用我们的排斥的公理和推论规则，是否所有假的表达式都能排斥？必须要找到一个一般的方法能够处理这些问题。这就是卢卡西维茨教授在本书第五章中所提出的判定问题。

卢卡西维茨教授解决判定问题的方法是，以演绎理论和命题逻辑的断定命题为基础，给出一些定理和变形规则，对于一个复杂的表达式，通过变形化归为简单表达式，用传统逻辑的记写法，就是化归为SAP,SEP,SIP,SOP的形式，最终化归为初等表达式(或四个格的各个式)。凡是能够化归为简单表达式和初等表达式，并且还能够还原为原形的复杂的表达式，就是正确的三段论；凡是不能化归为正确的式的表达式，就用排斥的规则加以排斥。

作者在结束语中说："这个系统的顶峰(Crown，原意为王冠)是判定问题的解决……而且这是亚里士多德或其他逻辑学家所不知道的。"(第 179 页)亚里士多德三段论判定问题的解决,不是很容易的。卢卡西维茨教授的研究成果是可贵的。

关于模态逻辑。模态逻辑是现代新兴的一门逻辑学科。然而,在亚里士多德的逻辑学说中,已经有了一个模态逻辑的体系,并且他研究模态逻辑的篇幅大大地超过了非模态逻辑。在《前分析篇》中有大量的章节是讨论这个问题的,肖尔兹教授说:"《前分析篇》通过详细考察关于必然、不可能和可能命题的作用,就比人们能够从学校课本的逻辑(限于三段论第一格 AAA,EAE 等等)中所学的东西要丰富得多。"①

在本书第六至八章中,卢卡西维茨教授给自己提出的任务是试图依据亚里士多德的思想建立一个模态逻辑的系统。但是,和他对于亚里士多德的非模态三段论的评价相比较,他对于这一部分的评价却是大不相同。他说:"亚里士多德的模态逻辑之所以这样很少为人知道,……首先,应当归咎于作者自己,因为跟十分明确并且差不多完全没有错误的实然三段论相反,亚里士多德的模态三段论,由于其中包含很多缺点和自相矛盾之处而使人几乎不能理解。"(第 182 页)在另一处又说:"……他的威望是这样的高,以致很有才能的逻辑学家们在过去都不能看出这些错误。"(第 271 页)作者在本书后三章中,就是用形式化的方法重新构造一个亚里士多德的模态逻辑的体系。

卢卡西维茨教授是以模态逻辑的研究而闻名于世的,他在这

① 《简明逻辑史》,第 27 页。

一方面的造诣颇深。这是一个事实。

然而，也有一些逻辑学家，和本书作者完全持不同的看法，认为亚里士多德的模态逻辑是一个很优美的系统。这一观点也是值得注意的。

总起来说，卢卡西维茨教授在本书中，用形式化的方法，构造了一个亚里士多德三段论的严格的演绎体系，犹如一个数学的演算系统一样。恩格斯在《反杜林论》一书中论及纯数学的性质时说："……从现实世界抽象出来的规律，在一定的发展阶段上就和现实世界脱离，并且作为某种独立的东西，作为世界必须适应的外来的规律而与现实世界相对立。……纯数学也正是这样，它在以后被应用于世界，虽然它是从这个世界得出来的，并且只表现世界的联系形式的一部分——正是仅仅因为这样，它才是可以应用的。"[1]当然，形式逻辑也是如此。

然而，形式逻辑是很难与哲学观点截然分开的。甚至于现代著名的英国哲学家罗素也说过："亚里士多德的学说，尤其是在逻辑学方面，则直到今天仍然是个战场，所以就不能以一种纯粹的历史精神来加以处理了。"[2]马克思称之为"古代最伟大的思想家"的亚里士多德不仅是形式逻辑的创始人，而且也是一位伟大的辩证法家。列宁说："他到处，在每一步上所提出的问题正是关于辩证法的问题。"[3]恩格斯也说："古希腊的哲学家都是天生的自发的辩

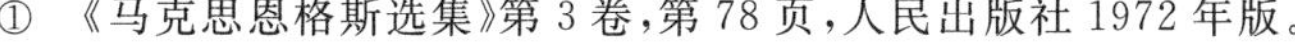

① 《马克思恩格斯选集》第3卷，第78页，人民出版社1972年版。

② 罗素：《西方哲学史》上卷，第252页，商务印书馆1976年版。

③ 列宁：《亚里士多德〈形而上学〉一书摘要》，载《列宁全集》第38卷，第417页。

证论者，他们中最博学的人物亚里士多德就已经研究了辩证思维的最主要的形式。”[1]卢卡西维茨教授在本书中没有正面论述哲学，但从行文处不时流露出一些实证主义的哲学观点。然而，他反对逻辑的先验性的观点是可取的（参看§62）。

本书第一至五章是李真同志翻译的。第六至八章是李先焜同志翻译的。

韩光焘

① 《马克思恩格斯选集》第3卷，第417页，人民出版社1972年版。

第一版原序

1939年6月，我在克拉科夫波兰科学院宣读了一篇论亚里士多德的三段论的论文。这篇论文的摘要曾于同年排印，但因战争的缘故未能出版。它在战后才得以发行，但出版时间仍标明为“1939年”。1939年夏天，我已用波兰文写好一篇谈同一主题的更为详尽的专论，9月间已经收到该文第一部分的校样，就在这时，出版所完全毁于轰炸，一切荡然无存。同时我的全部图书连同手稿，都遭到轰炸，毁于一炬。要在战时继续这项工作是不可能的。

直到十年之后，我才获得一个新的机会来再度进行我对于亚里士多德三段论的研究工作。这一次是在都柏林，从1946年开始直到现在，我一直在那里的爱尔兰皇家科学院讲授数理逻辑。我应都柏林大学学院的邀请，于1949年做了十次关于亚里士多德三段论的讲演，现在这部著作就是这些讲演的成果。

本书仅限于非模态的或者“实然的”三段论，因为与此有关的理论是亚里士多德逻辑的最重要的部分。这个理论的系统阐述是在《前分析篇》第一卷的第一、第二章与第四至第七章。在外兹的版本(至今已出版一百多年之久了)中的这些章，是我的解说的主要根据。我遗憾未能利用大卫·罗斯爵士编纂并作有导言和评注的、1949年出版的《前分析篇》的新版本，因为当这个版本出版时，我的著作的历史部分已经完成了。我仅能利用大卫·罗斯爵士的版本来校正我所引用的亚里士多德的原文。在《分析篇》希腊文本的英文译文方面，我尽可能地遵照亚里士多德著作的牛津译本。除了《前分析篇》的本文之外，我还考虑了古代注释家们的意见，特别是亚历山大的意见。在这里我不妨指出：三段论第四格据说是加伦发明的，有关这一发明的诸历史问题，能够得到解决，我就应该感谢一位佚名的古代注释家。

现在这本著作包括一个历史的部分（第一至第三章）和一个体系的部分（第四、第五章）。在历史部分里我曾试图尽可能紧密地依据原文来解说亚里士多德的学说，但是无论在什么地方我都企图从现代形式逻辑的观点来解释它们。我认为，今天还不存在对亚里士多德三段论的可以信赖的阐述。直到现在为止，所有阐述都不是逻辑学家写的，而是由哲学家或语言学家写的。这些哲学家或语言学家，或者不可能懂得现代形式逻辑（如普兰特尔）。或者并不懂得现代形式逻辑（如迈尔）。依我看，所有这些阐述都是错误的。例如，我未能发现任何一个作者是意识到了亚里士多德式三段论与传统的三段论之间有着根本差异的。所以，在我看来，我自己的阐述完全是新的。在体系的部分，我曾试图解释为理解亚里士多德三段论所必需的某些现代形式逻辑的理论，并且试图在亚里士多德本人所勾画的轮廓的基础上使这个三段论系统达到完美。我还切望尽可能地使我的阐述清楚明白，以便那些未曾受过符号思维或数学思维训练的学者们能够理解它。因此，我希望我的著作的这一部分可以用作现代形式逻辑的一个导论。这一部分的最重要的新成就，我认为是判定的证明（这是我的学生 J. 斯

卢派斯基提出的),以及由亚里士多德提出、并由我本人运用于演绎理论的排斥的观念。

我衷心地感谢爱尔兰皇家科学院,它给我以都柏林的一席之地,使我能写作本书。我还衷心感谢都柏林大学学院盛情相约、邀请我作关于亚里士多德逻辑的讲演。我感谢都柏林大学学院教授A.古英神父(耶稣会)与J.解因教友阁下,他们都曾欣然地把必需的书籍借给我。对大卫·罗斯爵士我要深表谢忱,他看过我的打字稿,并且提出了一些我乐于接受的意见。我要特别致谢的,有已故的A.李特尔神父(耶稣会),他尽管病势垂危,仍欣然地校订了第一章的英文文字;还有都柏林的维克多尔·米黎以及特别是班戈尔的大卫·瑞斯,他们阅读并校订了全书的英文文字。我也甚为感谢克拉连顿出版社的职员们在准备我的打字稿付印时的热忱与殷勤。本书论加伦的那一节是献给我的朋友,威斯特伐利亚州明斯特的海因里希·肖尔兹教授的,他曾在战争时期给予我和我的妻子以极大的支援,特别是1944年我在明斯特逗留的时候。我将全书献给我的爱妻聂金娜·卢卡西维茨(父姓巴尔文斯卡),她牺牲了她自己以使我得以生活与工作。没有她在战争时期不断的照顾、在战后的流亡生活的孤独之中不断的鼓励与帮助,我是绝不能写成这本书的。

杨·卢

1950年5月7日于都柏林

第二版原序

本书第一版没有包含对亚里士多德模态三段论的解释。我不能从一些已知的模态逻辑系统的观点去研究亚里士多德关于必然性和可能性的观念，因为，在我看来，所有这些系统都是不正确的。为了解决这个困难的问题，我只得建立自己的模态逻辑系统。我于 1951 年在爱尔兰皇家科学院和 1952 年在贝尔法斯特的女王大学的讲课中，讲述了这部解释亚里士多德观念的模态逻辑系统的初稿，而完全的系统则发表在 1953 年出版的《计算系统杂志》上。我的模态逻辑系统和这类逻辑的任何其他系统都有区别。从这个系统的观点出发，我可以说明亚里士多德模态逻辑三段论中的很多困难，并且纠正其中很多错误。

据我所知，已有三十多篇论文和评论对我这本论亚里士多德三段论的书表示了好评，这些论文和评论以英文、法文、德文、希伯来文、意大利文和西班牙文在各国发表。我很早就想找到一个机会讨论一下我的评论者所发表的一些批评意见，但是在这一版中，由于第一版的本文已经付印，只能增加关于模态逻辑的那几个章节。我非常感谢克拉连顿出版社让我增加了上述章节。

杨·卢

1955 年 6 月 30 日于都柏林

克拉连顿出版社声明

杨·卢卡西维茨教授于 1956 年 2 月 13 日在都柏林去世，因此不能照料这本书的排印工作。这项工作由他过去的学生捷斯拉夫·列耶夫斯基博士做了。列耶夫斯基博士看了新增加章节的校样，并增补了索引。

本书所引用的亚里士多德的原著与注释的版本

《亚里士多德著作希腊文本》,伊曼努尔·贝克尔校订,卷 i,柏林1831 年出版。

Aristoteles Graece, ex recensione Immanuelis Bekkeri, Vol. i, Berolini, 1831.

《亚里士多德〈工具论〉希腊文本》,外兹编纂,卷 i,莱比锡 1844 年出版;卷 ii,莱比锡 1846 年出版。

Aristotelis organon Graece, ed. Th. Waitz, Vol. i, Lipsiae, 1844; Vol. ii, Lipsiae, 1846.

《亚里士多德的〈前后分析篇〉》,由 W. D. 罗斯校订并作有导言与注释的版本,牛津 1949 年出版。

Aristotle's Prior and Posterior Analytics. A Revised Text with Introduction and Commentary by W. D. Ross, Oxford, 1949.

《亚历山大对亚里士多德〈前分析篇〉第 1 卷的注释》,M. 瓦里士编纂,柏林 1883 年出版。

Alexandri in Aristotelis Analyticorum Priorum Librum I Com-

mentarium, ed. M. Wallies Berolini, 1883.

《阿蒙尼乌斯对亚里士多德〈前分析篇〉第1卷的注释》，M. 瓦里士编纂，柏林1899年出版。

Ammonii in Aristotelis Analyticorum Priorum librum I Commentarium, ed. M. Wallies, Berolini, 1899.

《约翰·菲洛波努斯对亚里士多德〈前分析篇〉的注释》，M. 瓦里士编纂，柏林1905年出版。

Ioannis Philoponi in Aristotelis Analytica Priora Commentaria, ed. M. Wallies, Berolini, 1905.

引用亚里士多德著作原文都按照贝克尔编校本。例如，《前分析篇》i. 4, 25^b37，就是指《前分析篇》第1卷，第4章，第25页，b栏，第37行。引用各个注释家的原作都是根据上述柏林研究院的版本。例如，亚历山大100.11，就是指第100页第11行。

第一章 亚里士多德三段论系统的要素

§1. 亚里士多德式三段论的正确形式

在最近出版的三部哲学著作中，对亚里士多德式三段论都举了以下的例子：[①]

(1) 所有人都是有死的，

苏格拉底是人，

所以

苏格拉底是有死的。

这个例子似乎是很古老的。塞克斯都·恩披里可曾稍加修改（以"动物"代替"有死的"）把它作为"逍遥学派的"三段论加以援引。[②]但是，一个逍遥学派的三段论不必即是一个亚里士多德式的三段

① 见恩斯特·卡普：《传统逻辑之希腊基础》，纽约1942年版，第11页。弗里德里克·科普勒斯顿（耶稣会士）：《哲学史》第一卷，"希腊与罗马"1946年版，第277页。伯特兰·罗素：《西方哲学史》上卷，中译本，商务印书馆1976年版，第253页。

② 塞克斯都·恩披里可：《皮浪的基本原理》ii. 164，"苏格拉底是人，所有人都是动物，所以苏格拉底是动物。"在稍前几行中，塞克斯都说，他将谈到主要是逍遥学派使用的所谓直言三段论。又见同书ii. 196，在该处引用这同一个三段论时，它的前提是调换过的。

论。事实上，上面所举的例子，在两个逻辑要点上都有别于亚里士多德式的三段论。

第一，“苏格拉底是人”这个前提是一个单称命题，因为它的主项“苏格拉底”是一个单一词项。而亚里士多德并未将单一词项或单称前提引入他的系统。因此，下面的三段论将较合于亚里士多德式一些：

（2）　所有人都是有死的，

所有希腊人都是人，

所以

所有希腊人都是有死的。[①]

然而，这个三段论仍然不是亚里士多德式的。它是一个推论，当承认“所有人都是有死的”和“所有希腊人都是人”这两个前提为真时，即可得出结论：“所有希腊人都是有死的。”一个推论的特征记号是“所以”（ἄρα）这个字。但，亚里士多德构造的三段论原来不是一个推论，它们都不过是一些由前提的合取式作为前件、由结论作为后件的蕴涵式罢了。这就是第二点不同。因此，一个真正的亚里士多德式三段论的例子将是下面的这个蕴涵式：

（3）　如果所有人都是有死的

并且所有希腊人都是人。

那么所有希腊人都是有死的。

① 罗素：前引书第253页，他在形式（1）之后直接地提出形式（2）：在括弧中加上说明：“亚里士多德没有区分这两种形式；我们在后面会看到，这是一个错误。”当罗素说这两个形式必须区别开时，他是对的，但他的批评不应当用于亚里士多德。

这个蕴涵式只不过是亚里士多德式三段论的一个现代的例子，它并不存在于亚里士多德的著作中。当然，最好是有亚里士多德本人所举的三段论来作例子。不幸，在《前分析篇》中没有找到任何带有具体词项的三段论。但在《后分析篇》的有些段中可以找出那样的三段论。其中最简单的是这一个：

(4)　如果所有的阔叶植物都是落叶性的
并且所有葡萄树都是阔叶植物，
那么所有葡萄树都是落叶性的。[①]

所有这些三段论，不论是否亚里士多德式，都仅仅是某些逻辑形式的实例，而并不属于逻辑，因为它们包含着并不属于逻辑的词项，例如“人”或“葡萄树”。逻辑并不是关于人或植物的科学。它不过是应用于这些对象而已，犹如它应用于任何别的对象一样。为了得到一个纯逻辑范围内的三段论，我们必须从这个三段论中除去可以称之为材料(matter)的东西，而仅仅留下它的形式。这是亚里士多德所作过的，他引进字母以代替具体的主项与谓项。在(4)中，令字母 A 代“落叶性的”，字母 B 代“阔叶植物”，字母 C 代“葡萄树”，并且如像亚里士多德所作的那样，所有这些词项都用单数，我们得到下面的这个三段论形式：

(5)　如果所有 B 是 A

---

① 《后分析篇》，ii. 16，98^b5—10，“令 A 为落叶性的，B 为具有阔叶，C 为葡萄树。于是，如果 A 属于 B(因为所有阔叶植物都是落叶性的)，而 B 属于 C(所有葡萄树均具有阔叶)；那么 A 就属于 C(所有葡萄树都是落叶性的)。”从这个略有疏忽地写出的段落里——在“属于 B”，“属于 C”，“就属于 C”的 B、C 之前都应加上“所有的”三字——我们得到以下的带具体词项的三段论：“如果所有阔叶植物都是落叶性的，并且所有葡萄树都是阔叶植物，那么所有葡萄树都是落叶性的。”

并且所有 C 是 B，

那么所有 C 是 A。

这个三段论是亚里士多德所发现的逻辑定理之一，但是，就是它在体例上也有别于真正的亚里士多德式三段论。在借助于字母形成三段论时，亚里士多德总是把谓项放在前面而把主项置于后面。他不说“所有 B 是 A”而代之以“A 表述所有的 B”的表达方式，或更经常地用“A 属于所有的 B”。[①] 将这里的第一个表达方式用于形式(5)，我们可以得到最重要的一个亚里士多德式三段论，即后来称之为“Barbara”的精确的译文：

(6)　　如果 A 表述所有的 B

并且 B 表述所有的 C，

那么 A 表述所有的 C。[②]

由没有根据的例(1)开始，这样一步一步地推移，我们达到了真正的亚里士多德式的三段论(6)。让我们现在来说明这些步骤并把它们建立在原文的基础之上。

§2. 前提和词项

每一个亚里士多德式的三段论包含有三个叫作前提的命

---

① τὸ A κατηγορεῖται κατὰ παντὸς τοῦ B 或 τὸ A ὑπάρχει παντὶ τῷ B. 又见第 26 页注①。

② 《前分析篇》，i. 4，25b37，“如果 A 表述所有的 B，并且 B 表述所有的 C，A 就必定表述所有的 C。”ἀνάγκη(必定)一词在这句译文中略去了，将在后面解释。(见 §5，译者注)

题。一个前提（πρότασις）是一个肯定或否定某物为某物的语句。[①] 在这个意义上，结论也是一个 πρότασις（前提），因为它陈述关于某物的某物。[②] 一个前提中所包含的两个元素就是它的主项和谓项。亚里士多德把它叫作“词项”（ὅρος，term）他把词项定义为前提分解于其中的那个东西。[③] 希腊文ὅρος以及拉丁文 terminus 原来的意思乃是“限定”（limit）或“界限”（boundary）。前提的词项，即它的主项和谓项，乃是前提的限定，即它的开头和结尾。这就是 ὅρος 一词的确切的意思，并且我们应当注意不要把这个逻辑的词等同于那些心理学的或形而上学的词，如“观念”（idea）、“意念”（notion）、“概念”（concept）或者德文的 Begriff。[④]

每一个前提或是全称的，或是特称的，或是不定的，“所有的”和“没有”加于主项是全称的记号，“有些”和“有些不”或“并非所有”是特称的记号，没有量词即没有全称或特称的记号的前提称为

① 《前分析篇》，i. 24ᵃ16，“一个前提就是肯定或否定一物为另一物的语句。”

② 同上，ii. 1，53ᵃ8，“结论陈述有关另一确定事物的一个确定的事物。”

③ 同上，i. 1，24ᵇ16，“我把前提分解于其中的东西称为词项，即是谓项与主项。”

④ 亚里士多德也把 ὅρος 一字当作 ὁρισμός（即“定义”）的意义来使用。我极为同意 E. 卡普的意见，他说（前引书，第 29 页）ὅρος 一字的这两种不同的意义“是完全彼此独立而且未曾被亚里士多德本人混淆过的。但是不幸的是像卡尔·普兰特尔这样的学者……竟把他关于亚氏逻辑的图景安置在这种同音异义词之上……他把一个无意义的逻辑的 horos* （term，词项）和在定义意义下的 horos（在普兰特尔是德文 Begriff）的形而上学的相关意义等同起来。其结果是灾害性的混淆。”

* 按 horos 是希腊文 ὅρος 的拉丁文拼音。——译者

不定的，例如“快乐不是善”。①

在《前分析篇》中，关于词项没有说什么。普遍和单一词项的定义只在《解释篇》中提出，如一个词项具有表述许多主项那样一种性质，就叫作普遍的，如“人”；一个词项不具有这个性质就叫作单一的，如“卡里亚”。② 亚里士多德忽略了一个非普遍词项并不必定是单一的，因为它可以是空的，如像他本人在几章之前所引用的词项“羊鹿”(goat-stag)。③

亚里士多德在建立他的逻辑的时候，并没有对单一的或空的词项给以注意。在包含他的三段论理论的系统解说的《前分析篇》前几章中，只有普遍词项被谈到了。亚历山大公正地指出，亚里士多德所给的关于前提定义仅仅适用于普遍词项而不适用于个体的或单一的词项。④ 显然，全称和特称前提的词项必须是普遍的。亚里士多德当然不会认为像“所有卡里亚是人”或“有些卡里亚是人”这种表达式是有意义的，如果仅仅只有一个卡里亚的话。关于

① 《前分析篇》，i. 1，24^a17(第 12 页注①所引原文的继续)，“这或者是全称的，或者是特称的，或者是不定的。全称的我指的是陈述某物属于所有的某物或属于无一某物；特称指的是属于有些或不属于有些或属于并非所有的某物；不定的指的是属于或不属于某物而没有任何标志表明它是全称还是特称，例如：相反的东西是同一门科学的主题，或者：快乐不是善。”

② 《解释篇》，7，17^a39，“我用‘普遍的’一词所指的是那些词项，它们具有表述许多主项那样一种性质；我用‘单一的’一词指的是那些词项，它们不能像那样表述。如‘人’是普遍的，‘卡里亚’是单一的。”(卡里亚是一希腊人名。——译者注)

③ 同上，i. 16^a16 τραγέλαφος(羊鹿)。

④ 亚历山大注释本 100.11，“至于感觉上和数目上单一的东西，那么，不论是全称前提，还是一般地把前提划分(διορισμὸς)为全称与特称，或者那种仅仅适用普遍词项的前提的划分，对于它们都是不适用的。个别的东西不是普遍的东西。”参看同书 65.26。

不定前提的词项也必须如此看待:它们同样是普遍的。这是由亚里士多德为它所取的名字以及他所给出的例子而来的。一个人不能决定说“没有快乐是善”是真的或仅说“有些快乐不是善”才是真的时,就可以用不限定主词的量的方式说:“快乐不是善。”但在这最后一句中的“快乐”,犹如在前两句中一样,仍是一个普遍词项。亚里士多德在其全部三段论理论的全面系统解说中,实际上对待不定前提一如对待特称前提,但是没有明白地陈述它们之间的等值。[①] 这一点是亚历山大才做到了的。[②]

不定前提在亚里士多德的逻辑系统中是不重要的。亚里士多德没有用这类前提构造任何逻辑断定命题(logical thesis),不论是一条换位定律还是一个三段论。它们被后来的逻辑学家去掉而只保留了为传统逻辑的学习者熟悉的四种前提,即全称肯定、全称否定、特称肯定,以及特称否定。这样作是对的。在这个四重划分之中,没有为单称前提留下什么地位。[③]

§3. 为什么单一词项被亚里士多德略去了

在《前分析篇》中,有一章颇为有趣,在那里亚里士多德把一切

---

① 例如,见《前分析篇》,i. 4,26ᵃ29,“无论前提是不定的还是特称的,我们将有相同的三段论。”或 7,29ᵃ27“这也是显然的,用一个不定的肯定(前提)替换特称肯定(前提)将会在各格中产生同样的三段论”。

② 亚历山大注释本 30. 29,“他没有谈到不定的前提(亦即关于不定前提的换位),因为它们在三段论中是完全无用的,并且可以把它们看作与特称是相等的。”

③ 关于单称命题可看作构成全称命题的一个子类这种断定所作的论证——比如,见 J. N. 凯因斯:《形式逻辑》,伦敦 1906 年版,第 102 页——在我看来是完全错误的。

事物划分为三类。他说，有些事物根本不能真正地表述任何事物，如“克里翁”(Cleon)和“卡里亚”(Callias)以及个别地可感觉的事物，但其他事物，比如，人或动物，可以表述它们。另外有些事物为第二类，它们自身表述他物但没有什么先于它们的东西来表述它们。对这类事物没有举出例来，但是很明显，亚里士多德是指那些最普遍的东西，如像存在(being，τὸ ὄν)。属于第三类的是那些事物，它们可以表述别的事物并且别的事物也可以表述它们，例如，人表述卡里亚而动物表述人，并且亚里士多德得出结论说，论证和研究通常都是关于这类事物的。①

在这一段话中，有一些不精确之处，必须首先加以改正。说一个事物可以表述另一个事物是不正确的。事物是不能表述的，因为一个谓词是命题的一部分，而一个命题是具有某种意义的一系列口说或书写的词。词项“卡里亚”可以表述另一个词项，但不是卡里亚这一事物去表述。这里所作的分类不是划分事物而是划分词项。

说个体的或单一的词项，像“卡里亚”，不能真正地表述任何东西也是不对的。亚里士多德本人曾给出带有单一词项的谓词的真

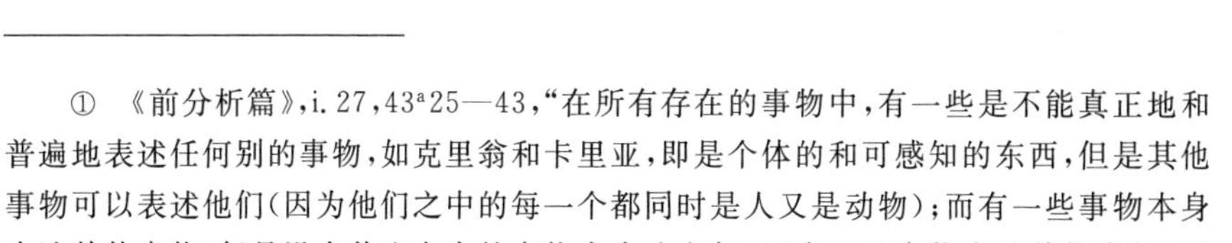

① 《前分析篇》，i.27，43a25—43，“在所有存在的事物中，有一些是不能真正地和普遍地表述任何别的事物，如克里翁和卡里亚，即是个体的和可感知的东西，但是其他事物可以表述他们(因为他们之中的每一个都同时是人又是动物)；而有一些事物本身表述其他事物，但是没有什么在先的事物来表述它们；还有一些事物表述其他事物，而其他事物也表述它们，如人表述卡里亚，而动物表述人。……并且，论证和研究通常都是有关这类事物的。”

命题，像“那个白色的东西是苏格拉底”或“那个走来的人是卡里亚”。[①] 亚里士多德说这样的命题是“偶然”的真。还有这一类的其他例子并非仅仅偶然是真的，如“苏格拉底是苏格拉底”或“索福罗里斯库斯(Sophroniscus)是苏格拉底的父亲”。

第三点不精确之处，是关于亚里士多德从这个词项分类所得出的结论。认为我们的论证与研究通常总是有关那些可以表述别的词项，又可为别的词项表述的普遍词项，这不是真的。明显地，个体词项不仅是在日常生活中，同样在科学研究中也是与普遍词项同等重要的。亚里士多德逻辑的最大缺点是单一词项和单称命题在其中没有地位。原因何在呢？

在哲学家中间有这样一种意见：亚里士多德是在柏拉图哲学的影响之下来构造他的逻辑体系的；因为柏拉图相信真的知识的对象必须是稳固的并且能够有精确的定义，那就是普遍的东西而不是单一的东西。我不能同意这个意见。它不能从《前分析篇》本文中得到证实。这部纯粹逻辑著作完全免除了任何哲学的污染；上面所引述的那一段也是如此。我们的研究都是涉及普遍词项这个论点，通常是一个实际上有的论点，然而这个论点是非常弱的，而亚里士多德必定感到了它的脆弱，但是它不是由从柏拉图那里借用来的任何哲学论点所确定的。

但还有值得注意的另外一点会有助于阐明我们的问题。亚里士多德强调一个单一词项是不适于作为真命题的谓项的，而一个最

---

① 《前分析篇》，i. 27，$43^{a}33$，“因为通常每个在感性上被感知的事物是不能表述任何事物的，除非是偶然的情况：因为我们有时候说那个白色的东西是苏格拉底，或者说那个走来的人是卡里亚。”

普遍的词项则不适于作那样的命题的主项。第一个断定，如我们已经看到的，并非普遍地是真的。而第二个断定也似乎是错的。但这些断定是真还是假都是无关紧要的。只要了解到这一点就够了：亚里士多德把它们当作是真的，并且把他认为不适于在真命题中既可作主项又可作谓项的那些类的词项从他的系统中排除掉了。在我看来，这里就是我们的问题的主要点。同一词项既可用作主项又可用作谓项而无任何限制，对于亚里士多德三段论理论具有根本的意义。在亚里士多德所知的全部三段论的三个格中，都有一个词项一次作为主项出现，另一次作为谓项出现：它在第一格中就是中词，在第二格中就是大词，而在第三格中就是小词。在第四格中，所有的三个词项都同时既作为主项又作为谓项出现。亚里士多德所设想的三段论要求词项在它们作为主项和谓项的可能的位置方面是齐一的。这似乎是为什么单一词项被亚里士多德略去了的真正理由。

§4. 变项

在亚里士多德对其三段论理论的系统阐述中，没有举过用具体词项构成的三段论的例子。仅仅对不正确的前提组合，才用具体的词项来举例说明。这些词项当然都是普遍的，像“动物”、“人”、“马”。在正确的三段论中，所有的词项都是由字母代表的，也就是说，是由变项代表的。例如“如果 R 属于所有 S 并且 P 属于有些 S,那么 P 属于有些 R”。[①]

把变项引入逻辑是亚里士多德的最伟大的发明之一。就我所知,一直到现在没有一个哲学家或语言学家注意到这个最重要的事实。[②] 这几乎是令人难以置信的。我敢于说,他们必定全都是坏的数学家,因为每一个数学家都知道把变元引入算术在这门科学中开始了一个新的时代。似乎亚里士多德把他的发明看作是完全明白而不需要任何解释的,因为在他的逻辑著作中,任何地方也没有提及变项的问题。亚历山大第一个明显地谈到亚里士多德用字母(στοιχεῖα)来表达他的理论,以便表明我们获得结论不是由于前提的内容的缘故而是由于前提的形式及其组合的缘故;字母是普遍性的标志,并且表明这样的结论总会得出,对于我们所选取的任何词项都如此。[③] 还有另一位注释者,约翰·菲洛波努斯,他也完全觉察到了变项的意义与重要。他说,亚里士多德在用实例表明每一个前提如何可以换位之后,采用字母代替词项,陈述了某些换位的普遍规则。因为一个普遍性的句子可被一个假的例子所反驳。但是它的证明或者是通过所有特殊事例(这是一种没有终结的并且是不可能的做法),或者是用陈述一个明白的普遍规则来进

① 《前分析篇》,i. 6,28^b7,“如果 R 属于所有 S,且 P 属于有些 S,P 必定属于有些 R。”这是一个调换了前提的第三格的式,后来称为 Disamis。

② 我很高兴地知道大卫·罗斯爵士在他的《分析篇》的版本第 29 页强调说:亚里士多德因使用变项而成了形式逻辑的创始人。

③ 亚历山大 53.28,“理论借助于字母来叙述,以便证明结论的得出不是由于内容的缘故,而是由于格、前提的组合和式的缘故。在三段论的活动方式中,主要的作用不在于内容,而在于结合本身;字母能够证明,所得到的结论具有普遍性,永远保持自己的作用,和适用于所有被理解的东西。”

行。这里，亚里士多德所提出的规则是用字母表示的，并且允许读者可以用他所需要的任何具体词项来替代（ὑποβάλλειν）那些字母。[①]

我们已经知道只有普遍词项可以替代变项。在前面我们引证过的例子中[②]，亚里士多德进行了这样的替代，他说，“令A为落叶性的，B—阔叶植物，C—葡萄树”。这是在《后分析篇》中我们所遇到的唯一的一种替代。亚里士多德从来没有用另一变项B来替代变项A，虽然他完全知道同一个三段论的式可以用不同的变项来构成。例如本节开始时所引的Disamis式由字母R、S、P构成；在别处它却由C、B、A构成。[③] 显然，一个三段论的正确性并不依赖于构成它的变项的外形：亚里士多德知道这一点，虽然没有说过。再一次明白地述说了这个事实的也是亚历山大。[④]

在《前分析篇》中没有地方将两个不同的变项等同起来。甚至当相同的词项为两个变项代替时，这两个变项也不是等同的。在《前分析篇》第二卷中，亚里士多德讨论了一个三段论式是否能用对立的前提组成的问题。他说，这在第二格和第三格是能做到的。

① 菲洛波努斯46.25，“借助于例子你证明诸前提中的每一个是怎样地换位，……当你用字母替代词项时，你就给出了普遍的规则……一个例子就可以反驳一般陈述。当我们寻求普遍规则时，就要求或者观察所有的特殊场合（这是不可能和无止境的做法），或者我们由于普遍规则而获得确信。现在，这个普遍规则借助字母而提供出来：在任意地以任何的具体词项代替字母时，它们都可以使用。”

② 见第10页的注①。

③ 《前分析篇》，ii.7，59[a]17，“如果C属于所有的B并且A属于有些B，A必定属于有些C。”

④ 亚历山大380.2，“结合的得出不是由于B与C同A是一样的。如果我们用另外的字母来代替它们的话，在那样的情况下，结合也会得到。”

他接着说，令B和C同时都表示“科学”，而A表示“医学”。如果一个人假定“所有医学都是科学”并且假定“没有医学是科学”，他就假定了“B属于所有A”以及“C属于无一A”，所以就得到“有些科学不是科学”。[①] 这个涉及的三段论式是这样的：“如果B属于所有A并且C属于无一A，那么C不属于有些B。”[②]为了从这个式得到具有对立前提的三段论，把变项B和C等同起来就行了，即用B代替C。由这个替代，我们得到：“如果B属于所有A并且B属于无一A，那么B不属于有些B。”使用具体词项（如“科学”与“医学”）的费力与绕弯子的方式，完全是不必要的。这个问题的直截了当的方式，即将变项等同的方式，似乎未曾被亚里士多德看到。

亚里士多德知道像“有些科学不是科学”这样的句子不能是真的。[③] 这样的句子的普遍化，“有些A不是A”（即“A不属于有些A”）同样必假。亚里士多德不大可能已知道这个公式；又是亚历山大看到了它的假，并且把这个事实应用于证明全称否定前提换位定律。他作出的证明是用归谬法：如果前提“A属于无一B”不能换位，让我们假定B属于有些A。从这两个前提，由一个第一

---

① 《前分析篇》，ii. 15，64^{a}23，“令B与C表示科学，A表示医学。如果一个人要假定所有医学是科学并且没有医学是科学，那他就是假定了B属于所有的A而C属于无一A，从而一门特殊的科学将不是一门科学了。”

② 这个三段论是带有调换了前提的第三格的式，后来称为Felapton。在系统阐述三段论时，它是由字母R、S、P所构成的。见同书i. 6，28^{a}26，“如果R属于所有S，并且P属于无一S，这里会有一个三段论证明P必定不属于有些R。”

③ 《前分析篇》，ii. 15，64^{b}7，“这也是很清楚的，从几个假前提可以得出一个真结论，……，但如果前提是对立的，则不可以得出。因为这个三段论总是与事实相反的。”

格的三段论，我们得到一个荒谬的结论："A 不属于有些 A。"①显然，在亚历山大的心中有一个后来称为 Ferio 的第一格的式："如果 A 属于无一 B 且 B 属于有些 C，则 A 不属于有些 C"，②并且在这个式中，他用 A 来代 C，把变项 A 与 C 等同。这大概是从古代材料中引出的用替代法来论证的最纯粹的例子了。

§5. 三段论的必然性

后来称之为 Barbara 的第一个亚里士多德式三段论，如我们已经看到的，③可以由下面的蕴涵式表示：

如果 A 表述所有的 B
并且 B 表述所有的 C，
那么 A 表述所有的 C。

但在这个公式和真正的希腊文原本之间还有差别。这两个前提的译义都与希腊文本相同，但结论的精确的翻译应当是："A 必定表述所有的 C。"这"必定"（ἀνάγκη）一字是所谓"三段论的必然性"的记号。亚里士多德在几乎所有包含变项并表示逻辑定律，即换位律或三段论定律④的蕴涵式中都使用它。

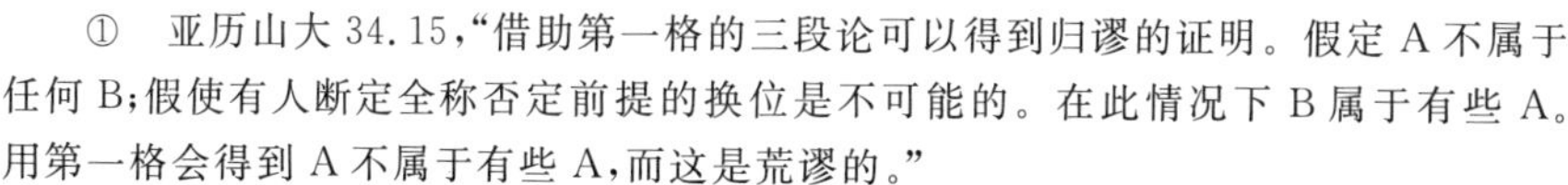

① 亚历山大 34.15，"借助第一格的三段论可以得到归谬的证明。假定 A 不属于任何 B；假使有人断定全称否定前提的换位是不可能的。在此情况下 B 属于有些 A。用第一格会得到 A 不属于有些 A，而这是荒谬的。"

② 《前分析篇》，i.4，26ᵃ25，"如果无一 B 是 A，但有些 C 是 B，那么就必定有些 C 不是 A。"

③ 见第 11 页注②。

④ 见第 18 页注①；第 19 页注③；第 20 页注②；上面的注。

然而,在有些三段论中,这个字被省掉了;例如下面这个亚里士多德式的 Barbara 式:“如果 A 属于所有的 B 并且 C 属于所有的 A,那么,C 属于所有的 B。”[①]由于在有些三段论中省去这个字是可能的,那么把它完全从所有三段论中消掉也必定是可能的。因此,让我们看看这个词意味着什么并且亚里士多德为什么用它。

这个问题看来是简单的,而且是由亚里士多德本人偶然地在处理换位律时所暗含地解决了的,他说:“如果 A 属于有些 B,B 应属于有些 A 就是必然的;但如果 A 不属于有些 B,B 不应属于有些 A 就不是必然的了。”因为,如果 A 代表“人”并且 B 代表“动物”,有些动物不是人是真的,但有些人不是动物就不是真的,因为所有人都是动物。[②] 我们从这个例子看到亚里士多德使用必然性记号于一个真蕴涵式的后件,以便强调这个蕴涵式对于出现于其中的变项的所有值而言都是真的。由此我们可以说“如果 A 属于有些 B,B 应属于有些 A 就是必然的”,因为这是真的:“对于所有 A,并且对于所有 B,如果 A 属于有些 B,则 B 属于有些 A。”但我们不能说“如果 A 并不属于有些 B,B 应不属于有些 A 就是必然的”,因为,“对于所有 A 并且对于所有 B,如果 A 不属于有些 B,则 B 不属于有些 A”,不是真的。正如我们已经看到的,对于 A 和 B,有一些值来确证上面这个蕴涵式的前件,但不能确证它的后

① 《前分析篇》,ii. 11,61^b34,“如果 A 属于所有的 B,并且 C 属于所有的 A,那么,C 属于所有的 B。”

② 同上,i. 2,25^a20—26,“如果有些 B 是 A,那么有些 A 的分子必定是 B,……但是,如果有些 B 不是 A,那么有些 A 的分子应不是 B 就没有必然性了;例如,令 B 表示动物而 A 表示人。并非每个动物都是人;但每个人都是动物。”

件。在现代形式逻辑中，像“对于所有 A”或“对于所有 B”（其中 A 与 B 都是变项）这样的表达词，都叫作全称量词。亚里士多德式三段论的必然性记号代表一个全称量词并且可以省略，因为一个全称量词，当其位于一个真公式之前时，可以省略。

当然，这对于学过现代形式逻辑的人来说是众所周知的，但在大约五十年以前它确实不为哲学家们知晓。因此，并不奇怪，他们之中的一位，海因里希·迈尔，曾选定了这个问题作为一种我认为是糟糕的哲学思辨的基础。他说①：“结论以必然的结果从前提得出。这个结果从三段论原则而产生，而其必然性非常恰当地揭示着推理作用的综合力量。”我不懂得这最后一句话，因为我不能抓住“推理作用的综合力量”这几个字的意思。甚至，我不清楚“三段论原则”所指的是什么东西，因为我不知道到底存在不存在任何这样的原则。迈尔继续他的思辨②：“根据我思考并表达的两个前提，凭着存在于我思维中的强制力，必定也思考并表达出结论。”这个句子我自然能懂，但它显然是错的，你将容易看出它的错误，如果你思考着并读出一个三段论的前提，如“所有 A 是 C”以及“有些 B 不是 C”，然而你读不出从它们得出的结论。

§6. 什么是形式逻辑

“通常说逻辑是形式的，这是仅就思想形式而言，亦即就我们

① H. 迈尔：《亚里士多德的三段论》(*Die Syllogistik des Aristoteles*)卷 ii b，杜平根 1900 年版，第 236 页。

② 前引书，第 237 页。

思维的方式而言,而不管我们思维的各种特殊对象”。这是从凯因斯的著名的形式逻辑教科书中引来的。[①] 这里还有从科普勒斯顿神父的《哲学史》中引用的另一段话:“亚里士多德的逻辑通常名为形式逻辑。因为亚里士多德的逻辑是对思想形式的一种分析——这是一个适宜的描述。”[②]

在这两段引文中,我都读到“思想形式”这个我所不懂的表达词。思想是一种心理现象,而心理现象是没有外延的。一个没有外延的对象的形式指的是什么呢?“思想形式”这表达词是不精确的,并且这个不精确之处在我看来是来自一个错误的逻辑概念。如果你真正相信逻辑是关于思想规律的科学,你就会倾向于考虑形式逻辑是对于思想形式的研究。

然而,认为逻辑是关于思想规律的科学是不对的。研究我们实际上如何思维或我们应当如何思维并不是逻辑学的对象,第一个任务属于心理学,第二个任务属于类似于记忆术一类的实践技巧。逻辑与思维的关系并不比数学与思维的关系多。当然,在你要进行推论或证明时,你必须思考,而在你需要解决数学问题时,同样也必须思考。但是逻辑定律并不比数学定律在更大的程度上关系到你的思想。逻辑中的所谓“心理主义”乃是逻辑在现代哲学中衰败的标志。对这个衰败,亚里士多德是绝不能负责的。系统解说三段论理论的全部《前分析篇》的通篇,没有一个心理学的词项。亚里士多德以一种直观的确信知道什么属于逻辑,并且他所

---

① 前引书,第 2 页。

② 前引书,第 277 页。

处理的逻辑问题中，没有像思维之类与心理现象相联系的问题。

然则，根据亚里士多德的意见，什么是逻辑的对象呢？并且他的逻辑为什么叫作形式的呢？对这个问题的答复不是亚里士多德本人作出的，而是由他的后继者逍遥学派作出的。

关于逻辑与哲学的关系在古希腊的不同哲学学派之间是有争论的。斯多亚派主张逻辑是哲学的一部分，逍遥学派说它仅是哲学的一个工具，而柏拉图主义者的意见是逻辑既是哲学的一部分又是哲学的工具。争论本身并没有多大趣味和重要性，因为争论问题的解决，看来大部分是一种约定。但是由阿蒙尼乌斯在其《前分析篇注释》一书中所保存的逍遥学派的议论，值得我们注意。

阿蒙尼乌斯同意柏拉图主义者，并且说：如果你采用带着具体词项的三段论，如柏拉图用三段论证明灵魂不死时所作的那样，那么你就是把逻辑作为哲学的一部分来对待；但是如果你把三段论作为用字母陈述的纯规则来看待，如“A 表述所有的 B，B 表述所有的 C，因此，A 表述所有的 C”，如逍遥学派遵循亚里士多德的教导所作的那样，那么你就是把逻辑作为哲学的工具来对待了。[①]

① 阿蒙尼乌斯，10.36，“根据柏拉图的意见并且真的说来，它（即指逻辑）不是哲学的一部分，斯多亚派与某些柏拉图主义者认为它不仅是工具（如逍遥学派所认为的那样），而且同时既是哲学的一部分，又是哲学的工具。如果你们采用带有与具体对象相联系的词项，那么它就是哲学的一部分，而如果你们采用与对象无关的纯规则，那么它就是哲学的工具。逍遥学派追随亚里士多德认为它是工具。他们提出纯规则，他们不采用对象作主语，而使规则与字母相协调。例如，‘A 表述所有的 B，B 表述所有的 C，所以 A 表述所有的 C。’论题‘灵魂是不死的’三段论证明，是在下面几行提出的（11.10）：灵魂是某种自动的东西，后者（指某种自动的东西。——译者注）是某种永恒运动的东西，后者（指某种永恒运动的东西。——译者注），就是某种不死的东西，所以灵魂是某种不死的东西。”

重要的是从这一段可以知道，按照追随亚里士多德的逍遥学派学者们的意见，属于逻辑的仅仅是变项中陈述的三段论规则，而不是它们在具体词项中的应用。具体的词项，亦即变项的值，叫作三段论的材料（ὕλη）。如果你把全部具体的词项移去，而代之以字母，那么，你就移去了三段论的材料，而所留下的就叫作它的形式。让我们看这个形式包含一些什么成分。

属于三段论的形式的，除了变项的数目与配置之外，还有所谓“逻辑常项”。有两个逻辑常项，即连接词“并且”与“如果”，是辅助性表达词，而且它们形成了比亚里士多德逻辑系统更基本的系统的一个部分。这一点，在以后将会看到。剩下还有四个常项，即“属于所有的”、“属于无一的”、“属于有些”、“不属于有些”。① 它们是亚里士多德逻辑的特征。这些常项代表着普遍词项之间的各种关系。中世纪逻辑学家相应地用 A、E、I、O 来表示它们。全部亚里士多德的三段论理论，是借助于连接词“并且”与“如果”，在这四个表达词的基础上构成的。因此，我们可以说：亚里士多德的逻辑是一种在普遍词项领域内关于 A、E、I、O 关系的理论。

很明显，这样一种理论并不会比数的领域内关于大于和小于关系的理论与我们的思维的共同之处更多一些。的确，在这两种理论之间有某些相似之处。例如，试将 Barbara 式三段论：

如果 a 属于所有的 b

① ὑπάρχειν παντί，ὑπάρχειν οὐδενί，ὑπάρχειν τινί，οὐχ ὑπάρχειν τινί＝ὑπάρχειν οὐ παντί.（属于所有、属于无一的、属于有些、不属于有些＝并非属于所有）亚里士多德有时不用 ὑπάρχειν（属于）而用动词 κατηγορεῖσθαι（表述）。带具体词项的三段论均由 εἶναι（是）构成，见第 10 页注①、第 11 页注①，以及下一节（第 7 节）。

并且 b 属于所有的 c，

那么 a 属于所有的 c，

与下列算术定律相比较。

如果 a 大于 b

并且 b 大于 c，

那么 a 大于 c。

当然，这两个定律之间是有种种差别的：变项的范围不一样，并且它们的关系也不同。尽管它们不同并发生在不同的词项之间，但两种关系有一个共同的性质：它们都是传递的，也就是说，它们都是下述公式的特殊情况：

如果 a 与 b 有 R 关系

并且 b 与 c 有 R 关系，

那么 a 与 c 有 R 关系。

恰好这个事实是被后来的斯多亚派逻辑学家发现的，这是一件奇妙的事。“第一大于第二，第二大于第三，因此第一大于第三”这类论证，据亚历山大说，斯多亚派称之为“不合法的论断”(non-methodically conclusive)，而在它们的逻辑意义上，并不当作三段论来对待。虽然如此，斯多亚派把这类论证看作与直言三段论是相似的(ὅμοιοι)。① 斯多亚派的这个意见(亚历山大曾试图驳斥它，但没有提出令人信服的反面的论证)确证了这个推测：亚里士

① 亚历山大 21.30，“斯多亚派认为是不合法的论断，有如下面这样的议论：第一大于第二，第二大于第三，所以第一大于第三。”同上，345.13，“这就是那些最新的一派人(即斯多亚派)称为不合法的论断。不把它们叫作三段论的那些人是谈论得正确的，……认为它们类似直言三段论的人……是完全错了。”

多德的逻辑是被看作一种关于特别关系的理论，犹如一种数学理论一样。

§7. 什么是形式化

形式逻辑(formal logic)与形式化的逻辑(formalistic logic)是不同的两件事。亚里士多德的逻辑是形式的但不是形式化的，然而斯多亚派的逻辑既是形式的又是形式化的。让我们解释一下“形式化”在现代化形式逻辑中意味着什么。

现代形式逻辑力求达到最大可能的确切性。只有运用由固定的、可以辨识的记号构成的精确语言才能达到这个目的。这样一种语言是任何科学所不可缺少的。不是由词构成的我们自己的思想甚至于不能为我们自己了解，而别人的思想，当其不具有一定外形时，那就只有有超人的视力的人才能把握它了。第一个科学真理，为了能被了解和确证，必须赋予人人知晓的外形。所有这些话似乎无可争辩地是真的。因此，现代形式逻辑对语言的精确性给予最大的注意。所谓形式化就是这个倾向的结果。为了弄明白它是什么，让我们分析一下以下的实例。

逻辑中有一条推论规则，先前叫作：“肯定前件的假言推理(*modus ponens*)”，现在称为分离规则。根据这条规则，如果一个“如果 α，那么 β”形式的蕴涵式被断定了，并且这个蕴涵式的前件也被断定了，我们就可以断定它的后件 β。为了能应用这条规则，我们必须知道单独断定的命题 α，与作为蕴涵式前件的 α 表示着“相同的”思想。因为只有在这个情况下，我们才许可进行推论。我们只有在两个 α 严格地具有相同的外在形式时，才能陈述这一点。因为我们不能直接地抓住由这些 α 所表达的思想，而两个思想等同的必要条件(尽管不是充分条件)乃是它们的表达式的外部相等。例如，当断定蕴涵式"如果所有哲学家都是人，那么所有哲学家都是有死的"时，你还可以把"每一个哲学家是一个人"这个语句当作第二个前提加以断定，但你却不能由这些前提得到结论："所有哲学家都是有死的"，因为"每一个哲学家都是一个人"这个语句与"所有哲学家都是人"这个语句表示相同的思想，是没有什么保证的。必须要借助于一个定义来肯定："每一个 A 是 B"与"所有的 A 是 B"的意义是相同的；在此定义的基础上，把语句"每一个哲学家是一个人"用语句"所有哲学家都是人"来替换，只有如此，得出结论才会是可能的。从这个实例你能容易地了解形式化的意义。形式化要求相同的思想应当总是用由严格相同的方式排列起来的词之严格相同的序列来表达。当一个证明按照这个原则构成时，我们就能够仅仅在它的外在形式的基础上控制它的正确性，而无须牵涉到证明中所用的词项的意义。为了从前提"如果 α，那么 β"以及 α，得出结论 β，我们并不需要知道 α 或者 β 真正指着什么，只要弄明白包含在前提中的两个 α 具有相同的外在形式就够了。

亚里士多德及其后继者逍遥学派都不是主张形式化的人，如我们已经看到的，亚里士多德在构成他的断定命题时是不严谨的。这种不严格性的最显著的情况就是其三段论的抽象形式与具体形式之间的结构上的歧异。以本书第四节曾引用的带有反对前提的三段论为例。[①] 令 B 与 C 代表"科学"，A 代表"医学"，亚里士多德

① 见第 20 页注①。

在变项中陈述为：

如果 B 属于所有的 A
并且 C 属于无一 A，
那么 C 不属于有些 B。[①]

在具体词项中陈述为：

如果所有医学是科学
并且没有医学是科学
那么有些科学不是科学。

两个三段论所包含的相对应的前提的差别是明显的。以第一个前提为例。公式“B 属于所有的 A”对应于这句语句：“科学属于所有的医学”，而“所有医学是科学”这个语句对应于公式“所有 A 是 B”。亚里士多德举出的具体词项的语句，不能看作是他所承认的抽象公式的替换。什么是这个差别的原因呢？

亚历山大对这个问题提出了三个解释。[②] 第一个可以因其不重要而略去，最后一个是哲学的解释，并且在我看来，它是错误的；只有第二个值得我们注意。根据这个解释，在具有“表述某物”这个动词（并且我们可加上具有“属于某物”这个动词）的公式中，比起（我们还可以加上）在具有动词“是”的公式中，主项和谓项能较

① 用变项表示的结论在希腊文本中被省去了。

② 亚历山大 54.21，“他在自己的理论中使用表达词‘属于所有’与‘不属于任何’乃是假定，由于它们使得命题的结合成为可以理解的，并且使这样表述的谓项和主项也变得更加可以了解，同时还假定前者（即谓项）由于自己的本性被包含于主项之中。在三段论的活动方式中，一切都变得相反了。不说所有公正都是美德，而是反过来说美德表述所有的公正。应当在这两种方式中练习，以便我们能够按照三段论的方式与根据理论来作出结论。”

好地区分开来（γνωριμώτεροι）。实际上，在带有动词“是”的公式中，主项与谓项都是使用的主格；而在亚里士多德所愿意采用的公式中，只有谓项是用主格，主项则用属格或者是与格，从而能较容易地与谓项区别开。亚历山大最后的批评也是极有教益的，由它可以知道：说“美德表述所有的公正”来代替习惯说法“凡公正都是美德”，正如在现代语言中一样，在古代希腊也令人感到矫揉造作。

在亚里士多德逻辑中还有更多的不严格的情况。亚里士多德常常使用不同的短语表示相同的思想。我将举出几个这类的例子。他用“A 表述所有的 B”这些词开始他的三段论，但随即他就把这些词改变为“A 属于所有的 B”这个短语，后者似乎是正规的。“表述”和“属于”这些词还常常被省去，有时甚至将重要的数量记号“所有”也省去。除“A 属于有些 B”之外，还有可以译为“A 属于有些 B 的分子”（“A belongs to some of the B’s”）这样的形式。三段论的前提是用不同的连接词联结起来的。三段论的必然性用了各种不同的方式来表示，有时甚至干脆省略了。[①] 尽管这些不

---

① 短语 τὸ A κατὰ παντὸs τοῦ B（A〔表述〕所有的 B，κατηγορεῖται〔表述〕一字两次被省去了）在 Barbara 式中使用（见第 11 页注②〔《前分析篇》，i. 4，25b37 εἰ γὰρ τὸ A，κατὰ παντὸs τοῦ B καὶ τὸ B κατὰ παυτὸ s τοῦ Γ，ἀνάγκη τὸ A κατὰ παντὸ s τοῦ Γ κατηγορεῖσθαι.〕），τὸ A παντὶ τῷ B（A〔属于〕所有的 B，ὑπάρχει〔属于〕完全省去了）用于同一个式的另外一种公式中（见第 22 页注①〔《前分析篇》，ii. 11，61b34εἰ γὰρ τὸ A παντὶ τῷ B καὶ τὸ Γ παντὶ τῷ A，τὸ Γ παντὶ τῷ B.〕）。短语 τὸ A τινὶ τῶνB（A〔属于〕有些 B）在换位定律中出现；其他地方，如在 Disamis 式中，我们看到 τὸ A τινὶ τῷ B（A〔属于〕有些 B）（见第 19 页注③〔《前分析篇》，ii. 7，59a17 εἰ γὰρ τὸ Γ παντὶ τῷ B，τὸ δὲ A τινὶ τῷ B，ἀνάγκη τ ὸ A τινι 
τῷ Γ ὑπάρχειν.〕）。逻辑上重要的字 παντὶ（所有的）在 Barbara 式的一个公式中完全省去了（见第10页注①〔《后分析篇》，ii. 16，98b5—10ἔστω γὰρτὸ φυλλορροεῖγ ἐφ’ οὗA，

严格之处对于这系统没有坏的后果，但无论如何它们不会对这个系统的明晰与简洁有所帮助。

亚里士多德的这种处理大概不是偶然的，而像是从某些先入之见引出的。亚里士多德有时说我们应当交换等值的词项：词换词，短语换短语。[①]亚历山大在注释这一段时宣称三段论的本质不依赖于某些词而依赖于这些词的意义。[②]这个明明是反对斯多亚派的断定，可以了解成这样：如果三段论的某些表达词由与之等值的其他表达词所替换，如表达词"表述所有的"代之以等值的表达词"属于所有的"，那么这个三段论并不改变它的本质，也就是说，它仍旧是一个三段论。斯多亚派持有直接相反的见解。他们会说三段论的本质依赖于词，而不依赖于这些词的意义。因为如果词

τὸ δὲ πλατύφυλλον ἐφ' οὗ Β, ἄμπελος δὲ ἐφ' οὗ Γ. εἰ δὴ τῷ Β ὑπάρχει τὸ Α (πᾶν γὰρ πλατύφυλλον φυλλορροεῖ), τῷ δὲ Γ ὑπάρχει τὸ Β (πᾶσα γὰρ ἄμπελος πλατυφυλλος), τῷ Γ ὑπάρχει τὸ Α, καὶ πᾶσα ἄμπελος φυλλορροεῖ.〕)，连接词"并且"大部分都是由 μέν…δέ〔且〕来表示的（例如，见第 17 页注①〔《前分析篇》，i. 6，28ᵇ7 εἰ γὰρ τὸ μέν Ρ παντὶ τῷ Σ τὸ δὲ Π τινί, ἀνάγκη τὸ Π τινὶ τῷ Ρ ὑπάρχειν.〕或第 20 页注①〔《前分析篇》，i. 4，26ᵃ25 εἰ τὸ μὲν Α μηδενὶ τῷ Β ὑπάρχει, τὸ δὲ Β τινὶ τῷ Γ, ἀνάγκη τὸ Α τινὶ τῷ Γ μὴ ὑπάρχειν.〕)，有时由 καί 表示（见第 11 页注②〔同前〕，第 22 页注①〔同前〕）。三段论的必然性通常是由 ἀνάγκη ὑπάρχειν〔必定属于〕来表达的（见第 17 页注①〔同前〕，或第 19 页注③〔同前〕），在 Felapton 式中它是由 ὑπάρξει ἐξ ἀνάγκης〔必定不属于〕来表示的（见第 20 页注②〔《前分析篇》，i. 6，28ᵃ26 ἂν τὸ μὲν Ρ παντὶ τῷ Σ, τὸ δὲ Π μηδενὶ ὑπαρχῃ, ἔσται συλλογισμὸς ὅτι τὸ Π τινὶ τῷ Ρ οὐχ ὑπάρξει ἐξ ἀνάγκης.〕)。有一次它被省去了（见第 22 页注①〔同前〕）。

① 《前分析篇》，i. 39，49ᵇ3，"我们也应当交换有相同的值的词项：词换词，短语换短语。"

② 亚历山大 372. 29，"三段论不在于词而在于词的意义。"

改变了，这个三段论就不复存在了。亚历山大用一个从斯多亚派的逻辑中挑来的例子来解说这一点。称为"肯定前件的假言推理"(modus ponens)的推论规则：

如果 α，那么 β；

然而 α；

因此 β，

是斯多亚派的第一个"不可证明的"三段论。斯多亚派与逍遥学派两派人似乎都错误地把短语"如果 α，那么 β"与"α 推出 β"当作具有相同的意义。但在上述三段论中，如果你把前提"如果 α，那么 β"代之以"α 推出 β"而说：

α 推出 β；

然而 α；

因此 β，

根据斯多亚派的看法你得到的是一个正确的推论规则，但不是三段论。斯多亚派的逻辑是形式化的。①

① 亚历山大 373.28，"亚里士多德这样断定，而且一些词可以由另一些代替(见第 32 页注①)。最新的一派人(即斯多亚派)从词引出结论，而不是从它们的意义来引出结论。他们说，当词项改变时，即使所使用的词项具有同一的意义，所得结论也将不复是它自身。例如，'如果 A，那么 B'有着与'A 推出 B'同样的意义，他们说，如果我们使用表达式'如果 A 那么 B，然而 A，因此 B'，那么我们就有一个三段论；如果我们使用表达式'A 推出 B，然而 A，因此 B'，那么它就不再是三段论，而是一个推论规则。"

第二章　亚里士多德三段论系统的断定命题

§8. 断定命题与推论规则

亚里士多德的三段论理论是关于A、E、I、O诸常项的一个真命题系统。一个演绎系统的真命题，我称之为断定命题。几乎亚里士多德的所有断定命题都是蕴涵式，也就是"如果α，那么β"形式的命题。已经知道这个逻辑系统仅有两个断定命题不是用"如果"开头，亦即所谓同一律："A属于所有的A"，或"所有A是A"，以及"A属于有些A"或"有些A是A"。这些定律都不是由亚里士多德明白地陈述的，但它们都是逍遥派学者所知道的。①

属于这个系统的蕴涵式或者是换位定律（逻辑方阵的对当定律在《前分析篇》中未曾提到），或者是三段论。换位定律是简单的蕴涵式，像"如果A属于所有的B，那么B属于有些A"。② 这个蕴涵式的前件是前提"A属于所有的B"，后件是"B属于有些A"。对于变项A和B的所有值而言，这个蕴涵式都被看作是真的。

---

① 参见第20页注③，第21页注①，在后面这个注中所引证的那一段中，亚历山大说命题"A不属于有些A"是荒谬的，这就意味着矛盾命题"A属于所有A"是真的。

② 《前分析篇》，i. 2，$25^{a}17$，"如果每个B都是A，那么有些A是B。"

所有亚里士多德式三段论都是“如果 α 并且 β，那么 γ”这种类型蕴涵式，其中 α 和 β 是两个前提，γ 是结论。两个前提的合取式“α 并且 β ”是前件，结论 γ 是后件。以下面的 Barbara 式的公式为例：

如果 A 属于所有的 B
并且 B 属于所有的 C，
那么 A 属于所有的 C。

在这个例子中，α 指前提“A 属于所有的 B”，β 指前提“B 属于所有的 C”，γ 指结论“A 属于所有的 C”。对于变项 A、B、C 的所有值而言，这个蕴涵式也都被看作是真的。

必须着重指出：由亚里士多德构造的三段论没有一个是像传统逻辑所作的那种带着“所以”（ἄρα）一词的推论。这样形式的三段论：

所有的 B 是 A；
所有的 C 是 B；
所以
所有的 C 是 A

不是亚里士多德式的。直到亚历山大以前我们并没有遇到这样的三段论。[①] 亚里士多德式三段论从蕴涵式转写成为推论的形式大概是由于斯多亚派的影响。

---

① 在亚历山大注释的第 49 页第 9 行，我们发现一个带着 ἄρα〔所以〕一词的具体词项的三段论：“所有的动物都是物，所有的动物是有生命的，所以有些物是有生命的。”在第 382 页第 18 行有一个带着 ἄρα 一词的四个变项的复合三段论：“A 属于所有的 B，B 属于所有的 C，A 属于无一 D，所以 D 属于无一 C。”

亚里士多德式的与传统的三段论之间的差别是根本性的。亚里士多德式的三段论作为蕴涵式是一个命题，而作为一个命题必定是或真或假的。传统的三段论不是一个命题，而是一组命题，它们没有合成为一个单个命题。通常写在不同两行的两个前提没有用合取式来陈述，而把这些松散的前提用“所以”与结论联系起来也没有给出一个新的复合命题。著名的笛卡儿原则：“我思，故我在”（“Cogito，ergo sum”）不是一个真正的原则，因为它不是一个命题。它是一个推论（inference）；或者用经院派的术语说，是一个推断（consequence）。推论和推断，并非命题，是既不真也不假的，因为真假是仅属于命题的。它可以是正确的或者不是正确的。传统的三段论亦复如是。并非命题的传统三段论，既不是真的也不是假的；它能够是正确的或不正确的。传统三段论，当用具体词项陈述时，是一个推论，当用变项陈述时，则是一条推论规则。这样的规则的意思可以用上述的例子来解释：当你给 A、B 和 C 以一定的值使得前提“A 属于所有的 B”和“B 属于所有的 C”都真时，那么你必定要承认“A 属于所有的 C”这个结论是真的。

假如你发现一本书或一篇论文对亚里士多德式的三段论与传统的三段论不加区别，你可以相信该作者对逻辑无知，或者未看过《工具论》希腊文版本。学者们，如《工具论》的现代编纂者与注释者外兹，《亚里士多德逻辑的要素》（*Elementa logices Aristoteleae*）的编纂人特伦德伦堡，逻辑史家普兰特尔都熟知《工具论》的希腊文本，然而他们毕竟没有看到亚里士多德式三段论与传统的三段论之间的差别。只有迈尔在要求允许以较熟悉和较方便的后来的逻辑形式代替亚里士多德式三段论时，似乎曾一度感到过这里有某些毛病；随后他立即以通常的传统形式引述了 Barbara 式而忽略了他曾看到过的这个形式与亚里士多德的形式之间的差异，并且甚至没有谈到他所看到的差异。[①] 当我们感到断定命题与推论规则之间的差别从逻辑观点看来乃是一个根本的差别时，我们就必须承认：阐明亚里士多德逻辑而不考虑这一点不能是完善的。直到今天我们还没有对亚里士多德逻辑的真正阐明。

从蕴涵式形式的断定命题推导出相应的推论规则总是容易的。设蕴涵式命题"如果 α，那么 β"是真的；如果 α 真，我们用分离规则总可以得到 β，因之，"α 所以 β"这条规则是正确的，当蕴涵式的前件是一个合取式，如亚里士多德三段论那样，我们必须首先将合取形式"如果 α 并且 β，那么 γ"变为纯蕴涵形式"如果 α，那么如果 β，那么 γ"。稍加思索就足以令我们信服这变形是对的。现在，设 α 与 β 都是三段论的真前提，我们两次用分离规则于该三段论的纯蕴涵形式，从而得到结论 γ。因此，如果一个"如果 α 并且 β，那么 γ"形式的亚里士多德式三段论是真的，那么相应的传统形式"α，β，所以 γ"就是正确的。但是，反过来，用已知的逻辑规则似乎不可能从正确的传统的式推导出相应的亚里士多德式三段论来。

① 迈尔：《亚里士多德的三段论》，卷 ii a，第 74 页注②："也许可以说，在这里和后面用晚期逻辑流行的表达式来代替亚里士多德的逻辑表达形式，要比较容易掌握一点。"同书第 75 页所引的 Barbara 式乃是：

所有 B 是 A
所有 C 是 B
————
所有 C 是 A

其中的横线代表"所以"一词。

§9. 三段论的格

与亚里士多德逻辑相联系的某些争论问题，富有历史的趣味而并无任何巨大的逻辑上的重要性。三段论的格的问题就是这样的问题之一。我认为，把三段论划分为各个格只有一个实际的目的：我们需要确实知道没有真的三段论式被漏掉。

亚里士多德把三段论的各式划分为三个格。这些格的最简短和最明白的描述不见之于《前分析篇》的系统解说部分，而是在该书后面的各章。亚里士多德说，如果我们要用三段论证明 A 属于 B，我们必须找出某些与此两者有共同关系的东西，而这可能有三种方式：或以 A 表述 C 并且以 C 表述 B，或以 C 表述 A、B 二者，或以 A、B 二者表述 C。这些就是我们曾经讲过的三个格，并且很明显，每一个三段论必定用这些格的某一个格构成。[①]

由此可见，在我们必须用三段论证明的结论中，A 是谓项，B 是主项。我们在后面将会看到：A 叫大项，B 叫小项，C 为中项。中项在两前提中作为主项或谓项的位置是亚里士多德用以将三段论各式划分为各个格的原则。亚里士多德明白地说过我们将由中项的位置而认识格。[②] 在第一格中，中项是大项的主项并且是小

① 《前分析篇》，i. 23，40^b30，“如果一个人要用三段论证明 A 属于 B，不论作为它的一种属性还是不作为它的一种属性，他也必须断定某些东西属于某些东西。”41^a13，“如果我们必须选取某种对两者都是共同有关的东西，而这可能有三种方式（或者以 A 表述 C，并且以 C 表述 B，或以 C 表述 A、B 两者，或以 A、B 两者表述 C），而这就是我们已经说过的各个格，显然，每一个三段论必定用这些格的某一个格或另一个格构成。”

② 《前分析篇》，i. 32，47^b13，“我们将由中项的位置来识别一个格。”

项的谓项,在第二格中,中项是其他两项的谓项,而在第三格中,中项是其他两项的主项。可是,当亚里士多德说每一个三段论必在这三格之一之中时,他是错了。还有第四个可能性,即中项是大项的谓项并是小项的主项,这类的式现在看作属于第四格。

在上面引述的那一段中,亚里士多德忽略了这个第四种可能性,虽然稍过几章他本人就用第四格的三段论作了一个证明。问题也同样是:我们要用三段论证明 A 属于 E,A 是大项,E 是小项。亚里士多德提出了如何解决这问题的实际指示。我们必须构造一个有词项 A 和 E 作为主项或谓项的全称命题的一览表。在这个一览表中我们会有四种类型的全称肯定命题(我省去了否定命题),“B 属于所有的 A”,“A 属于所有的 C”,“Z 属于所有的 E”和“E 属于所有的 H”。字母 B、C、Z、H 中的每一个各自代表满足上述条件的任何词项,当我们在 C 分子中找到一个词项与 Z 分子中的一个词项等同时,我们就得到两个有共同词项(如 Z)的前提:“A 属于所有的 Z”和“Z 属于所有的 E”,从而命题“A 属于所有的 E”就在 Barbara 式中得到了证明。现在,设我们不能证明全称命题“A 属于所有的 E”,因为 C 与 Z 的分子中没有共同词项,但我们至少要证明特称命题:“A 属于有些 E。”我们能用两种不同的办法来证明:如果 C 的分子中有一词项与 H 分子中的一个词项(如 H)等同,我们得到第三格的 Darapti 式:“A 属于所有的 H”,“E 属于所有的 H”,所以“A 必属于有些 E”。但还有另一种办法:当我们在 H 的分子中找到一个词项与 B 分子中的一个词项(如 B)等同时,则我们可得到一个三段论,它的前提是:“E 属于所有的 B”和“B 属于所有的 A”,从这两个前提由 Barbara 式得到“E 属于所有

的 A”，将结论加以换位，由之可推导出命题“A 属于有些 E”。[①]

最后这一个三段论：“如果 E 属于所有的 B，并且 B 属于所有的 A，那么 A 属于有些 E”，既不是第一格的式，也不是第二或第三格的式，这个三段论的中项 B 是大项 A 的谓项和小项 E 的主项。它是第四格 Bramantip 式。然而它如像任何其他亚里士多德的式一样正确。亚里士多德把它叫作“换位的三段论”（Converted syllogism，*ἀντεστραμμένος συλλογισμός*），因为它是用 Barbara 式的结论换位来证明这个式的。还有另外两个式，第二格的 Camestres 和第三格的 Disamis，亚里士多德也同样地是用第一格的式的结论换位的办法来证明的。让我们想想 Disamis 的证明：“如果 R 属于所有 S 并且 P 属于有些 S，那么 P 属于有些 R。”由于第二个前提能换位为：“S 属于有些 P”，于是我们可以从 Darii 式得到结论“R 属于有些 P”。把这个结论换位为“P 属于有些 R”，就得到了 Disamis 的证明。这里，亚里士多德应用了把 Darii 式的结论换位的办法，这就给出了另外一个叫作 Dimaris 的第四格的三段论：“如果 R 属于所有的 S 并且 S 属

① 《前分析篇》，i. 28，44^a12—35，“设 B 表示伴随 A，而 A 自己又伴随 C，……再者，设 Z 是属于 E 的，而 E 自己又伴随 H，……如果有些 C 的分子与有些 Z 的分子是等同的，那么，A 必定属于所有的 E，因为 Z 属于所有的 E，而 A 属于所有的 C，从而 A 属于所有的 E。但如果 C 与 H 是等同的，那么 A 必定属于有些 E，因为 A 属于所有的 C，而 E 属于所有的 H，……如果 B 与 H 等同，就将有一个换位的三段论：E 将属于所有的 A，因为 B 属于 A，而 E 属于 B(因为 B 已经与 H 等同)。A 并不必定属于所有的 E，然而它必定属于有些 E，因为由全称肯定判断转换为特称是可能的。”我读由全称肯定判断转换为特称（*τὴν καθόλου κατηγορίαν τῇ*）是根据古抄本 B(见外兹本 i. 196；贝克尔本对 44^a34 的脚注似乎是一个印刷错误)与亚历山大 306. 16，我反对贝克尔本和外兹本的读法：由特称判断转换为全称肯定（τῇ καθόλου κατηγορίᾳ τὴν）。我高兴地看到我这个读法也是 W. D. 罗斯爵士所同意的。

于有些 P,那么 P 属于有些 R。”①

所有这些推导,在逻辑上都是正确的,从而利用它们获得的式在逻辑上也是正确的。的确,亚里士多德知道,除了在《前分析篇》起头几章中他所系统地建立的第一、第二、第三格的十四个式之外,还有其他的真三段论。其中的两个是他自己在这个系统解说的末尾处引用过的。他说,明显地,在所有的格中,如果两个词项全是肯定的或否定的,根本没有什么东西会必然得出,如此则无论何时都不会产生三段论;但如果一个是肯定的,另一个是否定的,并且如果否定的是全称地陈述的,一个把小项连接于大项的三段论总可以得到。例如:如果 A 属于所有或有些 B,并且 B 属于无一 C;因为如果前提全都换位,那么 C 不属于有些 A 就是必然的了。② 从亚里士多德在这里所举出的第二个前提,由换位我们得到命题:“C 属于无一 B”,从第一个前提可得“B 属于有些 A”,并且根据第一格的 Ferio 式,从这两个前提可得结论“C 不属于有些 A”。两个新的三段论式由此得到证明。这两个式后来称为 Fesa-

① 《前分析篇》,i. 6,28ᵇ7,“如果 R 属于所有的 S,P 属于有些 S,P 必定属于有些 R。由于肯定判断是可以换位的,S 将属于有些 P;从而,由于 R 属于所有的 S,并且 S 属于有些 P,R 必定也属于有些 P;所以 P 必定属于有些 R。”这一段驳倒了弗里德利希·索门苏的这个断言:亚里士多德不愿使用将结论换位的方法。见《亚里士多德逻辑的形成与修辞学》,柏林 1929 年版,第 55 页:“换位用于结论,在亚里士多德是不愿知道的。”

② 《前分析篇》,i. 7,29ᵃ19,“在所有各格中,什么时候得不出合式的三段论,这也是明显的。如果所有两个词项都是肯定的或者否定的,那就没有什么东西会必然得出,但是如果一个是肯定的,另一个是否定的,并且如果否定的是全称地陈述的,就总会得出联结小项于大项的三段论。例如,A 属于所有或者有些 B,并且 B 属于无一 C,因为如果前提都加以换位,那么 C 不属于有些 A 就是必然的了。”

po 和 Fresison：

如果 A 属于所有的 B	如果 A 属于有些 B
并且 B 属于无一 C，	并且 B 属于无一 C，
那么 C 不属于有些 A。	那么 C 不属于有些 A。

亚里士多德称 C 为小项，A 为大项，因为他从第一格的观点来对待前提。因此，他说由所给前提可得结论，其中小项是表述大项的。

另外三个属于第四格的三段论是亚里士多德在《前分析篇》第二卷开头的地方提到的。亚里士多德在这里说所有全称三段论（即是具有全称结论的三段论）得出一个以上的结论，而特称三段论中之肯定者产生一个以上的结论，特称三段论中之否定者仅仅产生一个结论。因为除特称否定之外，所有前提都是可换位的；而结论是陈述关于某事物的某事物。所以除特称否定之外的所有三段论都产生一个以上的结论，例如，如果 A 被证明为属于所有或有些 B，则 B 必定属于有些 A；并且如果 A 被证明属于无一 B，则 B 必属于无一 A。这是与前者不同的结论。但如果 A 不属于有些 B，则 B 应不属于有些 A 就并非必然的了，因为它或许可能属于所有 A。①

① 《前分析篇》，ii. 1，53ª4，“由于有些三段论是全称的，其他的三段论是特称的，所有全称三段论得出一个以上的结论，而特称三段论中，肯定的产生一个以上的结论，否定的仅产生它所陈述的结论。因为所有命题，除了特称否定之外，都是可以换位的，而结论陈述有关另一确定事物的一个确定的事物。因而除了特称否定之外的所有三段论都产生一个以上的结论。例如，如果 A 已证明属于所有的 B 或者有些 B，则 B 必定属于有些 A；并且如果 A 已证明属于无一 B，则 B 属于无一 A，这乃是不同于前者的结论。但是如果 A 不属于有些 B，那么 B 应不属于有些 A 就不是必然的了；因为它也许可能属于所有的 A。”

从这一段话中可见亚里士多德知道第四格的各式(后来称为 Bramantip,Camenes 和 Dimaris),并且他从第一格 Barbara,Celarent 和 Darii 三式的结论换位而得到它们。三段论的结论是陈述关于某事物的某事物的命题,也即是一个前提,因而换位律能应用于它。这一点是重要的:“A 属于无一 B”与“B 属于无一 A”这类型的命题,被亚里士多德看成是不同的东西。

由这些事实可知:亚里士多德知道并承认第四格的所有的式。这一点必须加以强调,以反对某些哲学家的意见,说他(指亚里士多德。——译者注)排斥这些式。这样的排斥乃是一个不能加之于亚里士多德的逻辑错误。他的错误仅在于系统划分三段论时漏掉了这些式。我们不知道他为什么这样作。哲学的理由,如我们随后即将看到的,必须排除。我认为最可能的解释是波亨斯基所提出的,[①]他假设提到这些新的式的《前分析篇》第一卷第七章及第二卷第一章是亚里士多德在第一卷第四至第六章的系统解说之后再写成的。这个假设我看似乎是较为可能的。因为在《前分析篇》中还有许多地方也表明这部著作的内容在其写作过程中是在发展的。亚里士多德没有时间系统地编排他所作出的新发现,而把继续他的逻辑著作的工作留给了他的学生德奥弗拉斯特斯(Theophrastus)。实际上,德奥弗拉斯特斯为亚里士多德系统中

① I. M. 波亨斯基教授《德奥弗拉斯特斯的逻辑》(*La Logique de Théophraste*),弗里堡丛书,新集,第 xxxii 分册,瑞士的弗里堡 1947 年版,第 59 页。

的第四格的各式在第一格的各式中找到了一个位置。① 为此目的，他在亚里士多德的第一格的定义中引入了一个轻微的修正。不像亚里士多德那样说，在第一格中，中项是大前提的主项和小前提的谓项，②德奥弗拉斯特斯一般地说在第一格中中项是一个前提的主项和另一个前提的谓项。亚历山大重复了这个也许是来自德奥弗拉斯特斯的定义，似乎没有看到，它不同于亚里士多德对第一格的描述。③ 德奥弗拉斯特斯的改正对于三段论的各格的问题的解决犹如增加了一个新的格一样。

§10. 大项、中项和小项

亚里士多德在《前分析篇》中还犯了另一个有着较严重后果的错误。那就是亚里士多德在他的第一格的描述中所作出的大项、小项和中项的定义。它是这样开始的："无论何时，如果三个词项彼此间这样关系着：最后一个被包含于中间一个之中，而中间一个又被包含于或不被包含于第一个之中，那么两端项必定形成一个完全的三段论。"他如此开始之后，在紧接着的文句中，就解释了中

① 亚历山大 69.27，"对于第四格的三段论，德奥弗拉斯特斯增补了五个其他的式。它们既不是完全的，也不是不可证明的。亚里士多德部分地在本卷中，而部分地是在第二卷的开头的地方研究它们的时候，提到过它们。"参见同书 110，12。

② 参见第 38 页注①。

③ 亚历山大 258.17(对 I 卷 23 章的注释)，"中词对于其他词项的关系可以有三种方式得到：或者中项在一个前提中是主项，而在另一个前提中是谓项，或者它在两个前提中都是谓项，或者它在两个前提中都是主项。"同书 349.5(对 I 卷 32 章的注释)"如果中项在两个前提中的位置是这样排列的，即在一个前提中居于谓项的位置，而在另一个前提中居于主项的位置，那么就得到第一格。"

项是什么意思："那个本身包含于另一词项之中而又包含着另一个词项于它自身之中的词项，我称之为中项，它在位置方面也是处于中间的。"[①]亚里士多德于是研究带有全称前提的第一格三段论的形式，没有使用表达词"大项"和"小项"。这些表达词第一次出现于他研究具有特称前提的第一格的式的时候，这里我们看到下列解释："我把中项被包含于其中的词项叫作大项，把包含于中项之中的词项叫作小项。"[②]这些对大项和小项的解释，如像对中项的解释一样，表达为完全的普遍性的。亚里士多德似乎倾向于应用它们于第一格所有的式。[③] 但是，如果他认为它们能包括所有情况，那他就错了。

事实上，这些解释只能应用于具有具体词项和真的前提的Barbara式的三段论，例如：

（1）　如果所有的鸟都是动物。
　　　并且所有的乌鸦都是鸟，
　　　那么所有的乌鸦都是动物。

在这个三段论中有一个词项"鸟"，它本身被包含于另一词项动物

---

① 《前分析篇》，i.4，$25^{b}32$，"每当三个词项彼此间存在着这样的关系，即最后一个词项包含于中间词项之中就犹如包含在一个整体之中一样，并且中间词项或是包含于第一个词项之中或是排斥于第一个词项之外，犹如包含于一整体之中或排斥于一整体之外一样，那么，两个端项必定凭借一个完善的三段论而发生关系。我把那个自身包含于一个词项，而又包含另一个词项在它自身之中的词项，称之为中项；在位置上它也是居于中间的。"

② 《前分析篇》，$26^{a}21$，"我把中项被包含于其中的词项叫作大项，把包含于中项之中的词项叫作小项。"

③ 迈尔在《亚里士多德的三段论》一书中（卷 ii a 第 49 页及第 55 页），真的把它们作为对第一格所有的式都成立的定义。

之中，而又包含第三个词项“乌鸦”于它自身之中。按照已作的解释，“鸟”应是中项。从而“动物”应是大项，“乌鸦”应是小项。显然，大项之所以称为大项，是因为它的外延最大，正如小项的外延最小一样。

但是，我们知道带有具体词项的三段论，仅仅是逻辑定律的应用，它们并不属于逻辑本身。Barbara 式作为逻辑定律必须用变项陈述：

(2)　如果所有 B 是 A
　　并且所有 C 是 B，
　　那么所有 C 是 A。

对于这个逻辑定律，已作的解释就不适用了，因为不能决定变项之间的外延关系。可以说 B 在第一个前提中是主项而在第二个前提中是谓项，但是不能说 B 包含于 A 之中或 B 包含着 C；因为三段论(2)对于变项 A、B 和 C 所有的值都是真的，甚至对那些不能确证它的前提的值也是真的。取 A 为“鸟”，B 为“乌鸦”，C 为“动物”：你得到一个真三段论：

(3)　如果所有乌鸦都是鸟
　　并且所有动物都是乌鸦，
　　那么所有动物都是鸟。

词项“乌鸦”、“鸟”和“动物”之间的外延关系当然是独立于三段论的式并且在三段论(3)之中仍如在三段论(1)之中一样。但词项“鸟”在(3)之中就不像它在(1)之中那样再是中项了；“乌鸦”在(3)之中是中项，因为它在前提中出现了两次，而中项必定是两个前提所共同具有的。这乃是亚里士多德所承认的对所有的格都适用的中项的定义，[1]这个一般的定义是与亚里士多德提出的对第一格的特别解释是不相容的。中项的特别解释显然是错了。同样，亚里士多德为第一格提出的大项和小项的解释也显然是错的。

亚里士多德没有给出对于所有的格都合适的大项和小项的定义；但实际上他将结论的谓项当作大项，将结论的主项当作小项。容易看出这个术语是如何使人迷误：在三段论(3)中，大项“鸟”的外延小于小项“动物”的外延。如果有读者因为它的错误的小项而感到难以承认三段论(3)，他可以用：有些动物“代替”所有动物。这个三段论：

(4)　　如果所有乌鸦都是鸟
　　　并且有些动物是乌鸦，
　　　那么有些动物是鸟。

是一个具有真前提的 Darii 式正确三段论。如在三段论(3)之中一样，在这里又是最大的词项“动物”是小项；“鸟”这个外延上居中的词项是大项；而最小的词项“乌鸦”是中项。

当我们以具有否定前提的三段论为例时，我们曾经遇到过的困难就更大，如 Celarent 式：

如果没有 B 是 A
并且所有 C 是 B，
那么没有 C 是 A。

B 是中项；但它满足亚里士多德为第一格的中项所定下的条件吗？

---

① 《前分析篇》，i. 32，47^a38，“我们必须把在两个前提中均被陈述的词项取作中项，因为中项应当出现于所有的格的两个前提中乃是必要的。”

当然不。而且C或A这两项,哪个是大项,哪个是小项呢?我们怎样能够就它们的外延方面比较这些词项呢?对最后的这些问题没有正面的答案,因为它们来自一个错误的出发点。[①]

§11. 关于一个错误的历史

亚里士多德为第一格所下的关于大项、小项的错误定义,以及他所采用的使人迷误的术语,在古代就已经成为导致困难的根源。问题出现于第二格的场合。这个格的各个式都有一个否定前提,而且它头两个式(后来称为Cesare和Camestres)产生全称否定结论。从前提"M属于所有的N"和"M属于无一X"得到结论"X属于无一N",把这个结论换位,我们得到第二个结论"N属于无一X"。在两个三段论中,M都是中项;那么,我们如何决定其余两个词项N和X何者为大项、何者为小项呢?作为大项与小项而存在是"由于本性"(by nature、φύσει)呢?还是"由于约定"(by Convention,θέσει)呢?[②]

据亚历山大说,这样的问题是由后来的逍遥学派学者们所

① 恰如凯因斯(《形式逻辑》,第286页),正确地指出的,当前提之一是否定或特称时,我们没有保证可以说大项将是外延最大的而小项是外延最小的。由此,凯因斯接着说:"三段论——没有M是P,所有S是M,所以,没有S是P——会产生这样一种情形〔随即他用三个圆圈M、P、S,作出一个图解,一个大S包含于更大的M之中,一个小P在它们之外〕:大项可以是外延最小的而中项是最大的。"凯因斯忘记了在大圈S之外画一个小圈P与确认P词项在外延上小于S词项并不是一件事,只有一个词项包含于另一词项之中时,它们才能在外延方面加以比较。

② 亚历山大72.17,"在第二格中大项与小项是不是按照它们自己的本性而区别开来,并且如何定义它们,都还需要研究。"

提出的。他们看到：在全称肯定前提中，能有由本性而存在的大项，因为在那样的前提中谓项在外延上（in extention，ἐπὶ πλέον）比主项大，但是在全称否定前提中情况并不如此。[①] 例如，我们不能知道"鸟"和"人"那一个是大项，因为"没有鸟是人"与"没有人是鸟"同样是真的。亚历山大的老师黑尔米鲁斯曾试图用修改表达词"大项"的意义的办法来回答这个问题。他说，"鸟"和"人"这两个词项哪一个在动物的系统分类中较接近于共同的种（genus）"动物"，它就是大项。这在我们的例子中就是词项"鸟"。[②] 亚历山大反对黑尔米鲁斯的这个理论及其进一步的发挥，这是对的，但他也反对认为大项是结论的谓项的意见。他说，在这种情况下，大项将是不固定的，因为全称否定命题可以换位，现在还是大项，即刻就变成了小项，使同一词项成为大项或小项就将取决于我们自己。[③] 他自己的解决是基于这样的假定：当我们形成一个三段论时，我们要给设想为结论的已提出的问题挑选前提。这个结论的谓项就是大项，而这与我们以后将此结论换位与否无关：在首先提出的问题中，大项已曾是并且仍

---

① 亚历山大 72.24，"在全称肯定前提中，谓项是大项，因为它在外延上比主项大，并且在这里不进行换位。这样，它之为大项乃是由于本性。然而这对于全称否定前提来说就不对了。"

② 同上书 27，"黑尔米鲁斯认为，在第二格中，大端项……是在两个端项中更接近于一般的属的词项（令端项为'鸟'与'人'，鸟比人更近于它们的共同的种，即'动物'；'鸟'在最初的分类中居于这样的地位，从而是大项）。"

③ 同上书 75.10，"不能直截了当地断言三段论结论中的谓项都是大项，如像它们有的所表现的那样。它并不这样明显。在不同的格中有不同的情况。因为在全称否定前提中可以进行简单换位，那就不能规定何者为大项；那个在前面曾是大项的后来就变成了小项，而我们可以任意地把同一个词项既当作大项，也当作小项。"

旧是那个谓项。[1] 亚历山大忘记了，在我们形成一个三段论时，并不总是为已提出的结论挑选前提，有时我们是从已给定的前提中推导出新的结论来。

只是在亚历山大之后，这问题才得到解决。约翰·菲洛波努斯论述这问题的著作，值得当作经典看待。根据他的意见，我们可以或者仅仅对第一格，或者对所有三个格一起，来定义大项和小项。在第一格中大项是中项的谓项，小项是中项的主项。对其他两个格来说，不能作这样的定义，因为两个端项对于中项的关系在其他的两个格中都是一样的。所以我们必须承认适用于所有的格的一条共同规则，乃是大项是结论的谓项，小项是结论的主项。[2] 从菲洛波努斯著作的另一段可以看出这个规则只是一项约定，在该处我们读到如下的话：第二格的全称式有大项和小项仅系由于约定，而并非由于本性。[3]

① 亚历山大 75.26，"那个在首先提出的问题中作为谓项的，我们应当看作是大项，如果加以换位的话，那么同一谓项就变成主项。对于我们来说，这个谓项曾经是并且仍然是大项，就如这个词在最新提出的问题中曾发生过的情况一样。"

② 菲洛波努斯 67.19，"首先看一看哪是大项哪是小项。可以就三个格一般而言或者特别地就第一格而言来做到这一点。在第一格的特别情况下，大项是那个作为中项的谓项的词项，而小项是那个作为中项的主项的词项。然而所有我们所断言的这一些都是就第一格而言的，因为在第一格中，中项有时作谓项有时作主项。但是由于在其余两个格中的端项与中项之间没有任何这样的差别，因此，显然地，我们起初的定义不适用于它们。所以我们应当运用于关于三个格的共同规则在于大项是结论的谓项，而小项是结论的主项。"

③ 同上书 87.10，"第二格全称式之有大项和小项仅系由于约定，而非由于本性。"

§12. 前提的次序

环绕着亚里士多德逻辑出现过某些不能加以合理解释的古怪的哲学偏见。其中之一就是反对第四格，有时简直显露出了对它的奇怪的憎恶。另一个是在所有三段论中大前提必须首先陈述这样一个诡异的意见。

从逻辑的观点看来，在亚里士多德式三段论中，前提的次序是任意的，因为三段论的前提组成一个合取式，而合取式的肢是可以交换的。大前提首先陈述不过是一个约定罢了。然而有些哲学家，像外兹或迈尔，却坚持前提的次序是固定的。外兹因为阿普里乌斯改变了这次序而加以非难，[①]而迈尔也否定了特伦德伦堡认为亚里士多德允许前提的次序自由的意见[②]。但在这两个场合的任何一个之中，什么论证也没有提出来。

我不知道谁是前提次序是固定的这个意见的创始人。当然不是亚里士多德。尽管亚里士多德没有作出对所有三个格都正确的大项和小项的定义，但确定哪个词项和哪个前提被他当作大项、大前提以及小项、小前提，总是容易的。亚里士多德在其三段论理论的系统解说中，使用了不同的字母来指示不同的词项；在每一个格

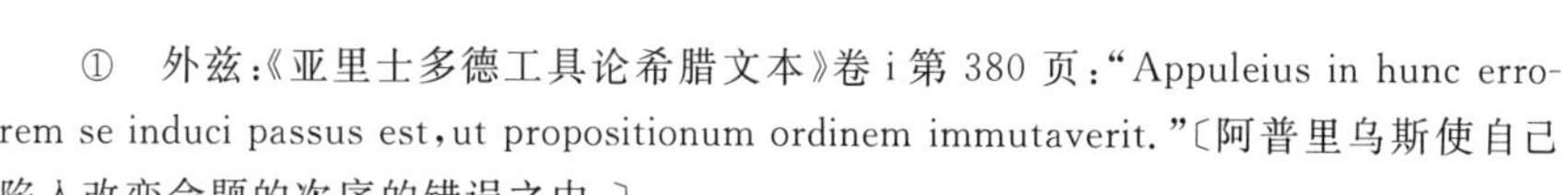

① 外兹：《亚里士多德工具论希腊文本》卷 i 第 380 页："Appuleius in hunc errorem se induci passus est，ut propositionum ordinem immutaverit."〔阿普里乌斯使自己陷入改变命题的次序的错误之中。〕

② 迈尔：《亚里士多德的三段论》卷 ii a，第 63 页："所以，特伦德伦堡认为亚里士多德容许前提次序是任意的这种见解是错误的。前提的次序宁可说是严格确定的。"我不清楚：他用"所以"一字是引用一些什么理由。

中，他把它们按照字母的次序(θέσις)排列，并明白地说哪个词项由一个给定的字母表示。这样，对于第一格我们有字母 A、B、C；A 是大项、B 是中项，C 是小项。[①] 对于第二格，我们有字母 M、N、X；M 是中项，N 是大项，X 是小项。[②] 对于第三格，我们有字母 P、R、S；P 是大项，R 是小项，S 是中项。[③]

亚里士多德在第一、第二格所有的式中，在第三格的 Darapti 和 Ferison 两个式中，都首先陈述大前提。[④] 在第三格的其余各式(Felapton，Disamis Datisi 和 Bocardo)中，首先陈述小前提。[⑤] 最显著的例子是 Datisi 式。这个式在同一章中表述过两次；在两个式子中字母是一样的，但是前提调换了。第一个公式是这样的：

① 这是从亚里士多德为第一格所下的定义而来的。见第 45 页注①；参看亚历山大 54.12"令大端项为 A，中项为 B，小端项为 C"。

② 《前分析篇》，i.5，26b34，"每当同一词项属于一个主项的全部，而不属于另一主项的任何分子，或者属于这两个主项的全部，或不属于这两个主项的任何分子，我把这样的一个格叫作第二格；其中的中项我指的是表述两个主项的词项，两个端顶是指被中项表述的词项，大端项是指离中项较近的词项，小项是离中项较远的词项。"参看亚历山大 78.1，"他在这里使用的不是第一格中所用的 A、B、C，而是 M、N、X，实际上，中项是 M，它是在两个前提中的谓语，而在次序上是居于第一位的；大端项是 N，它在次序上是居于中项之后的，小端项则是 X。"

③ 《前分析篇》，i.6，28a10，"但是如果一个词项属于第三个词项的全体分子，而另一个词项不属于第三个词项的任何分子，或者这两个词项都属于第三个词项的全体，或都不属于第三个词项的任何分子，我把这样的一个格叫作第三格；其中的中项我所指的是被两个谓项所表述的那个词项，端项指的是两个谓项，大端项是离中项较远的词项，小项则是离中项较近的词项。中项是处于两个端项之外，而且在位置上是居于最后的。"参看亚历山大 93.20，"在这个格中，他使用 P、R、S，而且大端项的符号是 P，在结论中应成为主项的小端项的符号是 R，中项的符号是 S。"

④ 例如，见第 11 页注②(Barbara)及第 20 页注①(Ferio)。

⑤ 见第 20 页注②(Felapton)及第 18 页注①(Disamis)。

“如果 R 属于有些 S 并且 P 属于所有 S，P 必定属于有些 R。”①这个三段论的第一个前提是小前提，因为它含有小项 R。第二个公式读作：“如果 P 属于所有 S 并且 R 属于有些 S，那么 P 将属于有些 R。”②第二个三段论的第一个前提是大前提，因为它含有大项 P。应当提请注意这个事实：第二个公式只是有的时候提出的，而在系统解说中的这个式的标准公式是用对调过的前提陈述的。

在《前分析篇》第二卷，我们碰到带着对调过的前提的其他的式，如 Darii、③ Camestres④ 和 Baroco。⑤ 甚至于主要的三段论 Barbara 式也有时被亚里士多德以小前提在先的形式加以引用。⑥从这些例子看来，我很难理解有些懂得《工具论》希腊原文的哲学家怎样形成并坚持了这种意见：前提的次序是固定的，并且大前提必须首先陈述。似乎哲学偏见有时不仅可以破坏常识，而且，还可以破坏如实地看到事实的能力。

§13. 一些现代注释家的错误

第四格的历史可以当作另一个例子来表明哲学偏见有时是多么奇怪。著名的逻辑史学家卡尔·普兰特尔以下面的话开始他对

① 《前分析篇》，i. 6，$28^{b}12$。

② 同上，$28^{b}26$。

③ 《前分析篇》，ii. 11，$61^{b}41$，“如果 A 属于有些 B，并且 C 属于所有 A，那么 C 将属于有些 B。”

④ 同上，ii. 8，$60^{a}3$，“如果 A 属于无一 C，但属于所有 B，B 将属于无一 C。”

⑤ 同上，$60^{a}5$，“如果 A 不属于有些 C，但属于所有 B，那么 B 将不属于有些 C。”

⑥ 见第 22 页注①。

这个格的考虑："为什么那样的类乎儿戏的东西，像加伦的第四格的问题，没有在亚里士多德那里发现，是一个我们根本不提出的问题；宣称在亚里士多德逻辑的每一步之中，这种或那种废话未在其中发现，显然不能是我们的任务。"[①]普兰特尔没有看到，亚里士多德知道并承认所谓加伦的第四格的各个式，而且不把这些式看作是正确的将是一个逻辑错误。但是让我们再往下看。在注释亚里士多德读到后来称之为 Fesapo 及 Fresison 这两个式[②]的那一节时，普兰特尔首先将这些式当作推论规则来陈述：

所有 B 是 A	有些 B 是 A
没有 C 是 B	没有 C 是 B
有些 A 不是 C	有些 A 不是 C

——当然，他并没有看到亚里士多德式三段论与传统的三段论之间的差别——随后他说："由大前提和小前提的调换，使得推理活动的开始成为可能"；并且进而说："当然，这类推论并非原本正确，因为前提排列成它们调换之前的样子，对于三段论就简直什么也不是。"[③]依我看，这一段揭示了普兰特尔对逻辑的完全无知。他似乎不懂得亚里士多德证明这些式的正确性不是用调换前提的办法，即颠倒它们的次序，而是用把它们换位的办法，即改变它们的主谓项的位置。尤有甚者，说什么两个前提给定后，当一个前提陈述在前时，推理活动就开始，当另一个前提在前时，就不产生任何

① 卡尔·普兰特尔，《西方逻辑史》(*Geschichte der Logik im Abendlande*)，卷 i，第 272 页。

② 见第 41 页，注②。

③ 普兰特尔，前引书，卷 i，第 276 页。

三段论，这也是完全不恰当的。从逻辑观点看来，普兰特尔的著作是无用的。

对迈尔的著作也可以同样如此说，他一般地讨论三段论的各格和特别地处理第四格的著作，照我看是他的费力而不讨好的书的最晦涩的章节之一。[①] 迈尔写道，关于三段论的格的标准有两种彼此反对的意见：一种意见是（特别是宇伯威格）把中项作为主项或谓项的位置看作这个标准，另一种意见是（特别是特伦德伦堡）把中项与两端项的外延关系看作这个标准。迈尔说，这两种意见哪一个是对的，也还没有解决。[②] 他选定以亚里士多德对第一格的刻画为据的第二种意见，作为他自己的看法。我们已经知道：这个刻画在逻辑上是站不住脚的。迈尔不仅承认它，而且根据第一格来修改其他两个格的亚里士多德的刻画。亚里士多德略有几分疏忽地把第二格描述为："每当同一词项属于一个主项的全部，而不属于另一主项的任何分子，或者属于两个主项的全部，或不属于这两个主项的任何分子，我把这样的一个格叫作第二格。其中的'中项'我指的是表述两个主项的词项，两个端项是指被中项表述的词项。"[③]迈尔说："当我们考虑到'B包含于A中'，'A属于B'，以及'A表述B'等表达式是可以互换的时候，我们根据第一格的描述，可以将这个刻画表述在以

① 见迈尔：《亚里士多德的三段论》卷 ii a，"三个格"，第 47—71 页，以及卷 ii b，"增补具有两个式的第四格"，第 261—269 页。

② 上引书，卷 ii a，第 53 页注③。

③ 参见第 52 页注②。

下措词中。”[①]在这里，迈尔犯了第一个错误：说他所引述的三个表达式能彼此互换，这不是真实的。亚里士多德明白地说：“说一个词项包含于另一词项之中，与说另一词项表述第一个词项的全部是一样的。”[②]因此，表达式“B包含于A中”指的是与“A表述所有的B”或“A属于所有的B”一样，而并非与“A表述B”或“A属于B”一样。与这第一个错误相联系的第二个错误是：迈尔主张否定前提也有一个词项从属于另一个词项的外在形式，如同肯定全称前提一样。[③] 在这里“外在形式”是指什么呢？当A属于所有B时，那么B属于A，并且这个关系的外在形式恰好就是命题“A属于所有B”。但在否定前提中，如“A属于无一B”，词项间的从属关系并不存在，也不存在此从属关系的形式。迈尔的断定是逻辑上的废话。

让我们引用迈尔对第二格的描述。它这样说：“对两个词项说来，每当其一包含于，而另一不包含于同样的第三个词项之中，或均包含于其中，或均不包含于其中，于是我们面前就有第二格。中项就是那包含其余两词项的那个词项，两个端项就是那包含于中项之中的词项。”[④]这个冒牌地对第二格的刻画，也是逻辑上的废话。试举下例：给定两个前提：“A属于所有B”和“C属于无一A”。如果A属于所有B，则B包含于A，并且如果C属于无一A，它就不包含于

---

① 所引书，卷ii a，第49页。

② 《前分析篇》，i. 1，24^b26。

③ 所引书，卷ii a，第60页注①，“否定的三段论命题也至少有外在的从属形式”。又参见同书第50页。

④ 所引书，卷ii a，第49页。

A。因此有两个词项 B 和 C,其中之一 B,包含于第三个词项 A 之中,而另一词项 C 不包含于这同样的第三个词项之中。按照迈尔的描述,在我们面前就应当有一个第二格了。然而,我们所有的并非第二格,而仅仅是两个前提"A 属于所有 B"和"C 属于无一 A",用第一格的 Celarent 式,我们可由这两个前提得到结论"C 属于无一 B",并且用第四格 Camenes 式可得结论"B 属于无一 C"。

然而,迈尔由于断定存在着仅仅含有两个式(Fesapo 和 Fresison)的三段论的第四格,而达到了逻辑荒谬的顶峰。他用以下的议论来支持他的这个断定:"亚里士多德的学说漏掉了中项的一个可能的位置。这个词项(指中项——译者注)可以比大项的普遍性小而比小项的普遍性大;其次,它可以比两端项普遍性大;第三,它可以比两端项的普遍性小;但它也可以比大项普遍性大而同时又比小项的普遍性小。"[①]当我们提醒自己注意到:按照迈尔的意见,大项总是比小项的普遍性大,[②]而"较之普遍性大"的关系是传递性的,那么,我们就不能避免这个议论的奇怪的后果:他的第四格的中项较之于小项应当在同时既是普遍性大又是普遍性小。从逻辑的观点看来,迈尔的著作是无用的。

§14. 加伦的四个格

几乎在每一本逻辑教科书中,你都可以看到这种说法:第四格

① 所引书,卷 ii b,第 264 页。

② 同上书,卷 ii a,第 56 页,"如同在第一格中业已断然成立的情况一样,大项总是普遍性大,而小项的普遍性小。"

的发现者是公元二世纪居住在罗马的希腊医生和哲学家加伦。这个说法的来源是可疑的。我们既没有在加伦的现存的著作中看到它，也没有在希腊注释家(包括菲洛波努斯)的著作中看到它。据普兰特尔说，关于这一点，中世纪逻辑学家是从阿威罗伊那里得知的，阿威罗伊说，第四格是由加伦提出的。[①] 对这个含混的材料，我们还可以加上在十九世纪发现的两篇希腊文残篇，而且也是非常含混的。其中之一曾于一八四四年由迈纳斯在他所编加伦的《辩证法导论》一书的序言中予以发表，一八九七年又由卡尔布弗莱希再度发表。这个佚名作者的残篇告诉我们：某些后来的学者把德奥弗拉斯特斯及欧德谟斯增补于第一格的各式加以变换而成为一个新的第四格，他们把加伦看作是这个理论的创始人。[②] 另一希腊残篇是普兰特尔在约翰·意塔卢斯(十一世纪)的逻辑学著作中发现的。这位作者嘲讽地说：加伦主张存在一个第四格以反对亚里士多德，并且以为他比过去的逻辑注释家更为聪明，实则差得很远。[③] 这就是全部。鉴于根据的基础如此薄弱，宇伯威格曾

① 普兰特尔，i. 571 注 99，从 1553 年在威尼斯编印的一个拉丁文译本中引用阿威罗伊的话："Et ex hoc planum, quod figura quarta, de qua meminit Galenus, non est syll ogismus super quem cadat naturaliter Cogitatio"，〔并且由这一点看是清楚的，加伦曾提起过的第四格不是思维会很自然地想到的一种三段论。〕又参看普兰特尔 ii. 390，注 322。

② K. 卡尔布弗莱希：《论加伦的逻辑导论》(*Über Galens Einleitung in die Logik*)"古典语言学年鉴补编"第 23 卷，莱比锡 1897 年版，第 707 页，"德奥弗拉斯特斯与欧德谟斯对于亚里士多德在第一格中叙述过的组合做了新的增补，……后来的有些学者把这些新的组合改造成为第四格，他们把加伦看作是这个理论之创始人而加以引证。"

③ 普兰特尔，前引书，ii. 302，注 112，"三段论的诸格如下：加伦反对斯他吉拉人(即指亚里士多德。——译者注)，断言存在着第四格：这样他就认为他对问题的阐明比老的逻辑注释家更为清楚，然而实际上他是大错特错了。"

怀疑对此问题存在着错误的了解，而海因里希·肖尔兹在其《逻辑史》一书中写道，加伦或许不能对第四格负责。[①]

五十年来有着一篇刊布了的希腊文注释，这一注释以一种完全出乎意料的方式弄清了全部问题。尽管业已发表，它似乎不被人们知晓。亚里士多德的希腊文注释本的柏林编纂人之一马克西米利安·瓦里士，在一八九九年出版了阿蒙尼乌斯的《前分析篇》注释本的现存残篇，并在该书的序言中嵌入一篇佚名作者的注解。这篇注解是在保存着阿蒙尼乌斯残篇的同样的古抄本中发现的。它的题目是："论三段论的全部种类"(On all the kinds of syllogism)，并且这样开始：

> "三段论有三种：直言的、假言的和外设的(*κατὰ πρόσληψιν*)三段论。直言的三段论又分两类：简单的和复合的。简单三段论有三种：第一、第二和第三格。复合三段论有四种：第一、第二、第三和第四格。亚里士多德之所以说只有三个格，因为他着眼于含有三个词项的简单三段论。然而加伦在其《论必然》一书中说有四个格，是由于他着眼于含有四个词项的复合三段论，因为他在柏拉图的《对话集》中发现了许多那样的三段论。"[②]

这位佚名作者进一步对我们做了一些解释，我们能由此推想加伦

① 宇伯威格：《逻辑系统》(*System der Logik*)，波恩 1882 年版，第 341 页，又见卡尔布弗莱希前引书 699 页；肖尔兹《逻辑史》(*Geschichte der Logik*)，柏林 1931 年版，第 36 页，参阅中译本第 38 页。

② M. 瓦里士编：《阿蒙尼乌斯对亚里士多德〈前分析篇〉第 1 卷的注释》，1899 年柏林版，第 IX 页。

如何得以发现这四个格。含有四个词项的复合三段论可用简单三段论的 I、II 和 III 三个格以九种不同方式组合而形成：I 与 I，I 与 II，I 与 III，II 与 II，II 与 I，II 与 III，III 与 III，III 与 I，III 与 II。这些组合中的两个，即 II 与 II，III 与 III，根本不能得出三段论，而其余的组合中的 II 与 I 和 I 与 II，III 与 I 和 I 与 III，III 与 II 和 II 与 III 所得出的三段论是各自相同的。这样我们就仅仅得到四个格：I 与 I，I 与 II，I 与 III 以及 II 与 III。[①] 所举的许多实例的三个是取自柏拉图的《对话集》，两个取自《阿尔克比亚德》篇（*Alcibiades*），一个取自《共和国》篇。

这个精确和详尽的计算必须加以解释和检验。四个词项的复合三段论有三个前提和两个中项，令其为 B 和 C，它形成前提 B—C或 C—B。我们称之为中前提。B 与结论的主项 A 共同构成小前提，而 C 与结论的谓项 D 共同构成大前提。由此我们得到以下八个组合（在各个前提中的第一个词项是主项，第二个词项是谓项）：

① 瓦里士，前引书，第 ix 至 x 页："简单直言三段论在亚里士多德那里是 A、B、C 诸格，复合的三段论在加伦那里是：A 对于 A，A 对于 B，A 对于 C，B 对于 B，B 对于 A，B 对于 C，C 对于 C，C 对于 A，C 对于 B，合于三段论的是：

A 对于 A，A 对于 B，A 对于 C，B 对于 C。
A　　B　　C　　D

不合于三段论的是：B 对于 B，C 对于 C（三段论不能从两个否定或者两个特称的前提得到），

B 对于 A，C 对于 A，C 对于 B
B　　C　　D

与正文中已经写出的三段论同。"

格	小	中	大	结　论	
	前　　提				
F_1	A—B	B—C	C—D	A—D	I 与 I
F_2	A—B	B—C	D—C	A—D	I 与 II
F_3	A—B	C—B	C—D	A—D	II 与 III
F_4	A—B	C—B	D—C	A—D	II 与 I
F_5	B—A	B—C	C—D	A—D	III 与 I
F_6	B—A	B—C	D—C	A—D	III 与 II
F_7	B—A	C—B	C—D	A—D	I 与 III
F_8	B—A	C—B	D—C	A—D	I 与 I

如果我们采取德奥弗拉斯特斯的原则：在亚里士多德的第一格中，中项是一个前提的主项——这和是大前提还是小前提没有关系——并且是另一前提的谓项，并且用这个原则来规定那一方面由小前提与中前提所形成的格；另一方面由中前提与大前提所形成的格，于是我们得到在最后一栏中所表示的格的组合。这样，例如，在复合的格 F_2 中，小前提与中前提在一起形成第 I 格，因为中项 B 是第一个前提的谓项和第二个前提的主项；而中前提与大前提在一起形成第 II 格，因为中词 C 同是两个前提的谓项。这大概就是加伦如何得到他的四个格的办法，注意最后一栏，我们立即看到：如加伦所主张的，II 与 II，III 与 III 的组合并不存在，这并不是(如那位注释家错误地说的)由于从两个否定前提或两个特称前提得不出任何结论，而是由于没有词项能在前提中出现三次。也很显然，如果我们把德奥弗拉斯特斯的原则扩展到复合的三段论并且将所有从相同前提的组合(不论它产生结论 A—D 还是 D—A)构成的式包括在同一个格之中，我们就会如加伦所作的那样从 I 与 II 的组合及 II 与 I 的组合同样得到相同的格。因为在 F_4 格中

把字母 B 和 C 以及字母 A 和 D 交换，我们得到这个图式：

F_4　D—C　　B—C　　A—B　　D—A，

而且由于前提的次序是没有关系的，可以看出在 F_4 中所得的结论 D—A 与 F_2 中所得的结论 A—D 出自相同的前提。同理，F_1 格与 F_8 格，F_3 与 F_6，或 F_5 与 F_7 之间并非不同。因此，这就可能把具有四个词项的复合三段论划分为四个格。

瓦里士所编的这篇注释解释了与据说加伦发现第四格一事有关的所有历史问题。加伦把三段论分为四个格，但这些都是具有四个词项的复合三段论，而不是亚里士多德的简单三段论。亚里士多德式三段论的第四格曾是另外的某人所发现的，大概非常晚，也许不早于六世纪，这位不被知晓的作者大概曾听到过关于加伦的四个格的某些情况，但他或者并不了解它们，或者手边并没有加伦的著作。在反对亚里士多德以及整个逍遥学派时，他渴望抓住机会使他的意见受到一个杰出的名字的威望的支持。

附注：由加伦提出的复合三段论问题，从系统化的观点看来是颇有兴趣的。在研究含有三个前提的三段论的有效式的数目时，我曾发现四十四个有效式。F_1，F_2，F_4，F_5，F_6 及 F_7 各有六个，而 F_8 有八个，F_3 是空的，一个有效式也没有，因为不可能找到得出 A—D 形式结论的 A—B，C—B，C—D 形式的前提。这个结果，如果被传统逻辑的学生知道了，将一定会使他们惊愕。我曾于 1949 年在都柏林的大学学院就此题目讲过课。听过这个课的 C. A. 麦雷狄士先生发现了一些关于 n 个词项的三段论（包括一个和两个词项的表达式）的格和有效式的数目的一般公式。承他慨然允诺，现将这些公式公布于下：

词项数	n
格数	2^{n-1}

有有效式的格数　　$\frac{1}{2}(n^2-n+2)$

有效式数　　$n(3n-1)$

对于所有 n，除了一个格有 2n 个有效式之外，每一个不空的格有 6 个有效式。

例如：

词项数	1,2,3,4,…10
格数	1,2,4,8,…512
有有效式的格数	1,2,4,7,…46
有效式数	2,10,24,44,…290

显然，当 n 较大时，它的有有效式的格数与其全部格数相比较，数目是较小的，如 n=10，就相应于其全部格数 512，只有 46 个有有效式的格。也就是说，466 个格是空的。如 n=1，仅只一个格，A—A，共有 2 个有效的式，即同一律。如 n=2，有两个格：

	前提	结论
F_1	A—B	A—B
F_2	B—A	A—B

具有 10 个有效式，6 个属于 F_1（即命题的同一律，例如，"如果所有 A 是 B，则所有 A 是 B"的四个替换，以及两个从属律），4 个属于 F_2（即 4 条换位律）。

第三章 亚里士多德三段论系统

§15. 完全的和不完全的三段论

亚里士多德在三段论理论的绪论性的那一章中，将所有三段论分为完全的和不完全的两大类。他说："我称之为完全的三段论的，是那些除了已经陈述的东西之外不需要其他什么来使得必然性成为显然的三段论；如果它还需要根据诸词项的规定是必要的但未曾由前提陈述出来的一个或更多个成分，我就称之为不完全的三段论。"[①]这一段需要翻译成逻辑术语。每一个亚里士多德式三段论是一个真蕴涵式，它的前件是联合的前提，而后件是结论。因此，亚里士多德所说的意思是，在完全的三段论中，前提和结论之间的联系是自明的而不用外加的命题。完全的三段论是自明的语句，它不拥有也不需要证明；它们是不可能证明的（indemon-

① 《前分析篇》，i. 1，24b22，"我称之完全的三段论的，是那些除了已经陈述的东西之外不需要其他什么来使必然地得出的东西成为显然的；如果还需要一个或更多的命题，这些命题的确是已设定的词项的必然条件，但未曾明显地作为前提陈述出来，我就称之为不完全的三段论。"

strable ἀναπόδεικτοι[①])。演绎系统的不可证明的真语句，现在叫作公理。因此，完全的三段论都是三段论的公理。另一方面，不完全的三段论并不是自明的；它们必须借助于由前提所得出的，但又是与前提本身不同的一个或更多个命题来证明。

亚里士多德知道并非所有真命题都可证明[②]。他说，一个具有"A 属于 B"形式的命题是可证明的，如果存在着一个中项，即一个与 A 和 B 一起构成一个正确三段论的前提的词项，而以上述"A 属于 B"这个命题作为结论。如果这样的一个中项并不存在，这个命题就叫作"直接的"(ἄμεσος)，也就是说，没有一个中项。直接命题是不能证明的，它们是基本真理(basic truths，ἀρχαί)[③]见于《后分析篇》的这些陈述，还可以用《前分析篇》的一段加以补充。它说：每一个证明与每一个三段论必须借助于三段论的三个格来构成。[④]

亚里士多德的这个证明理论有一个根本的破绽：它假定所有问题都能用四种三段论的前提来表达，从而直言三段论就是唯一

① 亚历山大在注释上面这一段时，使用了 ἀναπόδεικτος(不能证明的)这个词。24.2"那些不完全的三段论需要有一个附加的命题，它们仅仅需要一次变换，以便它们获得一个完全的和不能证明的第一格三段论的形式；那些需要附加几个命题的三段论，化为完全的三段论要利用两次变换"。又参看第 44 页注①。

② 《后分析篇》，i. 3，72^b18，"我自己的理论是：并非所有知识都是证明的，相反，直接的前提是不依赖于证明的。"

③ 《后分析篇》，i. 23，84^b19，"这也是明显的，当 A 属于 B 时，如果有一个中项，那么就能够加以证明，……如果没有任何中项，证明就不再是可能的了：我们面临的是基本真理。"

④ 《前分析篇》，i. 23，41^b1，"每一个证明与每一个三段论必须借助于上面所说的三个格来构成。"

的证明工具。亚里士多德并没有意识到他自己的三段论理论就是反对这个设想的一个实例。三段论的各个式，作为蕴涵式，都是与三段论前提不同的另一类命题，然而它们都是真的命题，而且如果它们的任何一个不是自明的和不可证明的，它就需要一个证明来建立它的真理性。这个证明，无论如何不能由直言三段论来作，因为一个蕴涵式既没有主项也没有谓项。而在不存在的端项之间来寻求中项当然是无济于事的。这也许是亚里士多德在其三段论的格的学说中使用一套特别的术语的下意识的原因。他不说"公理"或"基本真理"而说"完全的三段论"，也不说"论证"或"证明"不完全的三段论，而说把它们"化归"（reduces，ἀνάγει 或 ἀναλύει）为完全的。这套不适当的术语的影响至今还存在。凯因斯在他的《形式逻辑》一书中为此花了一整节的篇幅，题为"化归法是三段论学说的本质部分吗？"并且得出结论："就建立不同的式的正确性而言，化归法并不是三段论学说的一个必要的部分。"[①]这个结论不能用于亚里士多德的三段论理论，因为这个理论是一个公理化的演绎系统，而其他三段论的式化归为第一格的式，这也就是用公理证明它们为定理，乃是这个系统的一个不可缺少的部分。

亚里士多德承认第一格的各式即 Barbara，Celarent，Darii 和 Ferio 为完全三段论。[②] 而在他的系统阐述的最后一章，他又将第三和第四式化归为头两个式，从而将最清楚明白的三段论 Barba-

① 所引书第 325—327 页。

② 在包含有第一格的各个式的第四章的结尾处，亚里士多德说（见《前分析篇》，i.4，$26^{b}29$），"这也是显然的，这个格中的所有三段论都是完全的。"

ra 和 Celarent 作为他的理论的公理。[①] 这个细节是不无兴趣的。现代形式逻辑倾向于将一个演绎理论中的公理的数目简化到最少限度，而这个倾向在亚里士多德的著作中有了它的最初的表现。

当亚里士多德说只有两个三段论需要作为公理来建立其全部三段论理论时，他是对的。然而，他忽略了他把不完全的式化归为完全的式时所用的换位律（law of conversion），也属于他的理论而且不能由三段论加以证明。在《前分析篇》中提到三条换位律：E 前提、A 前提和 I 前提的换位。亚里士多德证明这些定律中的第一条时，使用他所谓的显示法（ecthesis），我们随后即将看到，它需要一个在三段论范围之外的逻辑过程。因为它不能用别的方法加以证明，它必须被陈述为这个系统的一个新的公理。A 前提的换位是由一条属于逻辑方阵的断定命题来证明的，而它在《前分析篇》中并未提到，因此，我们必须把这条换位定律或者这条定律由之产生的逻辑方阵的断定命题承认为第四个公理，只有 I 前提的换位定律能够不用新的公理而加以证明。

还有两个断定命题必须加以考虑，尽管它们之中的任何一个均不曾为亚里士多德明白陈述，这就是同一律："A 属于所有的 A"及"A 属于有些 A。"第一条定律是独立于所有其他三段论的断定命题的。如果在这个系统中我们需要有这条定律，我们必须在公理的意义上承认它。第二条同一律能从第一条推导出来。

现代形式逻辑在一个演绎系统中不仅区分原始的和导出的命题，而且也区分原始的和定义的词项。亚里士多德三段论系统的

① 同前，7. 29^b1，"把所有三段论化归为第一格的全称三段论也是可能的。"

常项是四种关系:“属于所有的”或 A,“属于无一的”或 E,“属于有些”或 I,以及“不属于有些”或 O。其中的两个可由另外的两个用命题否定的办法定义如下:“A 不属于有些 B”与“A 属于所有 B 并非真的”意思是一样的,而“A 属于无一 B”与“A 属于有些 B 并非真的”意思是一样的。同样地,A 能由 O 定义,I 能由 E 定义。亚里士多德并没有把这些定义引进它的系统,但他直观地使用它们作为他的证明的论据。让我们引用 I 前提换位的证明作为唯一的例子。它说:“如果 A 属于有些 B,那么 B 必属于有些 A。因为如果 B 应属于无一 A,A 就属于无一 B。”①很明显,在这个间接证明中,亚里士多德把“B 属于有些 A”的否定看作与“B 属于无一 A”等价。至于对另一对,A 与 O,亚历山大明白地说,短语“不属于有些”与“不属于所有”仅仅字面不同,而有等价的意义。②

如果我们认定关系 A 与 I 为此系统的原始词项,用它们来定义 E 与 O,那么,如我多年前曾说过的,③我们可以在以下四条公理之上建立亚里士多德的全部三段论理论:

1. A 属于所有的 A。
2. A 属于有些 A。
3. 如果 A 属于所有 B 并且 B 属于所有 C,那么 A 属于所有 C。 (Barbara)

---

① 《前分析篇》,i. 2,25^a20〔希腊文原文据 W. D. 罗斯版本校正〕。

② 亚历山大 84. 6,“表达式‘不属于有些’与‘不属于所有’之间的区别不在于思想,而仅在于字面。”

③ 卢卡西维茨:《数理逻辑初步》(*Elementy Logiki matematycznej*),M. 普勒斯伯格编(油印本),华沙 1929 年版,第 172 页。“逻辑分析对知识的重要性”,(Znaczenie analizy Logicznej dla poznania)《哲学评论》,第 xxxvii 卷,华沙(1934),第 373 页。

4. 如果 A 属于所有 B 并且 C 属于有些 B，那么 A 属于有些 C。　　(Datisi)

要减少这些公理的数目是不可能的了。特别是，它们不能由所谓“全和零原则”(dictum de omni et nullo，严复旧译为“曲全公论”——译者注)推导出来。这条原则在不同的逻辑教科书中表述为不同的公式，并且总是非常含混的。古典公式：“quidquid de omnibus valet，valet etiam de quibusdam et de singulis”与“quidquid de nullo valet，nec de quibusdam nec de singulis valet”。(“凡对于一类事物的全部所肯定或否定的，对于这一类的某一个与每一个也是可以肯定或否定的。”)在严格的意义下，不能应用于亚里士多德逻辑，因为单一词项与单称命题并不包括在这个系统中。此外，即使它能够推出什么东西来，我也看不出怎样能从这原则推出同一律和 Datisi 式。何况，很明显，它并非一个单独的原则而是两个。必须强调指出，亚里士多德对于这个隐晦的原则是没有责任的。像凯因斯那样断定说“全和零原则”是亚里士多德作为公理提出，所有三段论推论均以它为基础，[①]这是不真实的。在《前分析篇》中它没有在任何地方作为一个三段论的原则而被陈述。有时关于这个原则作为公式而引用，不过是对于“表述所有的”以及“表述无一的”诸词的一个解释而已。[②]

如果“原则”的意思与“公理”一样，那么在亚里士多德逻辑中

---

① 《形式逻辑》，第 301 页。

② 《前分析篇》，i. 1，$24^{b}28$，“当其不能找出那一〔主项〕(τοῦ ὑποκειμένου，——被 W. D. 罗斯省去)不能被另一词项断定的任何情况时，我们也可以说，一个词项表述另一个的全部；表述无一的，也必须作同样的了解。”

寻找这样一条原则是一个徒劳的企图。如果它有另外的意义，我就根本不懂这个问题了。迈尔曾为这个题目在他的书中写了隐晦的另外一章。[①] 他讲了一大串哲学的玄想，而它们本身既无根据，也不能从《前分析篇》本文中找到根据。从逻辑观点看，它们是无用的。

§16. 词项逻辑与命题逻辑

直到今日还没有对亚里士多德提出的化不完全三段论为完全三段论的证明作出严格的逻辑分析。旧的逻辑史学家，如普兰特尔与迈尔都是哲学家，并且只懂得“哲学逻辑”，它在十九世纪时，除了极少的例外，是低于科学水平的。普兰特尔与迈尔现在都已经死了，但说服活着的哲学家们在获得一种称为“数理逻辑”的坚实知识之前应当停止关于逻辑或它的历史的写作，也许不是不可能的。否则，对于他们和他们的读者都将是浪费时间。我认为这一点有不小的实际重要性。

那些不了解在亚里士多德系统之外，还有另外一个比三段论理论更根本的逻辑系统的人，不能完全地了解亚里士多德的证明。那个系统就是命题逻辑。让我们用一个例子来说明词项逻辑与命题逻辑之间的区别（亚里士多德逻辑不过是词项逻辑的一个部分）。在亚里士多德式的同一律“A 属于所有的 A”或“所有 A 是 A”之外，还有另外一种形式的同一律：“如果 p，那么 p。”让我们比

① 《亚里士多德的三段论》，卷 ii b，第 149 页。

较这两个最简单的逻辑公式：

所有 A 是 A　和　如果 P，那么 P。

它们在常项（我称为函子，Functors）方面不同：在第一个公式中，函子是“所有——是”，在第二个公式中，则是：“如果——那么。”二者都是在此处同一的两个变元的函子。但是，主要区别在变元之中。在两个公式中，变元都是变项，但属于不同的种类：可替代变项 A 的值是词项，如“人”或“植物”。这样，从第一个公式可得到命题：“所有人是人”，“所有植物是植物”。变项 P 的值不是词项而是命题，如“都柏林位于里费河畔”或“今天是星期五”；因此，我们由第二个公式得到命题：“如果都柏林位于里费河畔，那么都柏林位于里费河畔”或“如果今天是星期五，那么今天是星期五”。这个词项变项与命题变项之间的区别，是两个公式之间的，从而也是两个逻辑系统之间的主要区别，而且由于词项和命题属于不同的语义范畴，这个区别是一个根本的区别。

命题逻辑的第一个系统的建立约在亚里士多德之后的半个世纪：它是斯多亚派的逻辑。这个逻辑不是一个断定命题的系统，而是一个推论规则的系统。所谓肯定前件的假言推理，现在称为分离规则的：“如果 α，则 β；但 α；所以 β”就是斯多亚派逻辑的最重要的原始推论规则中的一条。变项 α 和 β 都是命题变项，因为仅仅命题能有意义地替代它们。[①] 命题逻辑的现代系统是 1879 年由德国大逻辑学家弗雷格创造的。另一位十九世纪卓越的逻辑学

① 参看卢卡西维茨：“命题演算史”（Zur Geschichte des Aussagenkalküls），《认识》杂志第 V 卷，莱比锡，1935 年出版，第 111—131 页。

家,美国人查尔士·山德尔斯·皮尔士以他的逻辑矩阵*的发现(1885年)对这个逻辑做了重大贡献。《数学原理》的作者,怀特海与罗素后来在“演绎理论”的名义下把这个逻辑系统置于全部数学之首。所有这些都是十九世纪的哲学家所不知道的。直到当时,哲学家们也似乎没有命题逻辑的概念。斯多亚派逻辑实际上是与亚里士多德逻辑媲美的杰作。迈尔却说它产生了一幅形式主义的一语法的不固定性与缺乏原则的贫乏不毛的图画,并且在脚注中加上这种看法:普兰特尔与蔡勒对于这个逻辑的不利的评价必须维护①。1991年的《英国百科全书》简短地谈到斯多亚派逻辑:“它们对亚里士多德逻辑的修正与幻想的改进,大多是无用与迂腐的。”②

似乎亚里士多德并没有想到在他的三段论理论之外还有另外一个逻辑系统的存在。然而他直观地在其不完全三段论的证明中运用命题逻辑的定律,并且,甚至于在《前分析篇》第二卷中明显地提出了三个属于这个逻辑的命题。它们的第一个是一条“易位律”(law of transposition)。他说:“当两事物如此相互关联着:如果一个是,则另一个必然是,那么如果后者不是,则前者也应不是。”③用现代逻辑的术语,这就是说,任何时候,一个“如果α则β”形式的蕴涵式是真的,那么另一个“如果非β则非α”形式的蕴涵式也

* 即现今通称的“真值表”。——译者注

① 迈尔:《亚里士多德的三段论》,第384页,“但是斯多亚派逻辑实际上是贫乏的、不毛的、形式主义的一语法的不固定与缺乏原则的图画。”同上,注①“实际上,即使普兰特尔与蔡勒对斯多亚派逻辑所作的那些不利的评价也应当保留”。

② 第11版,剑桥1911年出版,第25卷,第946页(“斯多亚”条)。

③ 《前分析篇》,ii. 4,57b1。

必真。第二个是假言三段论定律。亚里士多德用一个例子来解释："每当如果A是白的，则B应必然是大的，并且如果B是大的，则C应不是白的，那么这是必然的：如果A是白的，则C应不是白的。"①这就是说：每当"如果α，则β"和"如果β，则γ"这两个形式的蕴涵式都真时，则第三个蕴涵式"如果α，则γ"亦必真。第三个命题是把前两条定律应用于一个新的例子，并且，奇怪极了，它是假的。这个非常有趣的段落是这样的：

> "同一个事物应由另外的同一个事物的存在或不存在使之成为必然的，这是不可能的。我是指，例如，如果A是白的则B应必然是大的，而且如果A不是白的，则B应必然是大的，这是不可能的，因为如果B不是大的，则A不能是白的。但如果当A不是白的的时候，B应是大的是必然的，它必然得出如果B不是大的，B本身就是大的了。而这是不可能的。"②

尽管亚里士多德所挑选的这个例子是不合适的，他的论证的意思是清楚的。依据现代逻辑，它可以这样陈述："如果α，则β"和"如果非α，则β"形式的两个蕴涵式不能同真。因为从易位律我们由第一个蕴涵式得到前提"如果非β，则非α"而这个前提与第二个蕴涵式一起由假言三段论定律产生结论"如果非β，则β"。根据亚里士多德的意见这个结论是不可能的。

亚里士多德的最后一点说明是错的。前件是后件的否定的蕴

① 《前分析篇》，ii. 4，57^b6。

② 《前分析篇》，ii. 4，57^b3。

涵式“如果非β,则β”不是不可能的;它可以是真的,并且根据命题逻辑的定律“如果(如果非 p,则 p),那么 p”①得出后件β作为结论。迈尔在注释这一段的时候说,在这里会得出一个与矛盾律相反的组合,因而是荒谬的。② 这个注释又一次地显露了迈尔在逻辑上的无知。违反矛盾律的不是蕴涵式“如果非β,则β”而仅仅是合取式“β并且非β”。

亚里士多德之后若干年,数学家欧几里得作出了一个数学定理的证明。这个数学定理蕴涵着断定命题“如果(如果非 p,则 p),那么 p”。③ 他首先说:“如果两个正整数 a 与 b 的积是可以被素数 n 整除的,则如果 a 是不能被 n 整除的,则 b 应当被 n 整除。”让我们假定 a=b,并且它们的积 a×a(a^2)能被 n 整除。由这个假定得出:“如果 a 是不能被 n 整除的,则 a 是可被 n 整除的。”这里我们就有了一个前件为其后件否定的真蕴涵式的例子。从这个蕴涵式中欧几里得导出定理:“如果 a^2 可被一素数 n 整除,则 a 可被 n 整除。”

§17. 换位法证明

用一个前提换位来证明不完全的三段论,既是最简单的也是

---

① 见,A. N. 怀特海与 B. 罗素:《数学原理》卷 i,剑桥 1910 年版,第 108 页,断定命题 * 2.18。

② 《亚里士多德的三段论》,卷 ii a,第 331 页:“由于这样会得到一个与矛盾律相对立的组合,所以它乃是荒谬的。”

③ 见《G. 瓦拉第文集》(*Scritti di G. vailati*),莱比锡—佛罗伦萨,CXV,《关于特第托的一段书与欧几里得的证明》,第 516—527 页;参看卢卡西维茨“对于多值命题演算系统的哲学考察”(Philosophische Bemerkungen zu mehrwertigen systemen des Aussagenkalküls),《华沙科学与文学会会刊》,xxiii 卷(1930 年),第 III 类,第 67 页。

亚里士多德最经常使用的。让我们分析两个例子。第二格 Festino 式的证明是这样说的："如果 M 属于无一 N，但属于有些 X，则 N 必不属有些 X 也是必然的了。因为否定前提是可换位的，N 属于无一 M，但已认定 M 属于有些 X；所以 N 不属于有些 X。达到这个结论是借助于第一格。"①

这个证明基于两个前提：其一是 E 命题的换位律：

(1)如果 M 属于无一 N，那么 N 属于无一 M，

另一个是第一格的 Ferio 式：

(2)如果 N 属于无一 M 并且 M 属于有些 X，那么 N 不属于有些 X。

从这些前提我们必定导出 Festino 式：

(3)如果 M 属于无一 N 并且 M 属于有些 X，那么 N 不属于有些 X。

亚里士多德直观地进行这个证明。在分析他的直观时，我们发现两条命题演算的断定命题：其一是上面已提到的假言三段论定律，它可以陈述为下列形式：

(4)如果(如果 p，则 q)，那么[如果(如果 q，则 r)，则(如果 p，则 r)]，②

另一断定命题读作：

(5)如果(如果 p，则 q)，那么(如果 p 并且 r，则 q 并且 r)。

这个断定命题在《数学原理》中，根据皮亚诺的主张，把它叫作因子

① 《前分析篇》，i. 5，$27^{a}32$。

② 见《数学原理》，第 104 页，断定命题 * 2.06。

原则(principle of Factor)。它表明我们可用一个公因子"乘"蕴涵式的两边,即,我们可借助于"并且"这个词,把一个新命题 r 加于 p 和加于 q。[①]

我们从断定命题(5)开始。因为 p、q 和 r 都是命题变项。我们可以用亚里士多德逻辑的前提去代替它们。以"M 属于无一 N"代 p,"N 属于无一 M"代 q,以"M 属于有些 X"代 r,我们从(5)的前件可得出换位律(1),并且我们可把(5)的后件分离出来作为一个新的断定命题。这个新断定命题有形式:

(6)如果 M 属于无一 N 并且 M 属于有些 X,那么 N 属于无一 M 并且 M 属于有些 X。

这个断定命题的后件与断定命题(2)的前件等同,因此,我们可对(6)与(2)应用假言三段论规则,以合取式"M 属于无一 N 并且 M 属于有些 X"代 p,以合取式"N 属于无一 M 并且 M 属于有些 X"代 q,而以命题"N 不属于有些 X"代 r。两次运用分离规则,我们就从这个新断定命题得到 Festino 式。

我想分析的第二个例子稍有不同。它就是上面提到过的 Disamis 式的证明。[②] 我们要证明以下的不完全三段论:

(7)如果 R 属于所有 S 并且 P 属于有些 S,那么 P 属于有些 R。

这个证明基于第一格的 Darii 式:

(8)如果 R 属于所有 S 并且 S 属于有些 P,那么 R 属于有些

---

① 见《数学原理》,第 119 页,断定命题 * 3.45。合取式"p 并且 r"在《数学原理》中被称为"逻辑积"。

② 见第 41 页注①。

P。

而且基于I命题换位律的两次应用，第一次应用于以下形式：

(9)如果P属于有些S，则S属于有些P，

而第二次应用于以下形式：

(10)如果R属于有些P，则P属于有些R。

我们以假言三段论的定律和下列断定命题作为命题逻辑的辅助命题。下面的断定命题与(5)略有不同，但还可以叫作因子原则：

(11)如果(如果p，则q)，那么(如果r并且p，则r并且q)。

(5)与(11)之间的差别在于：公因子r不是像在(5)之中那样在第二个位置上，而是在第一个位置上。由于合取式是可交换的，而且“p并且r”与“r并且p”是等价的，所以这个差别不影响这个断定命题的正确性。

亚里士多德所作的证明由前提“p属于有些S”的换位开始。在这个处理之后，让我们把(11)中的p代之以前提“p属于有些S”，把q代之以前提“S属于有些P”，而把r代之以前提“R属于所有S”。用这个替换，我们从(11)的前件得到换位律(9)，并且我们因而可以分离出(11)的后件，即：

(12)如果R属于所有S并且P属于有些S，那么R属于所有S并且S属于有些P。

(12)的后件与(8)的前件是等同的。应用假言三段论定律，我们能从(12)和(8)得到三段论：

(13)如果R属于所有S并且P属于有些S，那么R属于有些P。

但这个三段论不是所要求的Disamis式，而是Datisi式。当然，

Disamis 式能够从 Datisi 式根据断定命题(10)把它的后件换位而导出,亦即应用假言三段论于(13)与(10)。然而似乎亚里士多德采取了另一个途径:他并不用导出 Datisi 式并转换它的结论的办法,而是把 Darii 式的结论换位,从而得到三段论:

(14)如果 R 属于所有 S 并且 S 属于有些 P,那么 P 属于有些 R。

并且随后他直观地应用假言三段论定律于(12)与(14)。三段论(14)是一个第四格的式,叫作 Dimaris。如我们已经知道的,亚里士多德在《前分析篇》第二卷开头的地方提到这个式。

以同样的办法我们可以分析所有其他的用换位法的证明。由此分析可见:如果我们在第一格的完全的三段论和换位定律之上,加上三条命题逻辑的定律,即假言三段论定律和两个因子定律,我们就得到了除 Baroco 与 Bocardo 之外的、所有的不完全三段论的严格地形式化的证明。这除外的两个式需要命题逻辑的另外的断定命题。

§18. 归谬法证明

Baroco 式与 Bocardo 式用换位法不能化归为第一格。A 前提换位会产生 I 前提,由它与 O 前提一起不能得出什么东西,而 O 前提又不能换位。亚里士多德企图用归谬法(reductio ad impossibile,ἀπαγωγὴ εἰς τὸ ἀδύνατον)来证明这两个式。对 Baroco 的证明这样说道:"如果 M 属于所有 N,但不属于有些 X,则 N 应不属于有些 X,就是必然的了;因为如果 N 属于所有 X,而 M 也表述所有 N,M 必属于所有 X;但已假定 M 不属于有些 X。”[①]这个证明是太简洁了而且需要解释,通常是用以下方式解释:[②]

我们要证的三段论:

(1)如果 M 属于所有 N 并且 M 不属于有些 X,则 N 不属于有些 X。

已经承认前提“M 属于所有 N”以及“M 不属于有些 X”都真;则结论“N 不属于有些 X”必须也是真的。因为如果它是假的,它的矛盾命题“N 属于所有 X”就会是真的。这最后一个命题就是我们逆推的起点。因为已经承认前提“M 属于所有 N”是真的,我们从这个前提与命题“N 属于所有 X”(用 Barbara 式)得到结论“M 属于所有 X”。但这个结论是假的,因为已经承认了它的矛盾命题“M 不属于有些 X”是真的,所以我们逆推的起点“N 属于所有 X”导致了一个假的结论,从而它必是假的,而它的矛盾命题,“N 不属于有些 X”必是真的。

这个论证只有表面的说服性;事实上它并没有证明上面的三段论。它仅能应用于传统的 Baroco 式(我以这个式通常带有动词“是”的形式来引述它,而不用亚里士多德式的带有“属于”字样的形式):

(2)所有 N 是 M,

有些 X 不是 M,

所以

---

① 《前分析篇》,i. 5,27^a37。

② 例如,参见迈尔《亚里士多德的三段论》,卷 ii a,第 84 页。

有些 X 不是 N。

这是一条推论规则,假定前提都真的话,那也就允许我们断定这个结论。它并不说明当前提都假时,会发生什么事情。这是与一条推论规则无关的,因为,显然,一个基于假前提的推论不能是正确的。但亚里士多德式三段论都不是推论规则,它们都是命题。三段论(1)是一个蕴涵式,它对于变项 M、N 和 X 的所有的值都是真的,而不仅是对于那些能确证这些前提的值才是真的。如果我们将此 Baroco 式应用于词项 M＝鸟,N＝动物,与 X＝猫头鹰时,我们得到一个真的三段论(我用带"是"字的形式,如亚里士多德在例子中所作的那样):

(3)如果所有动物都是鸟,

并且有些猫头鹰不是鸟,

那么有些猫头鹰不是动物。

这是一个 Baroco 式的例子,因为它用替换而由该式得出。但上面的论证不能应用于这个三段论。我们不能承认这些前提都是真的,因为命题"所有动物是鸟"和"有些猫头鹰不是鸟"确实是假的。我们不需要假定结论是假的;不论我们假定它的虚假性与否,它总是假的。但主要之点在于:结论的矛盾命题,亦即命题"所有猫头鹰是动物"与第一个前提"所有动物都是鸟"在一起产生出的结论不是假的,而是真的:"所有猫头鹰都是鸟。""归谬"在这个情况下是不可能的。

亚里士多德所提出的证明既不是充分的,也不是一个归谬的证明。亚里士多德用与直接的或显示的证明相对比的办法,来描述间接的证明或"归谬法"的论证。间接证明假定它希望否决的东西，即用还原法去否决被认为假的命题，而显示法证明从承认为真的命题开始。[①] 因为如果我们要用归谬法证明一个命题，我们必须从它的否定出发并从而导出一个显然虚假的命题。Baroco 式的间接证明应从该式的否定出发，而不是由它的结论的否定出发，并且这个否定应导致一个无条件的虚假的命题，而不是一个仅在某些条件下才是假的命题。我将在此处提出一个这样的证明的简述。令 α 指示命题“M 属于所有的 N”，β 指示“N 属于所有 X”，以及 γ 指示“M 属于所有 X”。因为一个 A 前提的否定是一个 O 前提，“非 β ”[②]是“N 不属于有些 X”的意思，而“非 γ ”是“M 不属于有些 X”的意思。根据 Baroco 式，蕴涵式“如果 α 并且非 γ，则非 β”是真的，或者，换言之，α 并且非 γ 与 β 不同真。因此，这个命题的否定意味着“α 并且 β 并且非 γ”同真。但从“α 并且 β”用 Barbara 式得出“γ”；因此，我们得到了“γ 并且非 γ”，亦即一个由于有着形式的矛盾而显然虚假的命题。这个用归谬法对 Baroco 式的真正的证明，完全不同于亚里士多德所提出的证明，这是易于看出的。

Baroco 式能以一个极简易的显示证明从 Barbara 式得到证明，它需要一个，也仅仅只需要一个命题逻辑的断定命题，那就是以下的复杂的易位律：

(4)如果(如果 p 并且 q，则 r)，那么(如果 p 并且非 r，则非

① 《前分析篇》，ii. 14，62b29，“归谬法的论证，不同于显示法的证明在于它设置它希望反驳的命题，即用还原为公认为虚假的命题的办法来反驳设置的命题；而显示法证明则从它所承认(为真)的论点出发。”

② 我用“非”作为命题的否定“这是不真实的……”的缩写。

q)。[①] 令“M属于所有N”代p,“N属于所有X”代q,以及“M属于所有X”代r。通过此替代,从(4)的前件得到Barbara式,并因而可分离出后件,它读作:

(5)如果M属于所有N并且M属于所有X是不真的,那么N属于所有X是不真的。

因为O前提是A前提的否定,我们可以在(5)中以“不属于有些”替代“属于所有是不真的”,从而得到Baroco式。

毫无疑问,亚里士多德是知道在上述证明中所涉及的易位律的。这个定律与亚里士多德透彻地研究过的所谓三段论的“转换”[②](conversion)密切相联。转换一个三段论,就是:把结论的反对命题或矛盾命题(在归谬法证明中仅采取矛盾命题)与前提之一一起采取,从而推翻另一个前提。亚里士多德说:“这是必然的:如果结论已被转换并且前提之一成立,则另一个前提应被推翻。因为如果它应当成立,则结论也必定成立了。”[③]这是对复杂的易位律的一个描述。所以亚里士多德知道这个定律;而且,他应用它从Barbara式得出Baroco式和Bocardo式。在同一章中研究第一格各式的转换的时候,他说:“令三段论是肯定的(即Barbara式),又令它如已说过的那样转换(即用矛盾的否定)。那么,如果A不属于所有C但属于所有B,B将不属于所有C。而且,如果A不属于

① 见《数学原理》,第118页,断定命题*3.37。

② 《前分析篇》,ii.8—10。

③ 同上,8,59^b3,“因为这是必然的,如果结论已被改变成与它相反的东西并且前提之一成立,则另一个前提应被推翻。因为如果它应当成立,则结论也必定成立了。”参见《论辩篇》,viii.14,163^a34,“如果一个结论是不真的,那么必然导致诸前提中的某一个的取消,因为给出所有前提的话,那个结论就必定产生。”

所有 C,但 B 属于所有 C,A 将不属于所有 B。”[①]在这里提出了 Baroco 式与 Bocardo 式证明的最简单的形式。

在三段论理论的系统解说中,这些正确的证明都被不充分的归谬论证所代替。我想,理由在于亚里士多德并没有把通过假设的论证(arguments ἐξ ὑποθέσεως)看作真正证明的手段。所有论证,对于他来说,都是使用直言三段论的证明;他力图表明归谬证明,就其至少包含的一部分是直言三段论而言,乃是一种真正的证明。在分析正方形的一边与其对角线不可公约的定理的证明时,他明白地说:我们由一个三段论可知:这个定理的矛盾将导致荒诞的后果,即奇数应等于偶数,但定理本身是由一个假设来证明的,因为当它被否定时,就得出虚假的命题。[②] 亚里士多德断定,所有其他假设论证都是这一类的;因为在每一场合,三段论都导致一个与原断定命题不同的命题,而原断定命题是由认可或由某些其他的假设所得到的。[③] 当然,所有这些都是不真实的;亚里士多德并不懂得假设论证的性质。Baroco 式与 Bocardo 式是用易位定律来证明,不是由认可或由某些其他的假设而达到的,而是由一个清

① 《前分析篇》,ii. 8,59^b28。

② 《前分析篇》,i. 23,41^a23,“凡是进行归谬论证的人们,用三段论的方法推出虚假的命题,并且,就假设地证明了原来的结论了,当从它的矛盾的假定而得出某些不可能的东西的时候;例如,正方形的对角线是不能与其一边通约的,因为如果假定可以通约则奇数将会等于偶数。一个人用三段论推出奇数将会等于偶数,他就通过假设证明了对角线不能通约,因为通过它的矛盾就会得到一个虚假的命题。”

③ 《前分析篇》,i. 23,41^a37,“所有其他的假设三段论都是一样;因为在每一场合,三段论都导致一个由代换原断定命题而得的命题,而原断定命题是由认可或某些其他假设所得到的。”

楚的逻辑定律来进行的;同时,它确实是在另外一个基础上对一个直言三段论的证明,但它不是由一个直言三段论来进行的。

在《前分析篇》第一卷之末,亚里士多德指出有许多假设论证应当加以考虑和描述,并许诺将在以后来作这项工作。[①] 这个诺言他并未在任何地方兑现。[②] 这个任务留给了斯多亚派。他们把这个假设论证的理论包括在他们的命题逻辑系统之内,在那里,复杂易位律找到了自己合适的地位。在埃奈西德谟斯的一个论证的场合(它与我们的目的无关),斯多亚派学者分析了以下的推论规则,它相当于复杂的易位律:“如果第一并且第二,则第三;但非第三并且第一;所以非第二。”[③]这个规则化归为斯多亚派逻辑的第二个和第三个不可证明的三段论。我们已经知道了第一个不可证明的三段论,那就是肯定前件的假言推理;第二个是否定后件的假言推理(modus tollens):“如果第一,则第二;但非第二;所以,非第一。”第三个不可证明的三段论从否定的合取式开始而读作:“非(第一并且第二);但第一;所以,非第二。”根据塞克斯都·恩披里可,这个分析是这样进行的:用第二个不可证明的三段论,从蕴涵式“如果第一并且第二,则第三”,以及它的后件的否定“非第三”,

① 《前分析篇》44,50^a39,“许多其他论证也是借助于一个假设而导致结论的;这些我们也应当考虑并弄清楚,我们将在以后来描述这些假设的论证的差别和形成的各种方式。”〔W. D. 罗斯主编的《亚里士多德全集》英译本(1928 年牛津版)在此处加上了一个脚注:“这个诺言在亚里士多德的现存著作中未曾兑现。”——译者注〕

② 亚历山大 389.32,他在注释这一段的时候说:“他说有许多其他的结论也是借助于一个假设而导致结论的。因为打算在以后更加详尽地来分析这些论证,所以他把它们搁下了。但是,他并未留下任何与此有关的著作。”

③ 斯多亚派学者用序数词指示命题变项。

我们得到它的前件的否定“非(第一并且第二)”。从这个命题(它是实际包含在前提中,但未用文字明显地表示出来)与前提“第一”结合在一起,用第三个不可证明的三段论得出结论“非第二”。[①]这是我们归之于斯多亚派学者的最干净利落的论证之一。可见有才能的逻辑学家在两千多年前以我们今天所作的同样方式进行了推理。

§19. 显示法证明

用换位法和用归谬法证明,对于将不完全的三段论化为完全的三段论说来是足够了。但亚里士多德还作出了第三种证明,即所谓用显示法证明(proofs by exposition or ἔκθεσις)。虽然对亚里士多德系统来说,它是无关紧要的,但它们本身是有兴趣的,并且

① 塞克斯都·恩披里可(穆契曼编)《反数学家》,viii. 235—236:“这个规则〔即指埃奈西德谟斯(怀疑论者,约与西塞罗同时。——译者注)作为问题提出的〕化归为借助于第二个和第三个不可证明的式的论证,正如可以从对我们具有更大明晰性的分析中学会的一样,如果我们把关于式(τρόπου)的理论表述如下:‘如果第一并且第二,则第三;令第三被否定,但第一被采用;这样就得到第二的否定’。因为那时我们有一个蕴涵式(συνημμένον=implication),其前件(ἡγούμενου=antecedent)是合取式(συμπεπ λεγμένον=conjunction),即‘第一并且第二’,其后件(λῆγον=consequent)是‘第三’,而我们有一个矛盾的后件,即‘非第三’,根据第二个不可证明的式,我们也得到一个矛盾的前件,即‘非(第一并且第二)’。然而这一切都潜在地包含在规则之中。因为在我们这里各前提将结合起来;如果我们说出来,它就全被显露出来。当其与余下的命题‘第一’*(τοῦ‘τὸ πρῶτον’)相联结时,根据第三个不可证明的式,我们将有综合的结论所以,‘非第二’。”〔* 此处古抄本作第一个(τοῦ πρώτον)(命题);科恰尔斯基氏作:论式的(τοῦ τροπου)(命题);手抄本作:(命题‘第一’‘τοῦ ‘τὸ πρῶτον’)。又,τρόπos=由变项表达的式。〕

值得仔细研究。

在《前分析篇》中仅有三处地方亚里士多德对这个证明做了一个简短的刻画。第一处是与证明 E 前提的换位相联系的，第二处是 Darapti 式的证明，第三处是 Bocardo 式的证明。ἐκθέσθαι一字仅仅出现在第二处，但无疑另两段也是指的用显示法证明。[①]

让我们从第一处开始，它这样说："如果 A 属于无一 B，B 也不会属于任何 A。因为，如果它应属于某些，如 C，则 A 属于无一 B 就不是真的；因为 C 就是 B 的某些分子。"[②]E 前提的换位在这里是用归谬法加以证明的，但这个归谬证明基于 I 前提的换位，而 I 前提的换位是由显示法证明的。用显示法证明需要引入一个新词项，叫作"显示词项"(exposed term)；它在此处，就是 C。由于这段文字的隐晦，这个 C 的恰当的意义以及这个证明的逻辑结构只有用揣测来得到了。我将根据现代形式逻辑试着对这问题加以解释。

我们要证明 I 前提的换位律："如果 B 属于有些 A，则 A 属于有些 B。"亚里士多德为此目的引入一个新词项 C；从他的话中，可知 C 包含于 B 之中也包含于 A 之中，由此我们可得到两个前提："B 属于所有 C"及"A 属于所有 C"。从这些前提，我们能用三段论(用 Darapti 式)推出结论"A 属于有些 B"。这是亚历山大提出

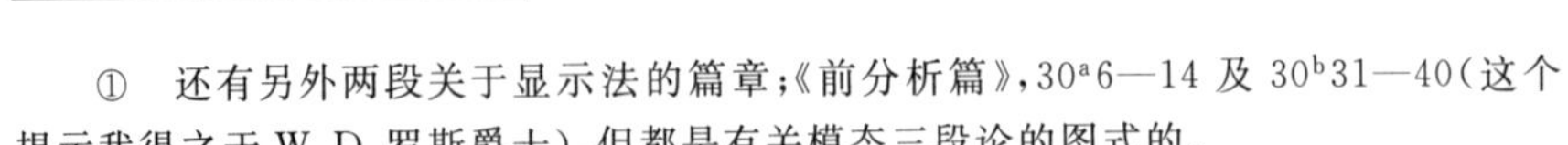

① 还有另外两段关于显示法的篇章;《前分析篇》，$30^{a}6$—14 及 $30^{b}31$—40(这个提示我得之于 W. D. 罗斯爵士)，但都是有关模态三段论的图式的。

② 《前分析篇》，i. 2，$25^{a}15$〔据 W. D. 罗斯校正〕。

的第一个解释。[①] 但这个解释是可以反驳的，它预先假定了 Darapti 式，而这个式是还没有被证明的。因此，亚历山大宁愿采取另外一个不是基于三段论的解释；他主张词项 C 是一个由知觉提供的单一词项，而显示证明在于一种知觉的证据。[②] 无论如何，这个被迈尔承认的解释，[③]是没有《前分析篇》本文的支持的。亚里士多德并没有说过 C 是一个个体的词项。况且，一个用知觉作的证明并不是逻辑证明。如果我们要逻辑地证明前提"B 属于有些 A"可以换位，而证明是借助于第三个词项 C 来进行的，我们就必须找到一个联结上述前提与含有 C 的命题的断定命题。

当然，简单地说，如果 B 属于有些 A，则 B 属于所有 C 并且 A 属于所有 C，是不真的；但稍微修改一下这个蕴涵式的后件就容易解决我们的问题。我们必须在后件之前加上一个约束变项 C 的存在量词，"有一个"。因为，如果 B 属于有些 A，这里总存在一个词项 C，使得 B 属于所有 C 并且 A 属于所有 C。C 可以是 A 和 B

① 亚历山大 32.12，"如果 B 属于有些 A，……令它也属于 C。令它(C)是有些 A，这些 A 也是 B 所属于的。令 C 整个地包含在 B 之中且成为 B 的一部分，而 B 表述所有的 C。因为说一个东西被包含在另一个东西的全部之中，与说另一个东西表述它的全体，这是完全一样的。然而 C 是一部分 A，而 B 同时整个地被包含于 A 之中。如果它整个地被包含，那么 A 表述所有 C。然而 C 是 B 的一部分，因此，A 将表述某些 B。"

② 亚历山大 32.32，"但是更好和更适宜的有关的显示法将表明，在这里证明的获得是通过感性知觉而获得的，而不是靠所说的式，也不是靠三段论。显示法的式得之于感觉方面，而不是得之于三段论的方式。某些人从感觉方面所取的 C 构成 A 的一部分。如果 B 表述可感觉的和单一的 C，构成 A 的一部分，并且 C 作为 B 的一部分也包含于其中，那么 C 就成为两者的一部分，并且包含于两者之中。"

③ 《亚里士多德的三段论》，卷 ii a，第 20 页"所以论证不取决于一个三段论，而取决于明晰性的提示。"

的共同部分，或包括在这共同部分中的一个词项。例如：如果有些希腊人是哲学家，这里就存在着词项“希腊人”与“哲学家”的共同部分，即“希腊哲学家”，并且显然，所有希腊哲学家都是希腊人，而所有希腊哲学家也都是哲学家。因此，我们可以陈述下列断定命题：

(1)如果 B 属于有些 A，则有一个 C 使得 B 属于所有 C 并且 A 属于所有 C。

这个断定命题是显然的。而且(1)的换位也同样是显然的。如果有 A 和 B 的共同部分，B 必定属于有些 A。因此，我们得到：

(2)如果有一个 C 使得 B 属于所有 C 并且 A 属于所有 C，则 B 属于有些 A。

也许亚里士多德直观地感到这些断定命题的真，虽然他没有能够明显地加以塑述；并且尽管他没有看到所有导致这个结果的演绎的步骤，他却抓住了它们与 I 前提换位的联系。我将在这里作出 I 前提换位的完全的形式证明，由断定命题(1)与(2)开始，并对它们运用某些命题逻辑的定律和存在量词的规则。

亚里士多德一定知道下面的命题逻辑的断定命题：

(3)如果 p 并且 q，则 q 并且 p。

这就是合取式的交换律。① 应用这条定律于前提“B 属于所有 C”以及“A 属于所有 C”，我们得到：

(4)如果 B 属于所有 C 并且 A 属于所有 C，则 A 属于所有 C 并且 B 属于所有 C。

---

① 见《数学原理》第 116 页，断定命题 * 3.22。

我们应用存在量词规则于这条断定命题。有两条这样的规则；两者都与有关的一个真蕴涵式相联系来陈述。第一条规则读作：在一个真蕴涵式的后件之前允许加上一个存在量词，把出现于后件中的自由变项约束起来。由此规则得到：

(5)如果B属于所有C并且A属于所有C，则有一个C使得A属于所有C并且B属于所有C。

第二条规则读作：在一个真蕴涵式的前件之前允许加上一个存在量词，把出现在前件中的自由变项约束起来，只要它不在后件中作为自由变项出现。在(5)中，C已经在后件中约束起来了；因此，根据这条规则，我们可以在前件中约束C，从而得到公式：

(6)如果有一个C使得B属于所有C并且A属于所有C，则有一个C使得A属于所有C并且B属于所有C。

这个公式的前件与断定命题(1)的后件相同；因此，由假言三段论定律得出：

(7)如果B属于有些A，则有一个C使得A属于所有C并且B属于所有C。

从(2)将A与B交换，我们得到断定命题：

(8)如果有一个C使得A属于所有C并且B属于所有C，则A属于有些B。

而从(7)和(8)用假言三段论我们可以推出I前提的换位定律：

(9)如果B属于有些A，则A属于有些B。

从以上所述，可见I前提的可转换性的真正理由在于合取式的可交换性。属于A和B两者的个体词项的知觉可以直观地使我们相信这个前提的可转换性，但对于一个逻辑证明来说是不充分的。没有必要假定C是由知觉提供的单一词项。

用显示法证明Darapti式现在能够易于理解了。亚里士多德用换位法把这个式化为第一格，从而说道："用归谬法和用显示法来论证这个都是可能的。因为如果P和R二者都属于所有S，则P和R二者必属于S的某些分子，例如说N、P和R都属于它，那么，P属于有些R。"[①]亚历山大对这一段的注释值得我们注意。它以一个批判的评论开始。如果N是一个包含于S中的普遍词项，我们就得到前提"P属于所有N"和"R属于所有N"。但这恰好是相同的前提的组合(συζυγία)，犹如"P属于所有S"和"R属于所有S"一样，而问题仍如前面一样保留着。因此，亚历山大继续说：N不能是一个普遍词项；它是一个由知觉提供的单一词项、一个明显地存在于P与R之中的词项，而且整个用显示法的证明是一种借助于知觉的证明。[②] 我们已经在上面碰见这个意见了。为了支持这个说法，亚历山大举出三个论证：第一，如果他的解释被拒绝了，我们就将根本没有证明了；其次，亚里士多德并没有说P和R属于所有N，而是简单地说属于N；第

① 《前分析篇》，i. 5，28ª22。

② 亚历山大99.28，"如果我们采用'P属于所有S'与'R属于所有S'或者我们又说它们属于S的某一部分，即N，这之间有什么区别呢？要知道同样的东西关系到我们所取的N。不论我们说它们两者属于所有N，或者说它们两者属于所有S，我们将有同样的前提组合。但在两种情况下不是使用的同样的论证。显示法的式得之于感性知觉，我们不说P和R表述相关的具有普遍性的S的一部分，……而说它们表述它们之中的某个可感觉的东西，这个可感觉的东西是明显地包含在P以及R之中的。"

三，他并没有转换带 N 的命题。[①] 这些论证中没有一个是有说服力的：在我们的例子中并没有换位的需要；亚里士多德经常在应当使用全称的记号的地方把它省去了；[②]至于第一个论证，我们已经知道有了另一个更好的解释。

Darapti 式：

(10)如果 P 属于所有 S 并且 R 属于所有 S，则 P 属于有些 R，

来自断定命题(2)的替代(以 P 代 B，以 R 代 A)：

(11)如果有一个 C 使得 P 属于所有 C 并且 R 属于所有 C，则 P 属于有些 R，

以及断定命题：

(12)如果 P 属于所有 S 并且 R 属于所有 S，则有一个 C 使得 P 属于所有 C 并且 R 属于所有 C。

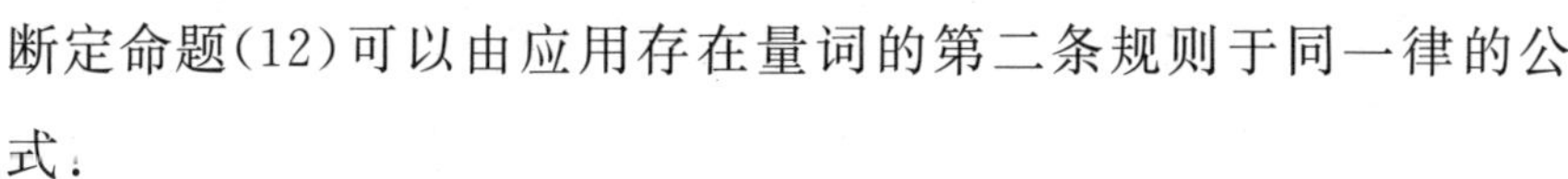

断定命题(12)可以由应用存在量词的第二条规则于同一律的公式：

(13)如果 P 属于所有 C 并且 R 属于所有 C，则 P 属于所有 C 并且 R 属于所有 C，

而得到证明，由此得到：

(14)如果 P 属于所有 C 并且 R 属于所有 C，则有一个 C 使得 P 属于所有 C 并且 R 属于所有 C，

---

① 亚历山大 100.7，“对于显示法的式带有感觉性质有利的第一个论证乃是：如果我们摒弃了它，那么我们就根本不能得到任何的论证了；他本人不说 P 和 R 属于所有 N(这些 N 构成 S 的某些部分)，而他仅仅说，它们简单地属于 N。他也不使用命题的换位。”

② 例如，见本书第 10 页的注①。

再于(14)中用字母 S 替代自由变项 C,亦即仅在前件中进行替代,因为不允许用任何东西去替换约束变项。

从(12)和(11),借助假言三段论就得出 Darapti 式。我们又一次地看到显示词 C 是一个像 A 或 B 一样的普遍词项。当然,用 N 而不用 C 来指示这个词项是不重要的。

较为重要的似乎是第三处,它包含用显示法对 Bocardo 式的证明。这一段说:"如果 R 属于所有 S,但 P 不属于有些 S,那么,P 应不属于有些 R 就是必然的了。因为,如果 P 属于所有 R,而 R 属于所有 S,则 P 将属于所有 S;但我们假定它并不如此。不用归谬法证明也是可能的,如果 P 并不属于所有的 S 的某些分子的话。"[①]我将用与其他的用显示法证明同样方式来分析这个证明。

令 P 不属于 S 的那个部分为 C;我们得到两个命题:"S 属于所有 C"及"P 属于无一 C"。由这些命题中的第一个与前提"R 属于所有 S"从 Barbara 式我们得到结论"R 属于所有 C",它与第二个命题"P 属于无一 C"一起用 Felapton 式产生所需要的结论"P 不属于有些 R"。问题在于我们如何能从原前提"R 属于所有 S"及"P 不属于有些 S"得到这两个带有 C 的命题。这两个前提中的第一个由于它不包含 P,从而对于我们的目的来说是没有用处的;从第二个前提我们也不能用通常的方法得到我们的命题,因为它们是特称的,而我们的两个命题都是全称的。但是,如果我们引入存在量词,那么我们就能得到它们,因为下面的断定命题是真的:

(15)如果 P 不属于有些 S 则有一 C 使得 S 属于所有 C 并且

① 《前分析篇》,i. 6,28^b17。

P 属于无一 C。

如果我们实际认识到对 C 所需要的条件总可由 P 并不属于的 S 的那个部分满足，这个断定命题之为真也就明显了。

由断定命题(15)出发，在 Barbara 式与 Felapton 式的基础上，借助于一些命题逻辑的定律和存在量词的第二条规则，我们就能证明 Bocardo 式。因为这个证明相当长，我在此处只作一简述。

在(15)之外，我们取调换过前提的 Barbara 式：

(16)如果 S 属于所有 C 并且 R 属于所有 S，则 R 属于所有 C，

以及同样的调换过前提的 Felapton 式：

(17)如果 R 属于所有 C 并且 P 属于无一 C，则 P 不属于有些 R。

作为前提。对这些前提，我们可以应用命题逻辑的一个复杂的断定命题。奇怪得很，这一点逍遥学派是知道的并且亚历山大还将它归之于亚里士多德本人。它被称为"综合定理"。(Synthetic theorem，συνθετικὸν θεώρημα)。它说"如果 α 并且 β 蕴涵 γ，而 γ 与 δ 一起蕴涵 ε，则 α 并且 β 与 δ 一起蕴涵 ε"。[①] 令 α、β 和 γ 分别为 Barbara 式的第一前提、第二前提以及结论，δ 和 ε 分别为 Felap-

① 亚历山大 274.19，"他本人是其发明人的，被称之为'综合定理'的东西，向我们清楚地表明他现在所谈的东西。它的进程可以简略地这样叙述：'如果从某些前提得出某个命题，而这个命题与另一个命题一起引出新的结论，那么第一组与第四个命题一起也引出那同一个结论。'"下面的例子是在同一个地方举出的(26)"'所有公正的是善的'是由'所有公正的是美好的，所有美好的是善的'所引出的，通过'所有善的是有益的'引出结论'所有公正的是有益的'；这恰恰与下述情况是一样的：命题'所有公正是美好的，所有美好的是善的'(它引出命题'所有公正是善的')通过'所有善的是有益的'也得出同样的结论'所有公正的是有益的'。"

ton 式的第二前提与结论；我们得到公式：

(18)如果 S 属于所有 C 并且 R 属于所有 S 并且 P 属于无一 C，则 P 不属于有些 R。

这个公式可按另一条命题逻辑的定律变形如下：

(19)如果 S 属于所有 C 并且 P 属于无一 C，那么如果 R 属于所有 S，则 P 不属于有些 R。

对这公式可应用第二条存在量词的规则。因为 C 是在(19)的前件中出现的一个自由变项，但不在后件中出现。根据这条规则，我们可得断定命题：

(20)如果有一个 C 使得 S 属于所有 C 并且 P 属于无一 C，那么如果 R 属于所有 S，则 P 不属于有些 R。

从前提(15)和断定命题(20)，由假言三段论得出后件：

(21)如果 P 不属于有些 S 那么如果 R 属于所有 S，则 P 不属于有些 R。

而这就是 Bocardo 式的蕴涵形式。

当然，亚里士多德看到这个推演的所有步骤是极不可能的；但知道这一点是重要的，即他对于显示法证明的直观是对的。亚历山大对这个 Bocardo 式的证明的注释是值得引证的。他说："证明这个式，不必假定某个由知觉提供的、单一的 S，而采用 P 不属于它的那样一个 S，这是可能的。因为 P 不属于这个 S，而 R 属于所有这个 S，而这两个前提的组合产生结论，P 不属于有些 R。"[①]在这里，亚历山大终于承认了显示词可以是普遍的。

① 亚历山大 104.3。

显示法证明对于亚里士多德的三段论理论的系统来说没有什么重要性，所有由显示法证明的定理都能由换位法或归谬法加以证明。但是它们本身却是极重要的，因为它们包含了一个新的逻辑因素，亚里士多德对于它的意义并不是完全明白的。或许这就是亚里士多德为什么在他的《前分析篇》第一卷的总结性的一章中（即第七章，他在此章中总括了他的三段论的系统研究），除掉了这一类的证明。[①] 在他之后没有人懂得这些证明。它留待现代形式逻辑用存在量词的观念来解释它们。

§20. 排斥的形式

亚里士多德在其三段论形式的系统研究中不仅证明了真的而且也指出了所有其他那些假的和必须排斥的形式。让我们借助于一个例子来看亚里士多德如何排斥假的三段论形式。下面两个前提已经给定：A 属于所有 B 并且 B 属于无一 C。这是第一格：A 是第一个词项或大项，B 是中项，而 C 是最后一个词项或小项。亚里士多德写道：

> "如果第一个词项属于所有中项，而中项不属于最后一个词项，就没有两端项的三段论；因为没有什么东西必然随着如此关联的词项而来；因为第一个词项应属于最后一个词项的所有分子以及不属于最后一个词项的任何分子都是可能的，所以特称

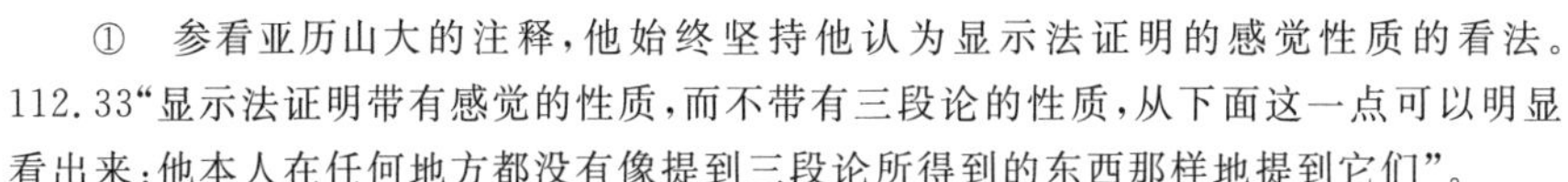

① 参看亚历山大的注释，他始终坚持他认为显示法证明的感觉性质的看法。112.33"显示法证明带有感觉的性质，而不带有三段论的性质，从下面这一点可以明显看出来：他本人在任何地方都没有像提到三段论所得到的东西那样地提到它们"。

结论与全称结论都不是必然的。但如果借助于这些前提没有必然的结论,就不能有三段论。属于所有分子的词项如:动物、人、马;不属于任何分子的词项如:动物、人、石头。”[①]

与显示法证明的简短和隐晦相比,上面这一段是相当充分和清楚的。然而,我恐怕它并没有被注释家们恰当地了解。按照亚历山大的意见,亚里士多德在这一段中表明从前提的同样组合,对于某些具体词项可以引出(can be derived,δυνάμενον συνάγεσθαι)全称肯定结论,而对于另一些具体词项,可以引出全称否定结论。亚历山大断定,这就是那样的前提的组合不具有三段论力量的最明显的标志,因为彼此推翻的反对和矛盾的命题都由它加以证明(δείκνυται)。[②] 亚历山大所说的,的确使人迷误,因为从前提的非三段论式的(asyllogistic)组合不能形式地推导出任何东西,而且也不能证明任何东西。此外,具有不同具体主项和谓项的命题既不彼此反对也不互相矛盾。迈尔又把亚里士多德指出的词项置于三段论的形式中:

所有人都是动物	所有人都是动物
没有马是人	没有石头是人
所有马都是动物	没有石头是动物

(他把前提放在横线之上,犹如在三段论里一样),并且说:从逻辑上等价的前提得出了(results,ergibt sich)一个全称肯定命题和一

① 《前分析篇》,i. 4,26^a2。

② 亚历山大 55.22,“通过具有具体词项的前提的同样的一个组合既能够得到全称肯定的结论,也能得到全称否定的结论,提供了这个组合不具有三段论力量的最有说服力的证明,因为借助于它,彼此互相推翻的反对和矛盾的命题都得到证明。”

个全称否定命题。[1] 我们在下面将会看到亚里士多德所给出的词项并非意图置于三段论的形式中，并且没有什么东西从迈尔所引述的冒充的三段论中形式地得出。考虑到这些错误的了解，对这个问题的逻辑分析似乎是必要的。

如果我们想证明下面的三段论形式：

(1)如果 A 属于所有 B 并且 B 属于无一 C，

则 A 不属于有些 C

不是一个三段论，并且从而不是一个真的逻辑定理，我们必须指出变项 A、B、C 有那样的值，它们可以确证前提，而不能确证结论。因为一个包含变项的蕴涵式，只有当变项的一切值确证前件也确证后件，它才是真的。表明这一点的最容易的办法是找出具体词项确证前提“A 属于所有 B”和“B 属于无一 C”，但不确证结论“A 不属于有些 C”。亚里士多德找到了那样的词项：以“动物”代 A，“人”代 B，“马”代 C。前提“动物属于所有人”或“所有人都是动物”，以及“人属于无一马”或“没有马是人”，都可以确证；但结论“动物不属于有些马”或“有些马不是动物”是假的。因此公式(1)不是一个三段论。同理，下面的形式：

(2)如果 A 属于所有 B 并且 B 属于无一 C，则 A 属于无一 C，

也不是一个三段论，因为前提被与前面的相同词项所确证，但结论

---

① 《亚里士多德的三段论》，卷 ii a，第 76 页：“因而，这关系到以下的组合：

所有人是动物	所有人是动物
没有马是人	没有石头是人
所有马是动物	没有石头是动物

由例子表明：通过我们看到的、由逻辑上完全等价的前提所建立的前提组合，既可以得出一个全称肯定命题也可以得出一个全称否定命题。”

“动物属于无一马”或“没有马是动物”是假的。由(1)和(2)的假可知不能从已给定的前提中得到否定的结论。

从它们也不能得出肯定结论。例如其次一个三段论形式：

(3)如果 A 属于所有 B 并且 B 属于无一 C，则 A 属于有些 C。对于 A、B 和 C，有值(亦即具体词项)确证前提而不确证结论。亚里士多德也举出了那样的词项：以“动物”代 A，“人”代 B，“石头”代 C。于是前提被确证了，因为“所有人都是动物”和“没有石头是人”都是真的，但结论“有些石头是动物”明显是假的。因此，公式(3)不是一个三段论。最后一个形式：

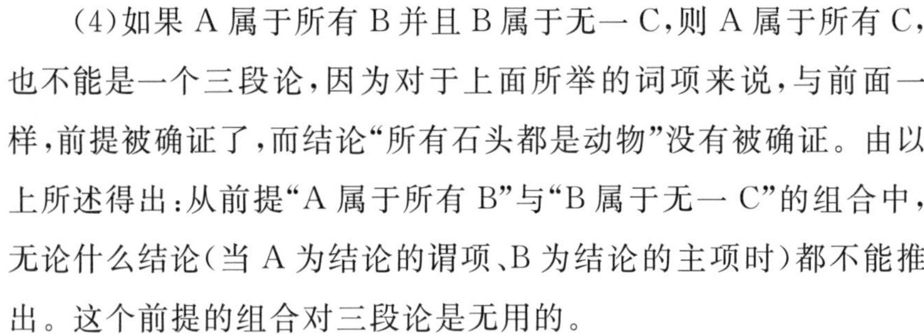

(4)如果 A 属于所有 B 并且 B 属于无一 C，则 A 属于所有 C，也不能是一个三段论，因为对于上面所举的词项来说，与前面一样，前提被确证了，而结论“所有石头都是动物”没有被确证。由以上所述得出：从前提“A 属于所有 B”与“B 属于无一 C”的组合中，无论什么结论(当 A 为结论的谓项、B 为结论的主项时)都不能推出。这个前提的组合对三段论是无用的。

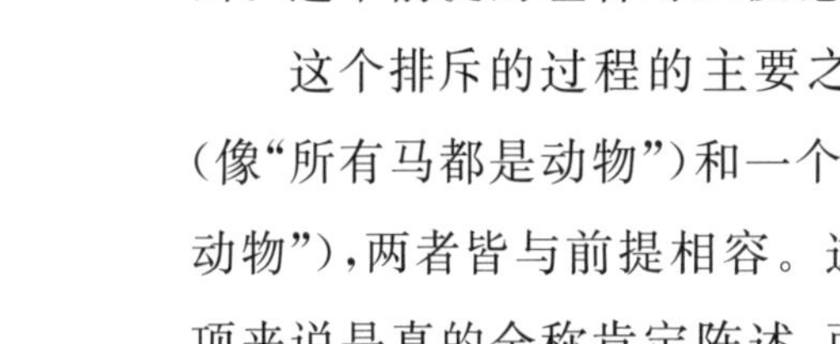

这个排斥的过程的主要之点是找出一个真的全称肯定命题(像“所有马都是动物”)和一个真的全称否定命题(像“没有石头是动物”)，两者皆与前提相容。这种说法，例如说，只找出对某些词项来说是真的全称肯定陈述，而对另一些词项来说是真的特称否定陈述，是不够的。这个意见是由亚历山大的老师黑尔米鲁斯以及某些老的逍遥派学者们提出，并被亚历山大正确地驳斥了的。[1]

① 亚历山大 89.34—90.27，黑尔米鲁斯的话被引述于 89.34：“黑尔米鲁斯说：‘从一个同样的前提组合能够得出矛盾的结论；那样的结论是完全能够合理地得出的，而不是用最坏的和非三段论方式得出的。它们是能够彼此不相容的。’”

这又一次地证明了亚里士多德关于排斥的思想没有被恰当地了解。

三段论形式(1)—(4)被亚里士多德排斥是基于有某些具体词项确证前提而不确证结论。然而,亚里士多德也还知道另一种对于排斥的证明。在研究第二格的三段论形式时,亚里士多德一般地说:在这个格中无论是两个肯定前提还是两个否定前提都不能产生必然的结论,接着他这样继续说:

"令 M 属于无一 N,并且不属于有些 X。则对 N 来说,属于所有 X 或属于无一 X 都是可能的,属于无一的词项:黑色、雪、动物。属于所有的词项不能找到,如果 M 属于有些 X 并且不属于有些 X 的话。因为,如果 N 属于所有 X 而 M 属于无一 N,则 M 将属于无一 X;但已假定它属于有些 X。在这种情况下,就不可能举出词项,而证明必须从特称前提的不确定的性质着手。因为,由于 M 不属于有些 X 是真的(甚至,当它属于无一 X 时,这也是真的),而且因为如果它属于无一 X,一个三段论就是不可能的,很清楚,二者中的任一个都是不可能的。"①

这里,亚里士多德以举出具体词项的办法开始排斥的证明,如第一个例子。但接着他破坏了他的证明,因为他不能找出具体词项能确证前提"M 属于无一 N"与"M 不属于有些 X",而不确证命题"N 不属于有些 X",倘若不属于有些 X 的 M,在同时又属于有些(其它的)X 的话。理由在于:从前提"M 属于无一 N"与"M 属于有些 X",由 Festino 式得出命题"N 不属于有些 X"。但当 M 不

① 《前分析篇》,i. 5,27^b12—23。

属于有些(其他的)X时,M应属于有些X并非必然的;M可以属于无一X。确证前提"M属于无一N"与"M属于无一X"而不确证命题"N不属于有些X"的具体词项能够容易地挑选出来,并且事实上亚里士多德在排斥带两个全称否定前提的第二格三段论形式时,找到了它们;所需要的词项是:M——"线"、N——"动物"、X——"人"。[①] 相同的词项可以用于反驳这个三段论形式:

(5)如果M属于无一N并且M不属于有些X,则N不属于有些X。

因为前提"没有动物是线"是真的,而第二个前提"有些人不是线"也是真的,因为"没有人是线"是真的,但结论"有些人不是动物"是假的。无论如何,亚里士多德并没有用这个方式完成他的证明,[②] 因为他看到了另一种可能性:如果具有全称否定前提的形式:

(6)如果M属于无一N并且M属于无一X,则N不属于有些X。

被排斥了,(5)也必定被排斥,因为如果(5)成立,有着一个比(5)强的前提的(6),也必定成立。

现代形式逻辑,就我所知,没有使用"排斥"作为与弗雷格的"断定"相对立的一种运算。"排斥"的规则还没有听说过。在上述亚里士多德证明的基础上,我们可以陈述下面的规则:

---

① 《前分析篇》,i.5,$27^{a}20$,"当M既不表述任何N也不表述任何X时,一个三段论是不可能的。表示属于的词项是线、动物、人;表示不属于的词项是线、动物、石头。"

② 亚历山大完成了这个证明,88.12,"表示N属于所有X的词项为M——线,N——动物,X——人。线不属于任何动物,并且不属于有些人,因为它并不属于任何人,所以动物属于所有的人。"

(c)如果蕴涵式“如果 α,则 β”被断定了,但后件 β 被排斥,那么前件 α 必定也被排斥。

这条规则不仅当(6)被排斥时可应用以排斥(5),而且当(1)被排斥时,也可以应用以排斥(2)。因为从一个 E 前提,得出一个 O 前提,而如果(2)是真的,则(1)必真。但如果(1)被排斥,则(2)必定被排斥。

排斥的规则(c)相当于断定的分离规则。我们可以认为排斥的另外一条规则相当于断定的代入规则。它可以这样构成:

(d)如果以 α 代 β,而且 α 被排斥了,则 β 必定也被排斥。

例如:假定“A 不属于有些 A”被排斥了;则“A 不属于有些 B”必定也被排斥,因为,如果第二个表达式被断定,我们就可以用替代从它得到第一个表达式。而第一个表达式是被排斥的。

这些规则中的第一条是亚里士多德早已知道的,第二条则是他所不知道的。如果已有某些形式被排斥,这两条规则均可使我们排斥另外一些形式。亚里士多德排斥某些形式是借助于具体词项,如“人”、“动物”、“石头”。这个处理是对的,但它往逻辑中引入了与它并无密切关系的词项和命题。“人”和“动物”都不是逻辑词项,而命题“所有人都是动物”并非逻辑断定命题。逻辑不能依赖于具体词项和命题。如果我们要避免这个困难,我们必须从公理上排斥某些形式。我发现如果我们从公理上排斥以下两个第二格的形式:

(7)如果 A 属于所有 B 并且 A 属于所有 C,则 B 属于有些 C 和,

(8)如果 A 属于无一 B 并且 A 属于无一 C,则 B 属于有些 C。

那么,所有其他形式可以借助于规则(c)和(d)而加以排斥。

§21. 一些未解决的问题

亚里士多德的非模态三段论系统是一个四常项的理论,这四个常项可以由"所有——是"、"没有——是"、"有些——是"与"有些——不是"来表示:这些常项是二元的函子。这两个元由变项表示,并且仅仅以具体的普遍词项为值。排除了用单一的、空的以及否定词项等作为它的值,各常项与其元在一起形成四类叫作前提的命题,即"所有 A 是 B","没有 A 是 B","有些 A 是 B"和"有些 A 不是 B"。这系统可以称为"形式逻辑",因为具体词项,如"人"或"动物",并不属于它而仅系它的应用。这系统不是思维形式的理论,它也不依赖于心理学;正如斯多亚派所正确地观察到的,它与"大于"关系的数学理论是相似的。

这四类前提借助于两个函子"如果——则"与"并且"形成这系统的断定命题。这些函子属于命题逻辑,命题逻辑是这系统的辅助理论。在某些证明中,我们会遇见第三个命题函子,即命题的否定"这不是真的……",简化地用"非"表示。这四个亚里士多德式的常项:"所有——是"、"没有——是"、"有些——是"和"有些——不是",与三个命题常项:"如果——则"、"并且"与"非"加在一起,就是三段论系统仅有的元素。

这个系统的所有断定命题,对于在其中出现的变项的所有的值而言,都是真的。没有一个亚里士多德式三段论是作为带"所以"一词的推论规则而构成的,如像传统逻辑那样。传统逻辑是一个不同于亚里士多德三段论系统的系统，而不应当与真正的亚里士多德逻辑搅混在一起。亚里士多德划分三段论为三个格，但是他知道并承认第四格的所有三段论的式。三段论划分为格没有什么逻辑上的重要性，而仅有一个实践的目的：我们要确信没有漏掉一个正确的三段论的式。

这系统是公理化的。亚里士多德取第一格的头两个式，Barbara 与 Celarent，作为公理。在这两条公理之外，我们还应当加上两条换位定律，因为它们都不能用三段论加以证明。如果我们希望这个系统中有同一律："所有 A 是 A"，我们就应假定它们是公理。我们能够得到的最简单的基础，是取常项"所有——是"和"有些——是"为原始词项，凭着它们用命题否定来定义其他两个常项，并设定四条断定命题为公理，即两条同一律和 Barbara 式与 Datisi 式，或者 Barbara 式与 Dimaris 式。把这个系统建立在仅仅一条公理之上是不可能的，如果"原则"指的是与"公理"相同的东西的话，那么，寻求亚里士多德的三段论的原则就是一种徒劳的企图。"所谓全和零原则"，在这个意义上，也不能是三段论的原则，并且亚里士多德本人也没有那样陈述它。

亚里士多德将所谓不完全的三段论化归为完全的，即化归为公理。这里，化归指的是从公理出发对一个定理的证明或推导。他使用三种证明：换位法、归谬法和显示法。逻辑的分析表明：在头两类的所有证明中，包含着命题逻辑最基础部分的断定命题，即演绎理论。亚里士多德直观地使用它们，但在他之后不久，命题逻辑的第一个系统的创始者——斯多亚派明白地陈述了它们之中的某一些断定命题，——复杂的易位律和所谓"综合定理"（后者曾被人归功于亚里士多德的发现，但它并不见于他现存的逻辑著作中）。一个新的逻辑因素好像蕴藏在显示法证明之中；这些证明可借存在量词之助而得到解释。存在量词系统地引入三段论理论，将完全改变这个系统：原始词项“有些——是”能由词项“所有——是”来定义，而许多为亚里士多德所不知道的新的断定命题将会出现。由于亚里士多德本人在其三段论理论的最后提要中抛弃了显示法证明，这就没有必要把它引入他的系统了。

另一个新的逻辑因素包含在亚里士多德关于不能成立的三段论形式的研究中，那就是排斥。亚里士多德通过具体词项的例证来排斥不正确的形式。这个处理在逻辑上是对的，但它把与之没有密切联系的词项和命题引进了这个系统。然而还有这样的情况，他运用另一种逻辑处理：把一个不正确的形式化为另一个已经排斥了的形式。在这个提示的基础上，可以陈述一条与断定的分离规则相应的排斥规则。这可看作是逻辑研究的新领域的开端和应当解决的新问题。

亚里士多德并没有系统地研究所谓复合三段论（polysyllogisms），即带有三个以上词项和两个以上前提的三段论。如我们已经看到的，加伦研究了包含四个词项和三个前提的复合三段论。把第四格的作者看作是加伦是一个古老的逻辑错误。加伦把四个词项的复合三段论划分为四个格，而不是划分我们熟知其中世纪名称的那些简单的三段论。他的研究完全被遗忘了。但复合三段论也属于三段论的理论并且应当加以考虑，在这里是另外一个应当加以系统地研究的问题。对这个问题的重要的贡献是C. A. 麦雷狄士先生提出的那一组公式，这在前面第14节的末尾处已经提到过了。

还剩下一个未曾为亚里士多德看到，但却是他的整个系统的最重要的问题：这就是判定问题。有意义的三段论的表达式的数目是无穷的；它们的绝大多数确实是假的，但它们之中有一些可以是真的，如 n 个词项的有效的复合三段论（无论 n 是任何正整数）。我们能够相信，我们的公理与推论规则一起，对于证明所有真的三段论表达式是足够的吗？并且，同样地，我们能够相信在第 20 节之末构造的排斥规则，对于排斥所有假的表达式是足够的吗（即使我们从公理上排斥了它们之中有限的数量）？我于 1938 年在华沙大学我的数理逻辑讨论班上提出了这些问题。一个我从前的学生，现任佛罗克拉夫（wroclaw）大学逻辑与方法论教授 J. 斯卢派斯基找到了这两个问题的解答。他对第一个问题的回答是肯定的，而对于第二个问题的回答是否定的。据斯卢派斯基说，要用第 20 节所引用的规则（c）和（d）去排斥所有假的三段论的表达式，是不可能的，即令这些表达式中的一个有限数目已经公理地排斥了。无论怎样多的假表达式我们可以公理地排斥，除了公理地已排斥者外，总还会有不能加以排斥的其他的假表达式。而要建立一个无穷的公理集合是不可能的：一条新的排斥规则必须加进这个系统以补足由四条公理所作出的亚里士多德逻辑的不充分的刻画。这条规则是斯卢派斯基发现的。

斯卢派斯基专为亚里士多德的三段论所发现的排斥规则，可以陈述如下：令 α 与 β 表示亚里士多德逻辑的否定前提，亦即“没有 A 是 B”或“有些 A 不是 B”这种类型的前提，并令 γ 表示简单前提（任何类型的），或者后件为简单前提、前件为简单前提的合取

的一个蕴涵式：如果表达式“如果 α，则 γ”与“如果 β，则 γ”都已被排斥，则表达式“如果 α 并且 β，则 γ”也必被排斥。[①] 这条规则与排斥规则(c)和(d)，以及用公理方法排斥了的表达式“如果所有 C 是 B 并且所有 A 是 B，则有些 A 是 C”一起，可以使我们排斥这个系统中的任何假的表达式。此外，如我们已提出的那样，假定三段论的四条断定的公理，E 和 O 前提的定义，断定的表达式的推论规则，以及演绎理论作为辅助系统。用这种办法，判定问题获得了解决：对于这个系统作出的任何有意义的表达式，我们可以决定它是否为真并可断定，或者它是否为假并须排斥。

关于亚里士多德三段论理论的主要研究，由于这问题的解决而宣告终结。还剩下的唯一的一个问题，或者甚至是一个等待解释的神秘之点就是：为了排斥这个系统的所有假的表达式，那么用公理方法排斥唯一一个假的表达式，亦即第二格的全称肯定前提与特称肯定结论的三段论形式，就是必要与充分的。没有适合于这个目的的其他表达式。这个奇怪的逻辑事实的解释也许可以导致逻辑领域内的若干新的发现。

① J. 斯卢派斯基：《关于亚里士多德三段论理论的研究》(*Z badań nad sylogistyka Arystotelesa*)，《佛罗克拉夫科学与文学学会会刊》，B 类，第 9 期，佛罗克拉夫 1948 年出版。见讨论判定问题的第五章。

第四章 用符号形式表达的亚里士多德系统

§22. 符号系统的说明

这一章并不属于逻辑史。它的目的是根据现代形式逻辑的要求，但与亚里士多德本人所陈述的观念密切联系，构造一个非模态三段论的系统。

现代形式逻辑是严格地形式化的。为了得到一个精确的形式化理论，使用一套为此目的而发明的符号系统，比起使用有着自己的语法规律的普通语言要方便得多。所以，我必须从这样一套符号系统的说明开始。由于亚里士多德的三段论系统包括着命题逻辑的最基本部分（即演绎理论），我将同时说明这两个理论系统的符号表示法。

在这两个理论系统中，都有变项和常项出现。变项由小写拉丁字母表示，常项由大写拉丁字母表示。我用起首的字母 a，b，c，d，…，表示亚里士多德逻辑的词项变项（term variables）。这些词项变项以普遍词项作为它的值，如“人”或“动物”。我用大写字母 A、E、I、O 表示亚里士多德逻辑的常项（中世纪的逻辑学家已经在这个意义上使用这些符号）。借助于这两类字母，我构成亚里士多德逻辑的四个函项，书写时把常项置于变项之前：

Aab 表示　所有 a 是 b 或 b 属于所有 a，

Eab 表示　没有 a 是 b 或 b 属于无一 a，

Iab 表示　有些 a 是 b 或 b 属于有些 a，

Oab 表示　有些 a 不是 b 或 b 不属于有些 a。

常项 A、E、I、O 都叫函子，a 和 b 叫作它们的变元(arguments)。所有亚里士多德的三段论都是由彼此相联系的这四种函项借助于“如果”和“并且”等词而组成。“如果”、“并且”等词也表示函子，但它是与亚里士多德逻辑常项不同的另一类：它们的变元不是词项表达词(term-expression)，即具体词项或词项变项，而是命题表达式(propositional expression)，即是像“所有人都是动物”那样的命题，像“Aab”那样的命题函项或命题变项。我用 p，q，r，s，…，表示命题变项，用 C 表示函子“如果”，用 K 表示函子“并且”。表达式 Cpq 即是“如果 p，则 q”的意思(“则”可以省去)，并且叫作以 p 为前件，q 为后件的“蕴涵式”。C 并不属于前件，它仅仅把前后件联系起来。表达式 Kpq 即是“p 并且 q”的意思，并称为“合取式”。在有些证明中我们还会遇到命题逻辑的第三个函子，即命题的否定。它是一个变元的函子，用 N 表示。要把函项 Np 翻译为英语或任何其他现代语言都是困难的，因为没有与命题否定相当的单个的字眼[①]。我们只得用一种绕弯子的方式说“p 不是真的”(it-is-not-true-that p)或“不是 p 那种情况”(it-is-not-the-case-that p)。为了简便起见，我采用表达式“非 p”(not-p)。

① 斯多亚派用一个词 οὐχί(即“非”、“不”。——译者注)表示命题的否定。

我的表示法的原则是将函子写在变元之前，用这种办法，我能够不用括弧。我发明的并从1929年起在我的逻辑论文中使用的这一套不用括弧的符号①，可用于数学，同样也可用于逻辑。加法的结合律在原来的表示法中是这样写的：

$$(a+b)+c=a+(b+c),$$

而且不能不用括弧来陈述。然而如果你把函子＋写在它的变元之前，你得到：

$$(a+b)+c=++abc$$

以及 $$a+(b+c)=+a+bc。$$

结合律现在就可以不用括号而写出了：

$$++abc=+a+bc。$$

现在，我要解释一下有些用这种符号表示法写出的表达式。一个三段论的符号表达式是易于了解的。以 Barbara 式为例：

如果所有 b 是 c 并且所有 a 是 b，则所有 a 是 c。用符号写成：

CKAbc Aab Aac

前提 Abc 和 Aab 的合取式，即 KAbc Aab，是公式的前件，结论 Aac 是它的后件。

有些演绎理论的表达式是很复杂的。如假言三段论

如果（如果 p，则 q），那么[如果（如果 q，则 r）则（如果 p，则 r）]的符号表达式写成：

CCpq CCqr Cpr.

① 例如，见卢卡西维茨与塔斯基："关于命题演算的研究"，《华沙科学与文学学会会刊》，xxiii 卷（1930年），第Ⅲ类，第31—32页。

为了了解这个公式的结构，你们必须记住：C是直接在C之后的两个命题变元的函子。这两个命题变元与C一起构成一个新的复杂命题表达式。公式中的表达式Cpq，Cqr与Cpr即属于这一类。在它们每一个的周围画上括弧，就得到表达式：

C(Cpq)C(Cqr)(Cpr).

现在你们能够容易地看到C(Cpq)是整个公式的前件，而其余的，即C(Cqr)(Cpr)是后件。这个后件本身又是以(Cqr)为前件和C(pr)为后件的。

以同样的方式我们可以分析所有其他表达式，如除了C之外还包含N和K的下面的例子：

CCKpqrCKNrqNp.

记住K与C一样也是两个变元的函子，而N是一个变元的函子。使用不同种类的括弧我们得到表达式：

C[C(Kpq)r]{C[K(Nr)q](Np)}.

[C(Kpq)r]在这里是整个公式的前件，而{C[K(Nr)q](Np)}是后件，这个后件又有合取式[K(Nr)q]为自己的前件以及否定式(Np)为自己的后件。

§23. 演绎理论

所有其他逻辑系统都建立于其上的那个最基本的逻辑系统乃是演绎理论。因此每一个逻辑学家都应当知道这个系统，我在这里将对它作一简单描述。

根据什么函子被选择作为原始词项，演绎理论可以用几种不同方式加以公理化。最简单的一种是按照弗雷格的方式。他采用蕴涵与否定这两个函子作为原始词项，这在我们的符号系统中就是C和N。这个C—N系统有很多组公理；其中最简单和几乎普遍赞许的一组，是我自己在1929年以前所发明的[①]。它包含三条公理：

T_1. CCpq CCqrCpr

T_2. CCNppp

T_3. CpCNpq.

第一条公理是已经在前面一节中解释过的假言三段论定律。第二条公理，在文字上读作："如果(如果非 p，则 p)，那么 p"，欧几里得曾用于一条数学定理的证明[②]。我把它叫作克拉维乌斯定律，因为克拉维乌斯(一位博学的耶稣会士，生活于十六世纪后半期，西方新历——格列高里历法的创造人之一)在注释欧几里得时首先注意到这个定律。第三条公理在文字上就是"如果 p，那么如果非 p，则 q"，就我所知，它第一次出现在据说是邓斯·司各脱的关于亚里士多德的注释中；我称之为邓斯·司各脱定律[③]。这条定律遏制着通常加之于矛盾的诽谤：如果两个矛盾的语句，如 α 与 Nα，同真，我们能够用这个定律从它们引出任意的命题 q，亦即无论任何命题。

属于这个系统的有两条推论规则：代入规则和分离规则。

① 第一次发表于用波兰文写的"论数理逻辑的重要性与必要性"《波兰科学》(*Nauka polska*)卷 X，华沙(1929年)，第610—612页。又参见本书第109页注①所引用德文写的论文：命题6，第35页。

② 见前，第74页。

③ 参看第71页注所引用的我的论文。

代入规则允许我们从这系统里已断定的命题中，用一个同样的有意义的表达式替换其中每一个相同的变项，从而导出一个新的断定命题。有意义的表达式用以下方式归纳地定义为：(a)任何命题变项是一个有意义的表达式；(b)如果 α 是一个有意义的表达式的话，Nα 也是一个有意义的表达式；(c)如果 α 和 β 都是有意义的表达式，则 C$\alpha\beta$ 也是有意义的表达式。

分离规则就是前面谈到过的斯多亚派的"肯定前件的假言推理"：如果 C$\alpha\beta$ 这种类型的命题被断定为真，并且它的前件 α 也被断定为真，那么就可以允许断定它的后件 β，而把它从蕴涵式中分离出来作为一个新的断定命题。

用这两条规则我们能从我们这组公理推导出所有 C—N 系统的真断定命题。在这个系统中，如果我们要有除 C 和 N 之外的其他的函子，如像 K，我们必须用定义来引进它们。这可以用两种不同方式来做到，如我将在 K 的例子中表明的那样。合取式"p 并且 q"的意思犹如"(如果 p，则非 q)这不是真的"一样。Kpq 与 NCpNq 之间的这个联系可以表达于这个公式中：

$$Kpq = NCpNq,$$

其中记号＝相当于文字"意思犹如……一样"。这种定义需要一个特殊的推论规则，它允许我们用被定义项替换定义项，并且反之亦然。或者我们可以用等值来表示 Kpq 与 NCpNq 之间的这个联系，但因为等值不是我们系统的原始词项，所以用两个彼此可以替换的蕴涵式来表示这个联系：

CKpqNCpNq 与 CNCpNqKpq.

在这个情况下就不需要特殊的定义规则。我将使用第一种定义。

现在让我们用一个例子来表明借助于推论规则如何能从公理引出新的断定命题。我将从公理 T_1-T_3 推导出同一律 Cpp。这一推导要求两次使用代入规则以及两次使用分离规则；它是这样进行的：

T_1．q/CNpq×CT_3-T_4

T_4．CCCNpqrCpr

T_4．q/p,r/p×CT_2-T_5

T_5Cpp.

第一行叫作“导出行”(derivational line)。它包含以×号相互隔开的两个部分。第一部分，T_1. q/CNpq，意思是在 T_1 中 CNpq 应当代替 q。由此代替所产生的断定命题为了节省篇幅而省略了。它将是以下形式：

(1)CCpCNpqCCCNpqrCpr.

第二部分，CT_3-T_4，表明了这个省略了的断定命题是怎样构造的，使得分离规则可以应用于它这一点成为显然。断定命题(I)以 C 开始，接着是公理 T_3 作为它的前件，和断定命题 T_4 作为后件。所以，我们可以把 T_4 分离出来作为一个新的断定命题。在 T_5 之前的导出行作同样的理解。斜线(/)是替换的记号，短线(—)是分离的记号。几乎所有以后的推导都是以相同的方式进行的。

当一个人想要从公理 T_1-T_3 推导出交换律 CCpCqrCqCpr，或者甚至推出简化律 CpCqp，那么，他在进行这样的证明时，必须非常熟练。因此，我将说明一个容易的方法来验证我们系统中的表达式而不用从公理来推导它们。这个方法是美国逻辑学家查尔士 · S. 皮尔士在 1885 年左右发明的。它基于所谓二值原则

(principle of bivalence),这就是把每一个命题看作或是真的或是假的,也就是说每一个命题具有两个可能的真值中的一个也仅仅一个:真或假。这个原则一定不要与排中律相混淆,根据排中律,两个矛盾命题中的一个必定是真的。二值原则曾被斯多亚派,特别是克里西普斯当作逻辑的基础来陈述[①]。

所有演绎理论的函项都是真值函项,亦即,它们的真假仅仅依靠它们的变元的真假。让我们用0表示常假命题,用1表示常真命题。我们可以用以下方式定义否定:

N0=1 与 N1=0.

这个意思是说:假命题的否定与真命题的意思是一样的(或简言之,是真的),而真命题的否定是假的。对于蕴涵式我们有以下四条定义:

C00=1, C01=1, C10=0, C11=1.

这个意思是:一个蕴涵式仅当其前件真而后件假时,它才是假的;在所有其他情况下都是真的。这是蕴涵式的最古老的定义,曾经由麦加拉的菲罗陈述并为斯多亚派采用[②]。对于合取式我们有四个明显的等式:

K00=0, K01=0, K10=0, K11=1.

---

① 西塞罗,《学院研究前篇》,ii. 95,"辩论术的基础乃是所有的陈述(他们称之为ἀξίωμα)或者是真的,或者是假的";《论命运,21》"这样,克里西普斯集中全力于这个论证,即所有ἀξίωμα或者是真的或者是假的"。在斯多亚派的术语中,ἀξίωμα的意思是"命题"而不是"公理"。

② 塞克斯都·恩披里可,《反数学家》,viii. 113,"菲罗说蕴涵式成为真的,当其并非前件真而后件假时,所以蕴涵式本身在三种情况下是真的,而在一种情况下是假的。"

一个合取式只有当它的变元都真时才是真的；在所有其他情况下它都是假的。

现在，如果我们要验证演绎理论的一个有意义的表达式，它包含函子 C、N 和 K 的全部或者其中的某些，我们就要用符号 0 与 1 的所有可能的排列去代替在这个表达式中出现的各个变项，并将这样得到的公式根据上面给出的等式加以推演。如果在推演之后所有的公式最后都得出 1，那么这个表达式就是真的或者是一个断定命题；如果其中之任一公式最后得出 0，这个表达式就是假的。让我们以易位律 CCpqCNqNp 作为第一类的例子；我们得到：

对于 p/0，q/0：CC00CN0N0＝C1C11＝C11＝1，

对于 p/0，q/1：CC01CN1N0＝C1C01＝C11＝1，

对于 p/1，q/0：CC10CN0N1＝C0C10＝C00＝1，

对于 p/1，q/1：CC11CN1N1＝C1C00＝C11＝1.

因为对于所有的替换而言最后得出的都是 1，所以易位律是我们系统的断定命题。让我们举出表达式 CKpNqq 作为第二类的例子。只要试一试一个替换就够了：

p/1，q/0：CK1N00＝CK110＝C10＝0.

这个替换最后得出了 0，所以表达式 CKpNqq 是假的。在亚里士多德三段论系统中作为辅助前提使用的所有演绎理论的断定命题，我们都可以用同样的方法加以检查。

§24. 量词

亚里士多德没有量词的明确观念并且没有在他的著作中使用

它们;因而我们不能把它们引入他的三段论系统。但如我们所已经看到的,在他的系统中有两点,如果我们应用量词来解释的话,我们就能较好地理解它们。全称量词与所谓"三段论的必然性"相联系,存在量词或特称量词与显示法证明相联系。现在,我将把在第 19 节述说的、用存在量词来作的证明以及在第 5 节提到的依赖全称量词的论证翻译为符号。

我用大写的希腊字母表示量词,用 Π 表示全称量词,而用 Σ 表示特称或存在量词。Π 可以读作"对于所有而言",而 Σ 可以读作"对于有些而言"或"有";例如 Σc KAcbAca 的意思用语言说出来就是:"有一个 c 使得所有 c 是 b 并且所有 c 是 a",或者更简短地说:"对于有些 c 而言,所有 c 是 b 并且所有 c 是 a。"每一个带量词的表达式,例如 ΣcKAcbAca,包含三个部分:第一部分,在我们的例子中就是 Σ,总是一个量词;第二部分,在这里就是 c,总是一个用前面的量词约束着的变项;第三部分,在这里就是 KAcbAca,总是一个命题表达式,它包含着恰好被量词当作自由变项约束起来了的变项。由于把 Σc 放在 KAcbAca 之前,最后这个公式中的自由变项 c 就变成被约束的了。我们可以简单地说:Σ(第一部分)约束 c(第二部分)于 KAcbAca(第三部分)之中。

存在量词的规则已经在第 19 节中陈述过了。在各导出行中,我用 Σ_1 表示允许我们把 Σ 置于一个真蕴涵式的前件之前的规则,并且 Σ_2 表示允许我们把 Σ 置于一个真蕴涵式的后件之前的规则。以下的推导将是易于了解的。因为它们都是第 19 节中用文字作出的推导的翻译,相应的断定命题带有相同的番号(running number),并且用相应的小写字母作为变项以代替大写字母。

I前提换位的证明：

设定为真而不用证明的断定命题：

(1)CIab Σ cKAcbAca

(2)CΣcKAcbAcaIab.

断定命题(1)和(2)能用作I前提的定义。

(3)CKpqKqp(合取的交换律)

(3)p/Acb,q/Aca×(4)

(4)CKAcbAcaKAcaAcb

(4)Σ 2c×(5)

(5)CKAcbAca Σ cKAcaAcb

(5)Σ1c×(6)

(6)CΣ cKAcbAca Σ cKAcaAcb

T_1. CCpqCCqrCpr(假言三段论定律)

T_1. p/Iab,q/ΣcKAcbAca,*r*/Σ cKAcaAcb×

C(1)－C(6)－(7)：

(7)CIab Σ cKAcaAcb

(2)b/a,a/b×(8)

(8)C ΣcKAcaAcbIba

T_1. p/Iab,q/Σ cKAcaAcb,r/Iba×

C(7)－C(8)－(9)

(9)CIabIba

这些推导行表明,(4)与(8)仅用替换而从其他断定命题得到,而(7)与(9)乃用替换与两次分离而得到。读者可按这种方式自己试

作 Darapti 式的证明，它是容易的。

Bocardo 式的证明

（第 19 节所用的变项 P、R 和 S 必须改换字母，因为相应的小写字母 p、r 和 s 是用以表示命题变项的，把 P 改为 d，R 改为 a，S 改为 b）

不加证明而设定的断定命题：

(15)CObd Σ cKAcbEcd

两个三段论取作前提：

(16)CKAcbAbaAca(Barbara)

(17)CKAcaEcdOad(Felapton)

T_6. CCKpqrCCKrstCKKpqst

这就是人们认为由亚里士多德发现的“综合定理”。

T_6. p/Acb，q/Aba，r/Aca，s/Ecd，t/Oad×

C(16)－C(17)－(18)

(18)CKKAcbAbaEcdOad

T_7. CCKKpqrsCKprCqs(辅助断定命题)

T_7. p/Acd，q/Aba，r/Ecd，s/Oad×C(18)－(19)

(19)CKAcbEcdCAbaOad

(19)Σ1c×(20)

(20)CΣcKAcbEcdCAbaOad

T_1. CCpqCCqrCpr

T_1. p/Obd，q/ΣcKAcbEcd，r/CAbaOad×

C(15)－C(20)－(21)

(21) CObdCAbaOad

这就是 Bocardo 式的蕴涵形式。如果我们希望有这个式的通常的合取形式，我们必须应用所谓输入律(law of importation)：

T_8. CCpCqrCKpqr

于(21)，我们得到：

T_8. p/Obd，q/Aba，r/Oad×C(21)－(22)

(22) CKObdAbaOad(Bocardo)

用所谓输出律(law of exportation)

T_9. CCKpqrCpCqr.

(它是输入律的转换)，我们可以从 Bocardo 式的合取形式倒退回去得到它的蕴涵形式。

全称量词的规则与第 19 节陈述的特称量词的规则是相似的。全称量词能够无条件地放在真蕴涵式的前件的前面，以约束出现于前件中的自由变项。只有满足这样的条件，即在后件中被约束的变项不在前件中作为自由变项出现时，才可以在真蕴涵式的后件之前加上全称量词。我用 Π_1 表示这个规则的头一条，用 Π_2 表示第二条。

从以上全称量词的原始规则，得到两条导出规则：第一，(从规则 Π_2 及简化定律)一个真表达式，在约束出现于其中的自由变项时，允许把全称量词置于它的前面；第二，(从规则 Π_1 及命题的同一律)允许消掉位于真表达式之前的全称量词。这些规则怎样可以导出，我将用 I 前提的换位律为例来加以说明。

从换位律：

(9) CIabIba

就得到量化了的表达式

(26)ΠaΠbCIabIba

而从量化了的表达式(26)又得到非量化的换位律(9)。

首先,从(9)到(26)

T_{10}. CpCqp(简化定律)

T_{10}. p/CIabIba×C(9)—(23)

(23)CqCIabIba

应用规则 Π_2 于这个断定命题以约束 b 并随后约束 a,因为 b 与 a 都不在前件中出现:

(23)Π2b×(24)

(24)CqΠbCIabIba

(24)Π2a×(25)

(25)CqΠaΠbCIabIba

(25)q/CpCqp×CT_{10}—(26)

(26)ΠaΠbCIabIba

其次:从(26)到(9)。

T_5Cpp(同一律)

T_5. p/CIabIba×(27)

(27)CCIabIbaCIabIba

我们应用规则 Π_1 于这个断定命题以约束 b 并随后约束 a:

(27)Π1b×(28)

(28)CΠbCIabIbaCIabIba

(28)Π1a×(29)

(29)CΠaΠbCIabIbaCIabIba

(29)×C(26)－(9)

(9)CIabIba

亚里士多德断定:"如果有些 a 是 b,那么,有些 b 应是 a 就是必然的",依我看,"就是必然的"这表达词只能有这个意思:要找到变项 a 和 b 的那样的值,它会确证前件而不能确证后件,那是不可能的。换句话说,那就是指"对于所有 a 与所有 b 而言,如果有些 a 是 b,则有些 b 是 a。"这就是我们的量化的断定命题(26)。这个断定命题与非量化的换位律"如果有些 a 是 b,则有些 b 是 a"(它不包含必然性的记号)是等值的,这是已经证明了的。由于三段论的必然性是与全称量词等价的,所以它可以被省略,因为一个全称量词在真公式之前是可以省略的。

§25. 三段论系统的基本要素

每一个公理化的演绎系统都以三项基本要素为基础:原始词项、公理和推论规则。我从对断定的表达式而言的基本要素开始,对排斥的表达式而言的基本要素将于以后给出。

我取常项 A 和 I 为原始词项,用它们来定义其他两个常项 E 和 O:

Df_1　Eab＝NIab

Df_2　Oab＝NAab.

为了把证明缩短我将使用下面的两条推论规则来代替上述定义:

规则 RE:NI 在任何地方均可用 E 去替换,反之亦然。

规则 RO:NA 在任何地方均可用 O 去替换,反之亦然。

当作公理来断定的这个系统的四条断定命题就是两条同一律和 Barbara 式及 Datisi 式：

1. Aaa
2. Iaa
3. CKAbcAabAac(Barbara)
4. CKAbcIbaIac(Datisi).

除了规则 RE 与 RO 之外，我采用以下两条对于断定的表达式的推论规则：

(a)代入规则：如果 α 是这一系统的一个断定的表达式，那么，用正确的代入从 α 得出的任何表达式也是一个断定的表达式。唯一正确的代入是对词项变项 a，b，c，代以其他的词项变项，如以 b 代 a。

(b)分离规则：如果 $C\alpha\beta$ 与 α 都是这系统的断定的表达式，那么 β 也是断定的表达式。

我采取带有被定义的函子 K 的演绎理论的 C—N 系统，作为辅助理论。命题变项可以代之以三段论的命题表达式，如 Aab，Iac，KEbcAab，等等。在所有以后的证明中(并且也对排斥的表达式)我将只用下面十四条用罗马数字指明的断定命题：

I. CpCqp(简化定律)
II. CCqrCCpqCpr(假言三段论定律、第二个形式)
III. CCpCqrCqCpr(分配律)
IV. CpCNpq(邓斯·司各脱定律)
V. CCNppp(克拉维乌斯定律)
VI. CCpqCNqNp(易位律)

VII. CCKpqrCpCqr（输出律）

VIII. CpCCKpqrCqr

IX. CCspCCKpqrCKsqr

X. CCKpqrCCsqCKpsr

XI. CCrsCCKpqrCKqps

XII. CCKpqrCKpNrNq

XIII. CCKpqrCKNrqNp

XIV. CCKpNqNrCKprq

断定命题 VIII 是输出律的一个形式，断定命题 IX—XI 都是复合的假言三段论定律，而 XII—XIV 是复杂的易位律。所有这些，用第 23 节所说的 0—1 方法，都是易于验证的。断定命题 IV、V 与 II、III 一起给出全部 C—N 系统，但 IV、V 只是对排斥的表达式的证明才是需要的。

公理 1—4 的系统是一致的，也就是说是无矛盾的。无矛盾性的最容易的证明是把词项变项当作命题变项，以及把函项 A 和 I 定义为常真（即令 Aab＝Iab＝KCaaCbb）而作出的。于是公理 1—4 作为演绎理论的断定命题都是真的，而且已知这演绎理论是无矛盾的，所以三段论系统也是无矛盾的。

我们系统的所有公理都是彼此独立的。这一点的证明可以用演绎理论范围内的解释来作出。在后面的解释中，词项变项作为命题变项处理。

公理 1 的独立性：取 K 代替 A，取 C 代替 I，公理 1 就不能确证了，因为 Aaa＝Kaa，而 Kaa 在 a/0 时，得出 0。如同用 0—1 方法所能看出的那样，其他公理均可确证。

公理 2 的独立性：取 C 代替 A，与 K 代替 I，公理 2 就不能确证了，因为 Iaa＝Kaa。其他公理均可确证。

公理 4 的独立性：取 C 代替 A 与 I，公理 4 就不能确证了，因为 CKAbcIbaIac＝CKCbcCbaCac 在 b/0，a/1，c/0 时，它得出 0。其他均可确证。

公理 3 的独立性：在只有 0 与 1 二值的演绎理论的基础上证明这条公理的独立性是不可能的。我们必须引入第三个真值，令其为 2，它可看作是代表真，亦即 1 的另一个符号。对于第 23 节所作出的 C、N 和 K 的诸等值式，我们还要加上下面这些公式：

C02＝C12＝C21＝C22＝1，C20＝0，N2＝0，K02＝K20＝0，K12＝K21＝K22＝1.

在这些条件下，所有 C—N 系统的断定命题都可确证，这能很容易地表明。让我们现在把 Iab 定义为常真的函项，亦即对于 a 与 b 的所有的值而言，Iab＝1，而把 Aab 定义为具有以下诸值的函项：

Aaa＝1，A01＝A12＝1，以及 A02＝0(其余均无关)。公理 1、2 与 4 都可确证，但从公理 3 用代入 b/1，c/2，a/0 我们得到：CKA12A01A02＝CK110＝C10＝0.

用在自然数域的解释来作独立性的证明也是可能的。例如，我们要证明公理 3 独立于其余公理，我们能够把 Aab 定义为 $a+1\neq b$，而把 Iab 定义为 $a+b=b+a$，Iab 是常真的，因而，公理 2 与 4 确证了，公理 1 也确证了，因为 $a+1$ 总是不同于 a 的。但公理 3，即“如果 $b+1\neq c$ 并且 $a+1\neq b$，则 $a+1\neq C$”就不能确证。取 3 替 a，2 替 b，以及 4 替 c，则前提将会是真的，而结论是假的。

从以上的独立性证明得出：没有三段论的单个的公理或“原

则”。1—4 这四条公理可以机械地用“并且”这个字联结成为一个命题，但是它们在这个没有有机联系的合取式中，仍然保留着差别而并不代表一个单个的观念。

§26. 三段论的断定命题的推导

用我们的推论规则以及借助于演绎理论从公理 1—4 我们能够引出亚里士多德逻辑的所有断定命题。我希望在作了前面几节的解释之后，以后的证明就会是完全可以理解的。在所有三段论的式中，大项用 c 表示，中项用 b 表示，小项用 a 表示。大前提首先陈述，以便易于将公式与各式的传统名称相比较[①]。

A. 换位定律

VII. p/Abc，q/Iba，r/Iac×C4—5

5. CAbcCIbaIac

5. b/a，c/a，a/b×C1—6

6. CIabIba（I 前提的换位律）

III. p/Abc，q/Iba，r/Iac×C5—7

7. CIbaCAbcIac

7. b/a，c/b×C2—8

① 在 1929 年出版的我的波兰文教科书《数理逻辑初步》（*Elements of mathematical logic*）（见第 68 页注③）中，我第一次表明已知的三段论的断定命题怎样可以从公理 1—4 形式地推出（第 180—190 页）。在上述教科书中说明的方法，由 I. M. 波亨斯基教授在他的论文“论直言三段论”中稍作修改后加以采纳。见《多明尼卡研究》（*Dominican studies*），卷 i，牛津，1948 年版。

8. CAabIab(肯定前提的从属律)

II. q/Iab,r/Iba×C6—9

9. CCpIabCpIba

9. p/Aab×C8—10

10. CAabIba(A 前提的换位律)

6. a/b,b/a×11

11. CIbaIab

VI. p/Iba,q/Iab×C11—12

12. CNIabNIba

12. RE×13

13. CEabEba(E 前提的换位律)

VI. p/Aab,q/Iab×C8—14

14. CNIabNAab

14. RE,RO×15

15. CEabOab(否定前提的从属律)

B. 肯定式

Ⅹ. p/Abc,q/Iba,r/Iac×C4—16

16. CCsIbaCKAbcsIac

16. s/Iab×C6—17

17. CKAbcIabIac (Darii)

16. s/Aab×C10—18

18. CKAbcAabIac (Barbari)

8. a/b,b/a×19

19. CAbaIba

16. s/Aba×C19—20

20. CKAbcAbaIac (Darapti)

XI. r/Iba,s/Iab×C11—21

21. CCKpqIbaCKqpIab

4. c/a,a/c×22

22. CKAbaIbcIca

21. p/Aba,q/Ibc,b/c×C22—23

23. CKIbcAbaIac (Disamis)

17. c/a,a/c×24

24. CKAbaIcbIca

21. p/Aba,q/Icb,b/c×C24—25

25. CKIcbAbaIac (Dimaris)

18. c/a,a/c×26

26. CKAbaAcbIca

21. p/Aba,q/Acb,b/c×C26—27

27. CKAcbAbaIac (Bramantip)

C. 否定式

XIII. p/Ibc,q/Aba,r/Iac×C23—28

28. CKNIacAbaNIbc

28. RE×29

29. CKEacAbaEbc

29. a/b,b/a×30

30. CKEbcAabEac (Celarent)

IX. s/Eab,p/Eba×C13—31

31. CCKEbaqrCKEabqr

 31. a/c,q/Aab,r/Eac×C30—32

32. CKEcbAabEac (Cesare)

 XI. r/Eab,s/Eba×C13—33

33. CCKpqEabCKqpEba

 32. c/a,a/c×34

34. CKEabAcbEca

 33. p/Eab,q/Acb,a/c,b/a×C34—35

35. CKAcbEabEac (Camestres)

 30. c/a,a/c×36

36. CKEbaAcbEca

 33. p/Eba,q/Acb,a/c,b/a×C36—37

37. CKAcbEbaEac (Camenes)

 II. q/Eab,r/Oab×C15—38

38. CCpEabCpOab

 38. p/KEbcAab,b/c×C30—39

39. CKEbcAabOac (Celaront)

 38. p/KEcbAab,b/c×C32—40

40. CKEcbAabOac (Cesaro)

 38. p/KAcbEab,b/c×C35—41

41. CKAcbEabOac (Camestrop)

 38. p/KAcbEba,b/c×C37—42

42. CKAcbEbaOac (Camenop)

 XIII. p/Abc,q/Iba,r/Iac×C5—43

43. CKNIacIbaNAbc

43. RE,RO×44

44. CKEacIbaObc

44. a/b,b/a×45

45. CKEbcIabOac (Ferio)

31. a/c,q/Iab,r/Oac×C45—46

46. CKEcbIabOac (Festino)

X. p/Ebc,q/Iab,r/Oac×C45—47

47. CCsIabCKEbcsOac

47. s/Iba×C11—48

48. CKEbcIbaOac (Ferison)

31. a/c,q/Iba,r/Oac×C48—49

49. CKEcbIbaOac (Fresison)

10. a/b,b/a×50

50. CAbaIab

47. s/Aba×C50—51

51. CKEbcAbaOac (Felapton)

31. a/c,q/Aba,r/Oac×C51—52

52. CKEcbAbaOac (Fesapo)

作为所有这些推导的一个结果，一个显著的事实值得我们注意：有二十个三段论的式毋需使用公理 3，即 Barbara 式，就可能推导出来。甚至 Barbari 也可以不用 Barbara 式而得到证明。公理 3 是三段论系统的最重要的断定命题，因为它是唯一能产生全称肯定结论的三段论，但在简单三段论系统中它只有次等的地位，只

有在证明 Baroco 与 Bocardo 式时，才是必需的。以下就是这两个证明：

XII. p/Abc，q/Aab，r/Aac×C3—53

53. CKAbcNAacNAab

53. RO×54

54. CKAbcOacOab

54. b/c，c/b×55

55. CKAcbOabOac (Baroco)

XIII. p/Abc，q/Aab，r/Aac×C3—56

56. CKNAacAabNAbc

56. RO×57

57. CKOacAabObc

57. a/b，b/a×58

58. CKObcAbaOac (Bocardo)

§27. 排斥的表达式的公理和规则

关于断定一个命题和排斥一个命题这两种智力活动，[①]现代形式逻辑只就第一种加以考虑。弗雷格把断定的概念和断定符号(⊢)引进了逻辑，它们在以后又得到《数学原理》的作者们的承认。然而，就我所知，排斥的概念，从过去到现在一直都被忽略了。

① 我把这个区别归功于弗朗茨·布伦塔诺(Franz Brentano)，他把信赖的活动描述为承认(anerkennen)与排斥(verwerfen)。

我们断定真命题而排斥假命题。只有真命题才能加以断定，因为断定一个原来不真的命题就是一个错误。关于排斥则不能作类似性质的断定：并非只有假命题才应加以排斥。每一个命题或真或假，这当然是真的，但也有既不真也不假的命题表达式。所谓命题函项就是属于这一类的。命题函项就是包含着自由变项的表达式，对于它们的有些值而言，它可以成为真的，而对于另外一些值而言，它可以成为假的。以 p 这个命题变项为例，它既不是真的，也不是假的，因为，对 p/1 它就成为真的，而对 p/0 它就成为假的了。现在，关于两个矛盾命题，α 与非 α，一个必定是真的而另一个必是假的，所以一个应当被断定而另一个应被排斥。但是两个矛盾的命题函项 p 与 Np 中的任何一个都不能加以断定，因为它们之中的任何一个都不是真的；它们两者都要被排斥。

被亚里士多德排斥的三段论形式都不是命题而是命题函项。让我们举一个例子。亚里士多德说，在第一格中当第一个词项属于所有中项，而不属于任何最后的词项时，就不会出现任何三段论。所以这个三段论形式：

(i) CKAbcEabIac

没有被他作为正确的三段论来断定，而是加以排斥。亚里士多德本人提出具体的词项来反驳上述形式：用“人”代 b，“动物”代 c，以及“石头”代 a。但还有其他的值使得公式(i)能被确证：把变项 a 与 c 等同起来我们就可以得到一个真蕴涵式 CKAbaEabIaa，因为它的前提是假的而其后件是真的。公式(i)的否定：

(j) NCKAbcEabIac

因此也必须被排斥，因为对于 c/a 它是假的。

把量词引入这个系统我们就能毋需要排斥。我们能够断定下面的断定命题以代替对形式(i)的排斥。

(k)Σ a Σ b Σ cNCKAbcEabIac.

这个就是说:有词项 a、b 和 c 确证(i)的否定。所以,(i)这形式对于所有 a、b 和 c 不是真的,而且不能是正确的三段论。同样,代替对表达式(j)的排斥,我们可以断定这个断定命题:

(l)Σ a Σ b Σ cCKAbcEabIac

但亚里士多德不知道有关量词的任何东西;他使用排斥来代替将带量词的新断定命题加在他的系统中。因为,排斥似乎是比量化较为简单的概念,让我们随着亚里士多德的步骤来考察。

亚里士多德排斥绝大多数的不正确的三段论形式都是用具体词项来举例说明。这是我们唯一不能追随他的地方,因为我们不能把像“人”或“动物”这样的具体词项引入逻辑中来。有些形式必须公理地加以排斥。我曾发现[①]如果我们公理地排斥第二格的以下两个式:

CKAcbAabIac

CKEcbEabIac,

那么借助于两条排斥的规则也可以排斥所有其他不正确的三段论形式:

(c)排斥的分离规则:如果蕴涵式“如果 α,则 β ”被断定了,但后件 β 被排斥,那么前件 α 必定也要被排斥。

(d)排斥的代入规则:如果 β 是 α 的一个代入,而且 β 被排斥

① 见第 20 节。

了，那么 α 也必定要被排斥。

两条规则都是十分明显的。

三段论形式的数目一共是 $4\times4^3=256$；24 个形式是正确的三段论，2 个形式是公理地排斥了的。证明其余 230 个不正确的形式都可以用我们的公理和规则来排斥，那将是冗长而可厌的。我将只用带有前提 Abc 和 Eab 的第一格三段论形式的例子来表明，我们的排斥规则如何在第一条排斥的公理的基础上进行证明。

排斥的表达式我用一个星号加在它们的序数之前来表示。这样，我们有：

*59. CKAcbAabIac(公理)

*59a CKEcbEabIac(公理)

I. p/Iac，q/KAcbAab×60

60. CIacCKAcbAabIac

60×C*61—*59

*61. Iac

这里第一次应用了排斥的分离规则。断定的蕴涵式 60 有一个排斥的后件，*59；所以它的前件，*61，必定也被排斥。用同样的方法我得到排斥的表达式*64，*67，*71，*74 和*77。

V. p/Iac×62

62. CCNIacIacIac

62. RE×63

63. CCEacIacIac

63×C*64—*61

*64. CEacIac

1. a/c×65

65. Acc

VIII. p/Acc,q/Eac,r/Iac×C65—66

66. CCKAccEacIacCEacIac

66×C* 67—* 64

* 67. CKAccEacIac

* 67×* 68. b/c

* 68. CKAbcEabIac

这里应用了排斥的代入规则。表达式* 68 必须被排斥,因为在* 68 中用 c 替代 b,我们就得到排斥的表达式* 67。这个同样的规则也用以得出* 75。

II. q/Aab,r/Iab×C8—69

69. CCpAabCpIab

69. p/KAbcEab,b/c×70

70. CCKAbcEabAacCKAbcEabIac

70×C* 71—* 68

* 71. CKAbcEabAac

XIV. p/Acb,q/Iac,r/Aab×72

72. CCKAcbNIacNAabCKAcbAabIac

72. RE,RO×73

73. CCKAcbEacOabCKAcbAabIac

73×C* 74—* 59

* 74. CKAcbEacOab

* 74×* 75. b/c c/b

*75. CKAbcEabOac

38. p/KAbcEab, b/c×76

76. CCKAbcEabEacCKAbcEabOac

76×C*77—*75

*77. CKAbcEabEac

排斥的表达式*68, *71, *75与*77是带有前提Abc与Eab的第一格的四个可能的形式。在第一格中,从这些前提不能得出任何正确的结论。用同样的方法,在两条公理地排斥的形式的基础上,我们能够证明所有四个格中的一切其他不正确的三段论形式也必定被排斥。

§28. 我们的公理和规则不充分

用我们的公理和断定规则来证明亚里士多德逻辑的所有已知断定命题,以及用我们的公理和排斥规则来反驳所有不正确的三段论形式,虽然都是可能的,结果仍然远远不能令人满意。理由在于:在亚里士多德逻辑中,除了三段论的形式外,还有其他许多有意义的表达式。实际上它们是无穷的,以至于我们不能确信这个三段论系统的所有真表达式是否都能从我们的公理和规则的系统中推导出来,而所有的假表达式是否都能被排斥。事实上,要找出一个用我们的公理和排斥规则不能排斥的假表达式,是容易的。例如,那样的表达式有:

(F_1) CIabCNAabAba

它的意思是:“如果有些a是b,那么如果并非所有a是b,则所有b

是 a。"这个表达式在亚里士多德逻辑中不是真的，而且不能用断定的公理来证明，但它与这些公理是不矛盾的，把它加在公理之中，并不推出任何不正确的三段论形式。我们来考虑一下如此扩展的这个三段论的系统是值得的。

从亚里士多德的逻辑定律：

8. CAabIab 与

50. CAbaIab

以及演绎理论定律：

(m) CCprCCqrCCNpqr

我们能够得出下面的新断定命题 78：

(m)p/Aab q/Aba，r/Iab×C8—C50—78

78. CCNAabAbaIab.

这个断定命题是(F_1)的换位蕴涵式，它与(F_1)一起给出一个等值式。在这个等值式的基础上，我们可以用函子 A 定义函子 I：

(F_2)Iab＝CNAabAba.

这个定义读作："'有些 a 是 b'的意思同于'如果并非所有 a 是 b，则所有 b 是 a。'"因为表达式"如果非 p，则 q"与另一表达式"或者 p 或者 q"是等值的，我们也能够说："'有些 a 是 b'的意思同于'或者所有 a 是 b 或者所有 b 是 a'。"现在，容易在所谓"欧拉圈"(Eulerian Circles)中找到这个扩展系统的一个解释。如同在通常解释中一样，用圆圈代表词项 a、b、c，但是在任何两个圆圈都不会彼此相交的条件下，公理 1—4 得到确证，而形式* 59CKAcbAabIac 与* 59^aCKEcbEabIac 遭到排斥，因为可能划出两个圆圈彼此位于对方之外而又都包含于第三个圆圈之中，这就驳倒了形式CKAcbAabIac，并且又可能划出三个圆圈，它们每一个都独立于其他两个圆圈，这就驳倒了形式 CKEcbEabIac。于是亚里士多德逻辑的所有定律都得到确证，而所有不正确的三段论形式都被排斥。然而，这个系统不同于亚里士多德三段论系统，因为公式(F_1)是假的，如我们从以下例子中能够看出："有些偶数可被 3 整除"是真的，但是不论是"所有偶数都可以被 3 整除"还是"凡被 3 整除的数都是偶数"都不是真的。

从这个考虑可以得出结论，我们的公理和规则的系统不是范畴的(Categorical)[①]，即并非我们系统的任何解释都确证并否证(Verify and falsify)同一个公式或者都是同构的(isomorphic)。刚才说明的这一解释确证了(F_1)，而(F_1)是没有被亚里士多德逻辑确证的。所以，对于作出亚里士多德逻辑的全面和精确的描述来说，我们的公理和规则系统是不充分的。

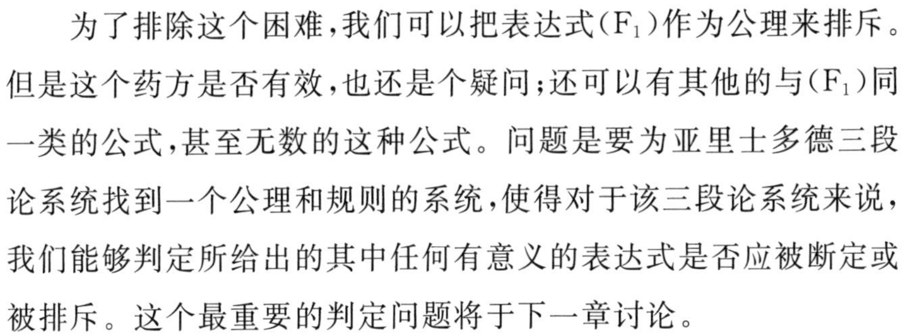

为了排除这个困难，我们可以把表达式(F_1)作为公理来排斥。但是这个药方是否有效，也还是个疑问；还可以有其他的与(F_1)同一类的公式，甚至无数的这种公式。问题是要为亚里士多德三段论系统找到一个公理和规则的系统，使得对于该三段论系统来说，我们能够判定所给出的其中任何有意义的表达式是否应被断定或被排斥。这个最重要的判定问题将于下一章讨论。

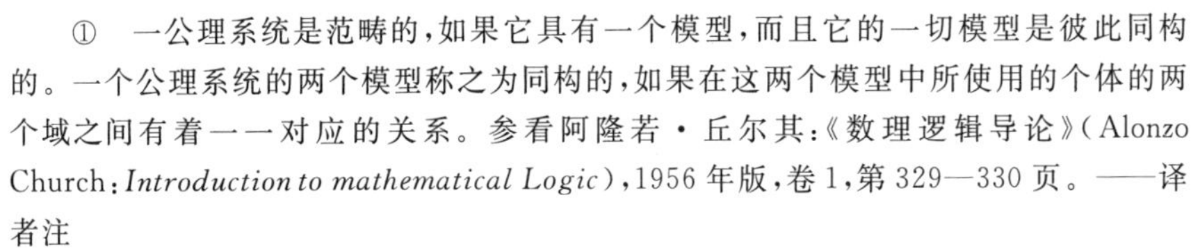

① 一公理系统是范畴的，如果它具有一个模型，而且它的一切模型是彼此同构的。一个公理系统的两个模型称之为同构的，如果在这两个模型中所使用的个体的两个域之间有着一一对应的关系。参看阿隆若·丘尔其：《数理逻辑导论》(Alonzo Church: *Introduction to mathematical Logic*)，1956 年版，卷 1，第 329—330 页。——译者注

第五章　判定问题

§29. 不能判定的表达式的数目

我把以下的三段论系统的基本元素作为我现在的研究的基础：

(1)四条断定的公理1—4。

(2)断定表达式的代入规则(a)和分离规则(b)。

(3)两条排斥的公理*59和*59ª。

(4)排斥表达式的分离规则(c)和代入规则(d)。

必须把演绎理论作为一个辅助理论加在这个公理和规则的系统中。从断定的公理和规则能导出全部已知亚里士多德逻辑的断定命题，亦即逻辑方阵诸定律，换位诸定律，以及所有正确的三段论的式；在排斥的公理和规则的基础上，所有不正确的三段论的形式能被排斥。但是正如我们已经看到的，这个公理和规则的系统并不足以充分描述亚里士多德三段论系统，因为有着有意义的表达式，如CIabCNAabAba，它既不能被我们的断定的公理和规则所证明，也不能被我们的排斥的公理和规则所推翻。我把这样的表达式叫作在我们的基础上是不能判定的。不能判定的表达式在亚里士多德逻辑中可以是真的也可以是假的。当然，表达式CIabC-

NAabAba 是假的。

为了在这个基础上解决判定问题，有两个问题必须解决。第一个问题是：不能判定的表达式的数目是有穷的呢还是不是有穷的？如果它是有穷的，判定问题是容易解决的：我们可以承认真表达式为新的断定公理，而作为公理排斥假的表达式。然而，当不可断定的表达式的数目不是有穷的时候，这个方法是不能应用的。我们不能断定或排斥无穷多的公理。第二个问题在这个情况下提出：是否可能补足我们的公理和规则系统以便使得我们能够判定一个给定的表达式是不是应当被断定或排斥？这两个问题均已由斯卢派斯基解决了：第一个问题的解决是否定的，办法是表明在我们的基础上的不可判定的表达式的数目不是有穷的；第二个问题的解决是肯定的，办法是加上一条新的排斥规则①。

我从第一个问题开始。每一个传统逻辑的学生都熟悉用欧拉圈来解释三段论：根据这个解释，词项变项 a、b、c，都用圆圈表示，前提 Aab 当且仅当圆圈 a 或等同于圆圈 b 或包含于圆圈 b 的时候才是真的，前提 Iab 当且仅当圆圈 a 与 b 有着共同的部分时，才是真的。从而，前提 Eab，作为 Iab 的否定，当且仅当圆圈 a 与 b 没有任何共同部分，亦即它们彼此排斥时，才是真的。所以，如果 a 与 b 是等同的，Iab 是真的而 Eab 是假的。

现在，我将研究有关这个圆圈的数目的种种假定。这个圆圈的数目设定为我们的“论域”，亦即我们解释的领域。很明显，我们

---

① 见第 106 页注①所引斯卢派斯基的论文。我曾试图简化作者的论证，以便使得它们为未曾受过数学思维训练的读者们所理解。当然，对于斯卢派斯基的观念的以后的解释是要由我独自负责的。

的基础的规则贯穿全部的解释仍然是正确的。如果我们的论域包含着三个圆圈或者更多一些，四条断定的公理当然都被确证，而这个作为公理的排斥的表达式

* 59. CKAcbAabIac

被排斥，因为能够画出两个彼此排斥的圆圈 c 和 a 都包含于第三个圆圈 b 之中。前提 Acb 与 Aab 因而都真，而结论 Iac 是假的。表达式

* 59[a] CKEcbEabIac

也被排斥了。因为我们能够画三个圆圈每一个都与其他两个排斥，因而前提 Ecb 与 Eab 都是真的而结论 Iac 是假的。所以，这个解释满足我们的基础的条件，而且所有我们的其他解释亦复如此。

现在让我们假定我们的论域只包括三个圆圈而没有更多的，并且让我们考虑以下的表达式：

(F_3) CEabCEacCEadCEbcCEbdIcd.

这个表达式包含四个不同的变项，但它们每一个只能取三个值，因为我们只能画三个不同的圆圈。无论用什么方式以这三个值来替代变项，两个变项总必定要接受同一个值，也即是必须等同。但如果某一对变项，a 与 b，或 a 与 c，或 a 与 d，或 b 与 c，或 b 与 d，含有等同的元素，则相应的那个 E 前提就成为假的，而整个的蕴涵式，即表达式(F_3)，就被确证了；并且如果最后一对变项，c 与 d，有等同的元素，则结论 Icd 就成为真的，而整个蕴涵式也被确证了。在只能画三个圆圈的条件下，表达式(F_3)是真的并且不能用我们的排斥的公理和规则加以反驳。然而，如果我们假定我们的论域含有多于三个的圆圈，那么，我们可以画四个圆圈，它们每一个排斥

其他三个，于是(F_3)成为假的。所以(F_3)不能被我们的判定的公理和规则证明，由于用我们的公理和规则系统，(F_3)既不能被证明，也不能被反驳，所以它是一个不可判定的表达式。

现在让我们考虑一个表达式，它有着这个形式

(F_4) $C\alpha_1 C\alpha_2 C\alpha_3 \cdots C\alpha_n \beta$,

包含 n 个不同的变项：

$$\alpha_1, \alpha_2, \alpha_3, \cdots, \alpha_n,$$

并且让我们假定：(1)(F_4)的每一个前件，都是 $Ea_i a_j$ 型的，a_i 不同于 a_j；(2)后件 β 是 $Ia_k a_l$ 型的，a_k 不同于 a_l；(3)所有可能的不同变项的偶都出现在(F_4)中。如果我们的论域只含有(n—1)个圆圈，(F_4)就被确证了，因为某两个变项必须是等同的，并且或者前件之一成为假的，或者后件是真的。但如果我们的论域包含多于(n—1)个圆圈，(F_4)就不能确证，因为可以画出几个圆圈，每一个都排斥其余的，使得所有前件成为真的，而后件是假的，所以(F_4)是一个不能判定的表达式。

这样的不可判定的表达式在数目上是无穷的，因为 n 可以是任何正整数。很明显，在亚里士多德逻辑中它们都是假的，并且应被排斥，因为我们不能把亚里士多德逻辑限制在一个有穷数的词项中，而(F_4)形式的表达式当词项数目是无穷时就被反驳了。这个无穷数目的不可判定的表达式除非作为公理来排斥，否则是无法排斥的，这是从以下考虑得出的：(F_3)不能被我们的公理和规则系统所反驳，所以必须作为公理加以排斥。其次，一个包含着五个不同词项的不可判定的表达式(F_4)，我们的公理和规则系统以及与已被排斥的表达式(F_3)一起也不能予以反驳，也必须作为公理

加以排斥。对每一个(F_4)形式的其他的不可判定的表达式都可以重复这样的论证。因为不能作为公理排斥无穷数目的表达式，我们必须寻求另外的手段，如果我们想肯定地解决判定问题的话。

§30. 斯卢派斯基的排斥规则

我从两个术语的说明开始：Aab、Iab、Eab 和 Oab 类型的表达式，我称为简单的表达式；头两个是简单肯定表达式，而三、四两个是简单否定表达式。简单表达式以及这种类型的表达式：

$$C\alpha_1 C\alpha_2 C\alpha_3 \cdots C\alpha_{n-1} C\alpha_n,$$

(其中所有 α 都是简单表达式)，我都称为初等表达式。斯卢派斯基排斥规则可以借助于这个术语陈述如下：

如果 α 和 β 都是简单否定表达式并且 γ 是一个初等表达式，

那么，如果 $C\alpha\gamma$ 与 $C\beta\gamma$ 都被排斥，则 $C\alpha C\beta\gamma$ 必定也被排斥。

斯卢派斯基排斥规则与传统逻辑的下列元逻辑原则(metalogical principle)有密切联系："utraque si praemissa neget, nil inde sequetur."(如果两前提都是否定的，那么不能得出结论。)然而这个原则并不是十分普遍的，因为它仅仅涉及三个词项的简单三段论。同一原则的另一公式，"ex mere negativis nihil sequitur,"("仅从否定前提不能得结论")，表面看来是更为普遍的，但是把它不仅用于三段论而且也用于三段论系统的其他表达式时，它却是假的。像断定命题 CEabEba 或 CEabOab 这样的表达式明明表现出仅从否定前提可以得出某些东西。斯卢派斯基规则是一条普遍规则，而且避免了传统公式的困难。

为了弄清楚斯卢派斯基规则，让我们更充分地解释这一点。命题 Aac 不能从前提 Aab 或者从前提 Abc 得出；但当我们联结这些前提成为“Aab 并且 Abc”时，我们就从 Barbara 式得到结论 Aac。Eac 不能从 Ebc 得出，也不能从 Aab 得出；但从这些前提的合取“Ebc 并且 Aab”用 Celarent 式，我们就得到结论 Eac。在这两个场合，我们都从前提的合取得到某个新的命题，这些新的命题是前提中的任何孤立的一个所不能得出的。然而，如果我们有两个否定命题，像 Ecb 与 Eab，当然我们能够从第一个得到结论 Ocb 而从第二个得到结论 Oab，但是从这两个否定命题的合取，除了那些从它们各自孤立地得出的新命题外，不能得出任何新命题。这就是斯卢派斯基排斥规则的意思：如果 γ 并不从 α 或从 β 得出，它也不能从 α 与 β 的合取式得出，因为从两个否定前提不能得出它们孤立地并未得出的任何东西。斯卢派斯基规则是与传统逻辑的相应规则同样的浅显明白。

现在我将表明这个规则怎样能够应用于排斥不能判定的表达式。为此目的，我把这规则用在符号的形式中。用 RS(Rule of Slupecki)来表示它：

RS. $^{*}C\alpha\gamma$, $^{*}C\beta\gamma \rightarrow {}^{*}C\alpha C\beta\gamma$.

在这里犹如在任何地方一样，我用希腊字母表示满足某些条件的变项表达式：这样，α 和 β 必须是三段论系统的简单否定表达式，γ 必须是一个像前面说明过的初等表达式，而且三个表达式必须使得 $C\alpha\gamma$ 和 $C\beta\gamma$ 可以被排斥。箭头(→)是“所以”的意思。我想着重指出这个事实，即 RS 是一个特别的规则，只是对亚里士多德逻辑的否定表达式 α 和 β 才是正确的，并且，如我们已经看到的，它不能应用于三段论系统的肯定表达式。它也不能应用于演绎理论。这一点可从下面的例子得出：表达式 CNCpqr 与 CNCqpr 都不是真的，并且都应当被排斥（如果排斥已引入这个理论之中的话），但是 CNCpqCNCqpr 却是一个断定命题。同样，在代数中，从前提"a 不小于 b"或从前提"b 不小于 a"都不能得出命题"a 等于 b"，但是它从这些前提的合取式中得出。

作为这条新规则的首次应用，我将表明已被作为公理排斥的表达式

*59[a]. CKEcbEabIac，

现在能被反驳。这一点来自以下的推导：

9. p/Eac，a/c，b/a×79

79. CCEacIcaCEacIac

79×C*80—*64

*80. CEacIca

*80×*81. c/a，b/c，a/c

*81. CEcbIac

*64×*82. b/c

*82. CEabIac

RS. α/Ecb，β/Eab，γ/Iac×*81，*82→*83

*83. CEcbCEabIac。

RS 规则在这里得到了第一次的应用；α 和 β 是简单否定表达式，而 γ 也是一个简单表达式。从*83 我们用输出律 VII 得出公式*59[a]：

VII. p/Ecb，q/Eab，r/Iac×84

84. CCKEcbEablacCEcbCEablac

$84 \times C^{*}59^{a} - {}^{*}83$

$^{*}59^{a}$. CKEcbEablac

从以上所述可知斯卢派斯基规则强于我们作为公理排斥的表达式$^{*}59^{a}$。由于$^{*}59^{a}$应被消去，公式$^{*}59$，即 CKAcbAablac 成了剩下的作为公理排斥的唯一的表达式。

其次我将应用 RS 规则再一次地反驳公式(F_3)：

$^{*}64 \times {}^{*}85$. d/c,c/a

$^{*}85$. CEadIcd

$^{*}85 \times {}^{*}86$. b/a

$^{*}86$. CEbdIcd

RS. α/Ead,β/Ebd,γ/Icd$\times {}^{*}85, {}^{*}86 \rightarrow {}^{*}87$

$^{*}87$. CEadCEbdIcd

$^{*}80 \times {}^{*}88$. b/a,d/a

$^{*}88$. CEbcIcd

RS. α/Ebc,β/Ebd,γ/Icd$\times {}^{*}88, {}^{*}86 \rightarrow {}^{*}89$

$^{*}89$. CEbcCEbdIcd

RS. α/Ead,β/Ebc,γ/CEbdIcd$\times {}^{*}87, {}^{*}89 \rightarrow {}^{*}90$

$^{*}90$. CEadCEbcCEbdIcd

$^{*}88 \times {}^{*}91$. a/b

$^{*}91$. CEacIcd

RS. α/Eac,β/Ebd,γ/Icd$\times {}^{*}91, {}^{*}86 \rightarrow {}^{*}92$

$^{*}92$. CEacCEbdIcd

RS. α/Eac,β/Ebc,γ/CEbdIcd$\times {}^{*}92, {}^{*}89 \rightarrow {}^{*}93$

*93. CEacCEbcCEbdIcd

RS. α/Eac, β/Ead, γ/CEbcCEbdIcd × *93, *90→*94

*94. CEacCEadCEbcCEbdIcd

*85 × *95, b/d

*95. CEabIcd

RS. α/Eab, β/Ebd, γ/Icd × *95, *86→*96

*96. CEabCEbdIcd

RS. α/Eab, β/Ebc, γ/CEbdIcd × *96, *89→*97

*97. CEabCEbcCEbdIcd

RS. α/Eab, β/Ead, γ/CEbcCEbdIcd × *97,

*90→*98

*98. CEabCEadCEbcCEbdIcd

RS. α/Eab, β/Eac, γ/CEadCEbcCEbdIcd × *98,

*94→*99

*99. CEabCEacCEadCEbcCEbdIcd

RS 规则在这个推导中用了十次；α 和 β 总是简单否定表达式，而 γ 在任何地方都是一个初等表达式。用同样方式，我们能反驳(F_4)形式的其他公式，并且也能反驳第 28 节的公式(F_1)，然而，没有必要进行这些推导，因为现在我们能够提出一般的判定问题。

§31. 演绎的等值式

对于我们的判定证明，我们需要演绎的或推论的等值式的概念。我认为由于对待这个概念有着一些误解，因此，它的意义必须谨慎地定义。我将在演绎理论的基础上来做到这一点。

通常说有两个表达式 α 和 β，当其如果 α 被断定了，就可以从 α 推导出 β，反之，如果 β 被断定了，就可以从 β 推导出 α，我们就说 α 与 β 是彼此演绎地等值的。推论的各种规则总假定为已给定的，但它们很少是充分的。例如，它们在下面的例子中是充分的。从断定的交换律 CCpCqrCqCpr，我们能推导出断定命题 CqCCpCqrCpr：

(1) CCpCqrCqCpr

(1) p/CpCqr，r/Cpr×C(1)—(2)

(2) CqCCpCqrCpr，

从这个断定命题我们能够再推导出交换律：

(2) q/CqCCpCqrCpr，p/s，r/t×C(2)—(3)

(3) CCsCCqCCpCqrCprtCst

(2) q/CpCqr，p/q，T/Cpr×(4)

(4) CCpCqrCCqCCpCqrCprCqCpr

(3) s/CpCqr，t/CqCpr×C(4)—(1)

(1) CCpCqrCqCpr[①]

但是我们不能用这个简单方法从断定的表达式 CNpCpq 推导出邓斯·司各脱定律 CpCNpq，因为我们只能用代入规则从第一个表达式推出新命题，而所有的 CNpCpq 的代入都是以 CN 开头的，没有一个是用 Cp 开头。要从另外一个表达式推导出那些表达式中的一个来，我们必须要有进一步的支持。一般地说，演绎等值式

① 这个简洁的推导是 A.塔尔斯基在华沙提出的。

的关系少有是绝对的，而在大多数场合，它是与一些断定命题的某一个基础相关的。在我们的场合，这个基础就是交换律。从

(5) CNpCpq

开始，我们用交换律得到邓斯·司各脱定律：

(1)p/Np,q/p,r/q×C(5)—(6)

(6) CpCNpq,

并且从(6)开始，我们又用交换律再得到(5)：

(1)q/Np,r/q×C(6)—(5)

(5) CNpCpq.

所以我说 CNpCpq 与 CpCNpq 就交换律而言是演绎地等值的，并且我写作：

CNpCpq～CpCNpq　　　对(1)而言。

记号～表示演绎的等值式的关系。这个关系不同于通常的等值关系(此处用 Q 表示)。通常的等值关系是用两个彼此互相换位的蕴涵式的合取式来定义的，

Qpq＝KCpqCqp,

而不需要任何基础。如果一个通常的等值关系 $Q\alpha\beta$ 被断定了，并且 α 或 α 的一个替代者也被断定了，那么，我们就能断定 β，或 β 的相应的替代者，并且，反之亦然。所以，一个断定的通常的等值式 $Q\alpha\beta$ 对于演绎的等值式 $\alpha\sim\beta$ 是一个充分的基础；但是它并非是必要的基础，这恰好就是需要说明之点。

不仅断定的或真的表达式而且假的表达式都可以是演绎地等值的。为了解决对于 C—N 系统的判定问题，我们必须把一个任意的有意义的表达式 α 变形为表达式 $CN\alpha\pi$，π 是一个不在 α 中出

现的命题变项。这可以借助于两条断定命题做到：

S1. CpCNpq

S2. CCNppp.

我说对 S1 与 S2 而言，α 与 CN$\alpha\pi$ 是演绎地等值的，并且我写作：

I. $\alpha \sim$ CN$\alpha\pi$ 对 S1 与 S2 而言。

当 α 被断定时，一切都容易进行。以 NNCpp 为例。这是一个容易由 0—1 方法确证的断定命题。根据公式 I 我陈述：

NNCpp～CNNNCppq 对 S1 与 S2 而言。

从

(7)NNCpp

开始，我们用 S1 得到：

S1. p/NNCpp×C(7)—(8)

(8)CNNNCppq，

并且从(8)开始，我们用代入和 S2 得到：

(8)q/NNCpp×(9)

(9)CNNNCppNNCpp

S2. p/NNCpp×C(9)—(7)

(7)NNCpp.

但 α 是一个任意的表达式；它可以是假的，例如 Cpq。在这个场合公式 I 读作：

Cpq～CNCpqr 对 S1 与 S2 而言。

在这里，困难开始了：我们能从 S1 用代入 p/Cpq，q/r，得到断定命题 CCpqCNCpqr，但我们不能从这个断定命题引出后件 CNCpqr，因为 Cpq 不是一个断定命题并且不能加以断定。所以 CNCpqr

不能被分离出来。还有一个更大的困难在另一个方向出现：我们能够从 S2 用代入 p/Cpq 得到断定命题 CCNCpqCpqCpq，但 CNCpqCpq 没有被断定，我们也不能从 CNCpqr 用代入得到 CNCpqCpq，因为 CNCpqr 不是一个断定命题。我们不能说：假定 Cpq 被断定了，那么，就会得出 CNCpqr。断定一个假的表达式是一个错误。而我们不能希望用一个错误来证明任何东西。因此公式 I 看来不是对所有的表达式而只是对那些被断定的表达式才是正确的。

照我看，只有一个办法来避免这些困难：那就是把排斥引入演绎理论。我们作为公理排斥变项 p，并且承认清楚的排斥规则(c)和(d)。在这个基础上就能够容易地表明 Cpq 必定被排斥。因为我们从公理

(*10)p

以及断定命题

(11)CCCpppp

用排斥规则可得：

(11)×C(*12)—(*10)

(*12)CCppp

(*12)×(*13)p/Cpp，q/p

(*13)Cpq.

现在我们能够证明如果 Cpq 被排斥，CNCpqr 必定也被排斥；以及相反地，如果 CNCpqr 被排斥，Cpq 必定也被排斥。

从

(*13)Cpq

开始，我们用 S2 及排斥规则得到：

S2. p/Cpq×(14)

(14)CCNCpqCpqCpq

(14)×C(*15)—(*13)

(*15)CNCpqCpq

(*15)×(*16)r/Cpq

(*16)CNCpqr.

在另一方向从(*16)用 S1 我们容易地得到 Cpq：

S1. p/Cpq，q/r×(17)

(17)CCpqCNCpqr

(17)×C(*13)—(*16)

(*13)Cpq.

公式 I 现在已充分地被证明了。然而，我们必须校正我们前面的演绎等值式的定义，说成：

> 两个表达式就某些断定命题而言是演绎地互相等值的，当且仅当我们能够用这些断定命题和推论规则来证明：如果那些表达式之一被断定，另一个必定也被断定，或者如果它们中的一个被排斥，其他一个必定也被排斥。

从这个定义可知通常的等值式不是演绎等值式的一个必要的基础。如果 $Q\alpha\beta$ 是一个断定命题，对于 $Q\alpha\beta$ 而言，α 是演绎地等值于 β 这是真的；但是如果对于某些断定命题而言 α 是演绎地等值于 β，那么 $Q\alpha\beta$ 是一个断定命题就并不总是真的了。以刚才考虑的演绎等值式为例：

Cpq～CNCpqr　　　对 S1 与 S2 而言。

其相应的通常的等值式 QCpqCNCpqr 不是一个断定命题,因为它对于 p/1,q/0,r/1 来说乃是假的。

很明显,演绎等值的关系是自返的、对称的和传递的。有这种情况,对于某些断定命题而言,α 是演绎地等值于两个表达式 β 并且 γ。那就是说:如果 α 被断定,则 β 被断定并且 γ 被断定,并从而它们的合取式"β 并且 γ "被断定;而反之,如果 β 和 γ 两者,或它们的合取式"β 并且 γ"被断定了,那么 α 也被断定。再有,如果 α 被排斥,则合取式"β 并且 γ"必定被排斥,而且在这个场合,只要 β 和 γ 两者之一应被排斥就足够了,而反之,如果它们中有一个被排斥,α 必定也被排斥。

§32. 化归为初等表达式

我们的判定的证明是基于以下定理:

(TA)亚里士多德三段论系统的每一个有意义的表达式都能够用一个演绎地等值的方法(对于演绎理论的断定命题而言)化归为一组初等表达式,亦即具有形式

$$C\alpha_1 C\alpha_2 C\alpha_3 \cdots C\alpha_{n-1}\alpha_n$$

的表达式,其中所有 α 都是三段论系统的简单表达式,亦即 Aab、Iab、Eab 和 Oab 类型的表达式。

所有已知三段论系统的断定命题或者是初等表达式或者能够容易地被变形为初等表达式。换位定律,如 CIabIba 或 CAabIba,都是初等表达式。所有三段论都是 $CK\alpha\beta\gamma$ 形式,而这类表达式都是演绎地等值于 $C\alpha C\beta\gamma$ 形式的初等表达式(对于输出和输入定律而言)。但是还有三段论系统的其他有意义的表达式,有些是真的,有些是假的,却并不是初等表达式。我们已经碰到过这样一个表达式,即是断定命题78,CCNAabAbaIab,它的前件不是一个简单表达式,而是一个蕴涵式。当然,有无穷的这样的表达式,并且它们全都应当在判定的证明中加以考虑。

定理(TA)在演绎理论的一个类似的定理(TB)的基础上能够容易地被证明:

(TB) 每一个以C和N为原始词项的演绎理论的有意义的表达式,都能够用一个演绎地等值的方法(对于有穷数的断定命题而言)化归为一组

$C\alpha_1 C\alpha_2 C\alpha_3 \cdots C\alpha_{n-1}\alpha_n$

形式的初等表达式,其中所有 α 都是简单表达式,亦即或者是变项或者是它们的否定式。

这个定理的证明是不容易的,但是,由于它对于判定问题来说乃是精华所在,所以不能加以省略。下面所作的(TB)的证明是为对形式逻辑有兴趣的读者提出的;没有受过数理逻辑训练的读者可以把(TA)、(TB)两条定理当作是认可的东西。

令 α 是演绎理论的任意的一个有意义的表达式,并且它不同于变项(它可以,但是并不需要,加以变形):如我们所知,每一个这样的表达式,都能够用演绎地等值的方法,对于断定命题S1与S2而言:

S1. CpCNpq

S2. CCNppp

变形为表达式 $CN\alpha\pi$,其中 π 是一个不在 α 中出现的变项。因此,

我们有变形 I：

I. $\alpha \sim CN\alpha\pi$　　　　　　对于 S1 与 S2 而言。

变形 I 允许我们把所有有意义的表达式化归为蕴涵式（有一个变项作为它们的最后的词项）。现在我们必须试着将 $CN\alpha\pi$ 的前件 $N\alpha$ 变为一个变项或它的否定。为此目的，我使用以下三项变形：

II. $CNN\alpha\beta \sim C\alpha\beta$　　　　　　对于 S3 与 S4 而言

III. $CNC\alpha\beta\gamma \sim C\alpha CN\beta\gamma$　　　　对于 S5 与 S6 而言

IV. $CC\alpha\beta\gamma \sim CN\alpha\gamma, C\beta\gamma$　　　对于 S7、S8、S9 而言

相关的断定命题是：对于变形 II：

S3. CCNNpqCpq

S4. CCpqCNNpq；

对于变形 III：

S5. CCNCpqrCpCNqr

S6. CCpCNqrCNCpqr；

对于变形 IV：

S7. CCCpqrCNpr

S8. CCCpqrCqr

S9. CCNprCCqrCCpqr.

现在让我们解释用这些变形我们怎样能够从 $CN\alpha\pi$ 的前件中得到一个变项或它的否定式。在 $CN\alpha\pi$ 中出现的表达式 α，像 C—N 系统的每一个有意义的表达式一样可以或者是一个变项，或者是一个否定式，或者是一个蕴涵式。如果 α 是一个变项，就不需要任何变形；如果它是一个否定式，我们得到 $CNN\alpha\beta$，而根据变形

II，两个否定互相抵消；如果它是一个蕴涵式，我们从 CNCαβγ 得到等值的表达式 CαCNβγ，它的前件 α 比原来的前件 NCαβ 简单，这个新的 α 又可以是一个变项（因而也毋需变形），或是一个否定式（这个情况已经解决过了），或是一个蕴涵式。在最后这个情况中，我们从 CCαβγ 得到两个表达式 CNαγ 和 Cβγ，它们有着比原前件 Cαβ 简单一些的前件。II、III 和 IV 的重复地应用，我们必定最后地在一个前件中达到一个变项或它的否定式。

现在让我们用例子来看一看这些变形是如何工作的。

第一个例子：　NNCpp

NNCpp	～CNNNCppq	由 I；
CNNNCppq	～CNCppq	由 II；
CNCppq	～CpCNpq	由 III。

NNCpp 就这样化归为表达式 CpCNpq，它在前件中有变项 p。CpCNpq 是一个初等表达式。

第二个例子：CCCpqpp

CCCpqpp	～CNCCCpqppr	由 I；
CNCCCpqppr	～CCCpqpCNpr	由 III；
CCCpqpCNpr	～CNCpqCNpr，CpCNpr	由 IV；
CNCpqCNpr	～CpCNqCNpr	由 III。

CCCpqpp 就这样化归为两个表达式：CpCNqCNpr 与 CpCNpr，两者在前件中都有变项 p；两者都是初等表达式。

第三个例子：CCCpqqCCqpp

CCCpqpCCqpp	～CNCCCpqqCCqppr	由 I；
CNCCCpqqCCqppr	～CCCpqqCNCCqppr	由 III；

CCCpqqCNCCqppr　~CNCpqCNCCqppr，

CqCNCCqppr　由 IV；

CNCpqCNCCqppr　~CpCNqCNCCqppr　由 III。

CCCpqqCCqpp 化归为两个表达式 CpCNqCNCCqppr 以及 CqCNCCqppr，两者都在第一个前件中有一个变项。但是两者都不是初等表达式，因为第一个有着复杂的表达式 NCCqpp 作为它的第三个前件，而第二个有着同样的复杂的表达式作为它的第二个前件。

我们能从最后的例子中看到，我们的任务还没有完成。用变形 I—IV 我们能得到在第一个前件中有一个变项的蕴涵式，以及还有

$$C\alpha_1 C\alpha_2 C\alpha_3 \cdots C\alpha_{n-1}\alpha_n$$

形式的表达式，但并非这个形式的所有前件（除 α_1 之外）都必定是简单表达式。为了解除这样的复杂前件，我们需要三个进一步的变形：

V. $C\alpha C\beta\gamma \sim C\beta C\alpha\gamma$　对于 S10 而言

VI. $C\alpha C\beta C\gamma\delta \sim C\alpha C\gamma C\beta\delta$　对于 S11 而言

VII. $C\alpha C\beta\gamma \sim CNC\alpha N\beta\gamma$　对于 S12 与 S13 而言

相应的断定命题是：对变形 V：

S10. CCpCqrCqCpr；

对变形 VI：

S11. CCpCqCrsCpCrCqs；

对变形 VII：

S12. CCpCqrCNCpNqr.

S13. CCNCpNqrCpCqr.

用 S10 我们能把复杂的前件从第二个位置移到第一个位置，而用 S11 能从第三个位置移到第二个位置。应用这些变形于第三个例子的表达式 CpCNqCNCCqppr 与 CqCNCCqppr 我们得到：

(α) CpCNqCNCCqppr～CpCNCCqppCNqr　　由 VI；

CpCNCCqppCNqr～CNCCqppCpCNqr　　由 V；

CNCCqppCpCNqr～CCqpCNpCpCNqr　　由 III；

CCqpCNpCpCNqr～CNqCNpCpCNqr，

CpCNpCpCNqr　　由 IV.

(β) CqCNCCqppr～CNCCqppCqr　　由 V；

CNCCqppCqr～CCqpCNpCqr　　由 III；

CCqpCNpCqr～CNqCNpCqr，

CpCNpCqr　　由 IV.

这样 CCCpqqCCqpp 化归为四个初等表达式：CNqCNpCpCNqr，CpCNpCpCNqr，CNqCNpCqr 与 CpCNpCqr。

变形 VII 用于复杂前件出现在第四个位置或者更远的地方的所有那些情况。这个变形允许我们减少前件的数目；事实上，NCpNq 与 Kpq 的意思是一样的，并且 S12 与 S13 相应地都是输入定律与输出定律的另外的形式。现在 CNCαNβγ，像 CKαβγ 一样，只有一个前件，而其等值的表达式 CαCβγ 有两个前件。所以，如果一个复杂的表达式出现于第四个位置，如 δ 在 CαCβCγCδε 中那样，我们相继应用 VII 和 VI 能够把它移至第三个位置：

CαCβCγCδε～CNCαNβCγCδε　　由 VII；

CNCαNβCγCδε～CNCαNβCδCγε　　由 VI.

从这个最后的表达式，我们由 VII 的逆向的应用（the Converse application）得到公式：

CNCαNβCδCγε～CαCβCδCγε　　　由 VII.

现在用 VI 和 V 就易于将 δ 带到第一个位置：

CαCβCδCγε～CαCδCβCγε　　　由 VI；

CαCδCβCγε～CδCαCβCγε　　　由 V.

重复地在两个方向应用变形 VII 我们能够把任何前件从第 n 个位置移到第一个位置，如果它是复杂的，就用 II、III 与 IV 使之变形为一个简单表达式。

定理（TB）的证明就这样完成了。现在容易表明这个定理推出对于演绎理论 C—N 系统的判定的证明。如果一个给定的表达式 α 已经被化归为若干初等表达式，而所有这些初等表达式都是真的，亦即，如果在它们的诸前件中有两个 P 与 Np 型的表达式，那么 α 就是一个断定命题并必须加以断定。另一方面，如果 α 已经化归成的初等表达式中，至少有一个表达式在其中没有两个前件是 P 与 Np 型的，那么 α 必须被排斥。在第一种情况下，我们能用断定命题 S1—S13 来证明。在第二种情况下，我们能够反驳它，除了用上面的断定命题外，还得加上两条新的：

S14．CpCCpqq

S15．NNCpp，

以及排斥的公理：

*S16．P.

用两个例子来把这一点说清楚。

第一个例子：断定命题 CpCCpqq 的证明。

这个断定命题必须首先化归为初等表达式。这是由以下的分析(L)作出的：

CpCCpqq～CNCpCCpqqr	由 I；
CNCpCCpqqr～CpCNCCpqqr	由 III；
CpCNCCpqqr～CNCCpqqCpr	由 V；
CNCCpqqCpr～CCpqCNqCpr	由 III；
CCpqCNqCpr～CNpCNqCpr,CqCNqCpr	由 IV.

CpCCpqq 化归成的初等表达式是 CNpCNqCpr 与 CqCNqCqr。像所有曾应用过变形 I 的表达式一样，这两个都有一个不在前件中出现的变项作为最后一个词项。这样的表达式只有在它们有两个前件是 P 与 Np 型的条件下，才能是真的，并且这类的任何表达式都能用变形 V、VI 与 VII 化归为 S_1 的一个代入式，一个断定命题的证明总必须由此开始。这里就是所需要的推演：

S1. q/CNqr×(1)

(1)CpCNpCNqr

S10. q/Np,r/CNqr×C(1)—(2)

(2)CNpCpCNqr

S11. p/Np,q/p,r/Nq,s/r×C(2)—(3)

(3)CNpCNqCpr

S1. p/q,q/Cpr×(4)

(4)CqCNqCpr.

在(3)和(4)之中已得到了与我们的分析(L)之末达到的相同的初等表达式，现在我们用这些相继的变形所依靠的那些断定命题从它们进到其左方的等值式，这样，一步一步地，借助于 S9、S6、

S10 与 S2,我们得到我们原来的断定命题:

S9. r/CNqCpr×C(3)—C(4)—(5)

(5)CCpqCNqCpr

S6. p/Cpq,r/Cpr×C(5)—(6)

(6)CNCCpqqCpr

S10. p/NCCpqq,q/p×C(6)—(7)

(7)CpCNCCpqqr

S6. q/CCpqq×C(7)—(8)

(8)CNCpCCpqqr

(8)r/CpCCpqq×(9)

(9)CNCpCCpqqCpCCpqq

S2. p/CpCCpqq×C(9)—(10)

(10)CpCCpqq.

凭借这种方式,我们能够证明任何我们想要证明的断定命题。

第二个例子:表达式 CCNpqq 的反驳。

我们首先在以下分析的基础上把这个表达式化归为初等表达式:

CCNpqq～CNCCNpqqr　　由 I;

CNCCNpqqr～CCNpqCNqr　　由 III;

CCNpqCNqr～CNNpCNqr,CqCNqr　　由 IV;

CNNpCNqr～CpCNqr　　由 II.

表达式 CCNpqq 就这样化归为两个初等表达式,CqCNqr 与 CpCNqr,其中第一个是一个断定命题,但第二个不是真的,因为它没有两个 p 与 Np 型的前件。所以,导致这个不真的后果的表达式

CCNpqq 必须加以排斥。我们根据给定的变形相继地应用断定命题 S1、S5、S7 与 S3 来从头开始这一反驳：

S1. p/CCNpqq，q/r×(11)

(11)CCCNpqqCNCCNpqqr

S5. p/CNpq×(12)

(12)CCNCCNpqqrCCNpqCNqr

S7. p/Np，r/CNqr×(13)

(13)CCCNpqCNqrCNNpCNqr

S3. q/CNqr×(14)

(14)CCNNpCNqrCpCNqr.

现在我们必须反驳表达式 CpCNqr；为此目的我们需要新的断定命题 S14 与 S15 以及排斥的公理。

S14. p/NNCpp，q/p×CS15—(15)

(15)CCNNCpppp

(15)×C(*16)—*S16

(*16)CNNCppp

S14. p/CpCNpq，q/CNNCppp×CS1—(17)

(17)CCCpCNpqCNNCpppCNNCppp

(17)×C(*18)—(*16)

(*18)CCpCNpqCNNCppp

(*18)×(*19)p/CpCNpq，q/NCpp，r/p

(*19)CpCNqr

排斥了 CpCNqr，现在我们就能够相继地排斥它的各前件直到原来的表达式 CCNpqq.

(14)×C(* 20)—(* 19)

(* 20)CNNpCNqr

(13)×C(* 21)—(* 20)

(* 21)CCNpqCNqr

(12)×C(* 22)—(* 21)

(* 22)CNCCNpqqr

(11)×C(* 23)—(* 22)

(* 23)CCNpqq

用这种方式,你能够反驳 C—N 系统的任何不真的表达式。所有这些推导本可作得更为简短一些,但是我企图表明包含在判定证明中的这个方法。这个方法使我们能够在仅仅十五条基本的断定命题(S1—S15)及排斥公理的基础上有效地去判定,究竟一个给出的 C—N 系统的有意义的表达式是应当被断定还是应当被排斥。因为演绎理论的所有其他函子都可以用 C 与 N 来定义,所以演绎理论的所有有意义的表达式都是在一个公理系统的基础上可被判定的。能够列出十五条基本断定命题的一个公理系统,在这个意义上是完全的,即所有这个系统的真表达式都可以在其中推出。属于这一类的有:在第 23 节提出的三条公理的系统,以及作为变形 IV 的基础的那三条公理(即 CCCpqrCNpr、CCCpqrCqr 以及 CCNprCCqrCCpqr)的系统。

根据定理(TA),每一个有意义的亚里士多德逻辑的表达式,能够化归为初等表达式,这个定理的证明隐含地包括在对于演绎理论的类似定理的证明之中。如果我们把用于变形 I—VII 中之希腊字母(除了在变形 I 中最后的那个变项之外)代之以亚里士多

德逻辑的命题表达式，我们能够用同样的方式应用这些变形于它们，犹如用于演绎理论的表达式一样。在 CCNAabAbaIab 的例子中，能够容易地看出这一点来。我们得到：

CCNAabAbaIab～CNCCNAabAbaIabp　　由 I；

CNCCNAabAbaIabp～CCNAabAbaCNIabp　　由 III；

CCNAabAbaCNIabp～CNNAabCNIabp，

CAbaCNIabp　　由 IV；

CNNAabCNIabp～CAabCNIabp　　由 II.

我们通常能够写 Oab 来代替 NAab，以 Eab 代替 NIab。然而，应用带 N 的形式在今后将是更为便利的。

CCNAabAbaIab 所化归成的 CAabCNIabp 与 CAbaCNIabp 这两个初等表达式，都有一个变项作为它们的最后的词项。这个变项是由变形 I 引入的。我们能够用以下的演绎等值的变形消去它，其中 π 是一个不在 α 或 β 中出现的命题变项：

VIII. $C\alpha C\beta\pi \sim C\alpha N\beta$　　对于 S17 与 S18 而言，

IX. $C\alpha CN\beta\pi \sim C\alpha\beta$　　对于 S19 与 S20 而言。

对于变形 VIII 的断定命题：

S17. CCpCqNqCpNq

S18. CCpNqCpCqr.

对于变形 IX 的断定命题：

S19. CCpCNqqCpq

S20. CCpqCpCNqr.

当 $C\alpha C\beta\pi$ 被断定了，用 $N\beta$ 替代 π 我们从它得到表达式 $C\alpha C\beta N\beta$，并随后再用 S17 得到 $C\alpha N\beta$；并且，反过来，用 S18 从 $C\alpha N\beta$ 得到

表达式 CαCβπ。当 CαCβπ 被排斥时，由 S18 我们得到 CCαNβCαCβπ，所以 CαNβ 必须被排斥；并且反过来，当 CαNβ 被排斥时，由 S17 我们得到 CCαCβNβCαNβ，所以 CαCβNβ 必须被排斥，从而 CαCβπ 也必须被排斥。变形 IX 能用同样的方式加以解释。这一点我们可以直接地应用于我们的例子。以 Aab 代 α，Iab 代 β，以及 p 代 π；你得到 CAab Iab。用同样方式，从 CAba CNIabp 得出 CAbaIab。如果我们有多于两个前件的表达式，例如，有几个前件，我们必须重复地应用变形 VII，首先把 n—1 个前件化为一个前件，然后再应用变形 VIII 和 IX。例如，举以下例子：

CNIabCAcbCAdcCIadp～CNCNIabNAcbCAdcCIadp 由 VII，

CNCNIabNAcbCAdcCIadp ～CNCNCNIabNAcbNAdcCIadp 由 VII；

CNCNCNIabNAcbNAdcCIadp ～CNCNCNIabNAcbNAdcNIad 由 VIII；

CNCNCNIabNAcbNAdcNIad ～CNCNIabNAcbCAdcNIab 由 VII；

CNCNIabNAcbCAdcNIad ～CNIabCAcbCAdcNIad 由 VII.

定理(TA)现在充分地被证明了。所以我们能够进行到我们的主要项目：亚里士多德三段论系统的判定的证明。

§33. 三段论系统的初等表达式

根据定理(TA),亚里士多德三段论系统的表达式都能够用演绎地等值的方式化归为一组初等表达式,亦即具有

$$C\alpha_1 C\alpha_2 C\alpha_3 \cdots C\alpha_{n-1} C\alpha_n,$$

形式的表达式,其中所有的 α 都是三段论系统的简单表达式,亦即 Aab,Iab,Eab 或 NIab,以及 Oab 或 NAab 等类型的表达式。现在,我将表明三段论系统的每一个初等表达式都是可判定的,也就是说或者被断定,或者被排斥。我将首先证明所有简单表达式(除 Aaa 及 Iaa 型的表达式外)都是被排斥的。我们已经看到(第 27 节,公式*61)Iac 是被排斥的。这里是其他表达式的排斥的证明:

*61×*100. c/b

*100. Iab

8×C*101—*100　　(8. CAabIab)

*101. Aab

IV. p/Aaa,q/Iab×C1—102　　(IV. CpCNpq)

102. CNAaaIab

102×C*103—*100

*103. NAaa　　(=Oaa)

*103×*104. b/a

*104. NAab　　(=Oab)

IV. p/Iaa,q/Iab×C2—105

105. CNIaaIab

105×C* 106—* 100

* 106. NIaa (=Eaa)

* 106×* 107b/a

* 107. NIab (=Eab)

现在转向复杂的初等表达式，我将相继地研究所有可能的情况，而省去可能的形式证明，而仅提出它们如何能得以证明的提示。有六种情况应当加以研究。

第一种情况：后件 α_n 是否定的，而所有各前件都是肯定的。这样的表达式都是被排斥的。

证明：把在这个表达式中出现的所有变项都等同于 a，作为同一律 Aaa 或 Iaa，所有前件都成为真的，而后件成为假的。我们看出，对于这个情况的解决说来，同一律乃是根本的。

第二种情况：后件是否定的，并且只有一个前件是否定的。这个情况可以化归为只具有肯定元素的情况，并且这样的情况，如我们随后将看到的，总是可判定的。

证明：CαCNβNγ 形式的表达式都演绎地等值于 CαCγβ 形式的表达式(对于断定命题 CCpCNrNqCpCqr 与 CCpCqrCpCNrNq 而言)，这不仅对于一个肯定的前件 α 是真的，而且对于任何数量的肯定的前件都是真的。

第三种情况：后件是否定的，并且一个以上的前件是否定的。这类表达式能化归为简单表达式，以致最终化归为第二种情况。这个情况的解需要斯卢派斯基排斥规则。

证明：让我们假定原表达式是 CNαCNβCγ… Np 形式的。因为任一前件都可以移至无论哪一个位置，这个假定总是可以作出的。我们把这个表达式相应地省去其第二个或第一个前件，化归为两个比较简单一些的表达式 $CN\alpha C\gamma\cdots Np$ 与 $CN\beta C\gamma\cdots Np$。如果这些表达式有一个以上的否定前件，我们就重复这种处理，一直到我们得出只带有唯一的否定前件的公式为止。因为根据第二种情况，这样的公式都是演绎地等值于可判定的肯定的各表达式的，所以它们总是或者被断定或者被排斥。只要它们之中的一个被断定了，那么原表达式也必须被断定，因为用简化定律我们可以把先前加以省略的所有其他否定前件加于这个断定的公式之上。然而如果所有具有一个否定前件的公式都被排斥了，那么我们重复运用斯卢派斯基排斥规则，从它们得出原表达式必须被排斥。举两个例子就可以透彻地说明问题。

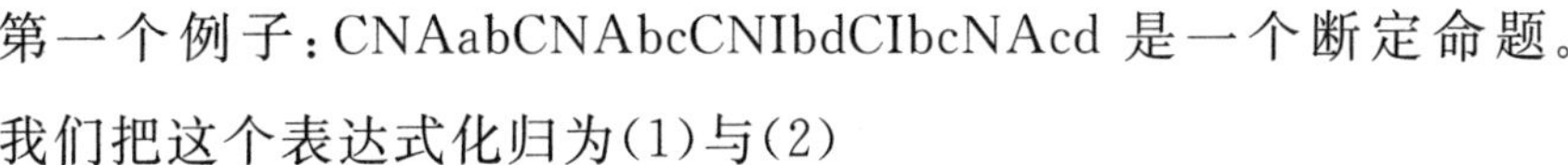
第一个例子：CNAabCNAbcCNIbdCIbcNAcd 是一个断定命题。我们把这个表达式化归为(1)与(2)

(1) CNAabCNIbdCIbcNAcd,

(2) CNAbcCNIbdCIbcNAcd.

用同样方式，我们把(1)化归为(3)和(4)：

(3) CNAabCIbcNAcd,

(4) CNIbdCIbcNAcd.

并且把(2)化归为(5)和(6)：

(5) CNAbcCIbcNAcd,

(6) CNIbdCIbcNAcd.

现在最后一个表达式是一个断定命题；它是第三格的 Ferison 式。在 CpCqp 中，以(6)代 p，并以 NAbc 代 q，我们得到(2)，再一次应用 CpCqp,以(2)代 p,并以 NAab 代 q,我们就达到了原命题。第二个例子:CNAabCNAbcCNIcdCIbdNAad,并非一个断定命题。如同前面的例子一样,我们把这个表达式化归为:

(1)CNAabCNIcdCIbdNAad,

(2)CNAbcCNIcdCIbdNAad;

然后,我们把(1)化归为(3)和(4),并且把(2)化归为(5)和(6):

(3)CNAabCIbdNAad,

(4)CNIcdCIbdNAad,

(5)CNAbcCIbdNAad,

(6)CNIcdCIbdNAad.

所有以上带有一个否定前件的公式,都不是断定命题,这可以用把它们化归为只有肯定元素的情况的办法来加以证明。表达式(3)、(4)、(5)和(6)都是被排斥的。应用斯卢派斯基规则,我们从被排斥的表达式(5)和(6)得到(2)必须被排斥,并且从被排斥的表达式(3)和(4),得到(1)必须被排斥。但是,如果(1)和(2)都被排斥了,那么,原表达式也必须被排斥。

第四种情况:后件是肯定的,而有些(或所有)前件都是否定的。这个情况可以化归为第三种情况。

证明:$C\alpha CN\beta\gamma$ 形式的表达式,在断定命题

CCpCNqrCpCNqCNrNAaa 与

CCpCNqCNrNAaaCpCNqr

的基础上都演绎地等值于 $C\alpha CN\beta CN\gamma NAaa$ 形式的表达式,因为 NAaa 总是假的。

带有否定元素的所有情况就这样地穷尽地考察过了。

第五种情况：所有前件都是肯定的，而后件是一个全称肯定命题。有几种从属情况应当加以区分：

(a)后件是 Aaa；这个表达式是断定的，因为它的后件是真的。

(b)后件是 Aab，而且 Aab 也是前件之一。这个表达式当然是被断定的。

以下都假定 Aab 不作为前件出现。

(c)后件是 Aab，但是没有前件是 Aaf 型的(f 不同于 a，并且，当然也不同于 b)。这样的表达式都是被排斥的。

证明：将不同于 a 与 b 的所有变项等同于 b，我们只能得到以下的前件：

Aaa，Aba，Abb，Iaa，Iab，Iba，Ibb.

(我们不能得到 Aab，因为没有前件是 Aaf 型的，其中 f 不同于 a。)前提 Aaa，Abb，Iaa，Ibb 可因其是真的而略去。(如果没有其他前提，这个表达式就被排斥，犹如在第一种情况中一样。)如果除了 Iab 之外还有 Iba，它们之一可以省略掉，因为它们彼此是等值的。如果有 Aba，则 Iab 与 Iba 两者都可以略去，因为 Aba 蕴涵着它们二者。在这些化归之后，只有 Aba 或 Iab 能够作为前件留下来。现在可以表明这两个蕴涵式，

CAbaAab 与 CIab Aab，

根据我们的排斥公理都是被排斥的：

X. p/Acb，q/Aba，r/Iac，S/Aab×C27—108

108. CCAabAbaCKAcbAabIac (X. CCKpqrCCsqCKpsr;

108×C* 109—* 59 27. CKAcbAbaIac)

* 109. CAabAba

*109×*110. b/a a/b

*110 CAbaAab.

如果 CAbaAab 被排斥，则 CIabAab 必定也被排斥，因为 Iab 是比 Aba 更弱的前提。

(d)后件是 Aab 并且有 Aaf 型的前件(其中 f 不同于 a)。如果有一个由 a 导至 b 的系列，根据公理 3(Barbara 式)这个表达式被断定；如果没有这样的系列，这个表达式就被排斥。

证明：我把一个由 a 导至 b 的系列了解为一个有序的全称肯定前提的序列：

$$Aac_1, Ac_1c_2, \cdots Ac_{n-1}c_n, Ac_nb,$$

序列的第一项有 a 作为它的第一个变元。最后一项有 b 作为它的第二个变元。而每一个其他项的第二个变元都与它的后承者的第一个变元相同。很明显，从这样一个表达式的序列，重复应用 Barbara 式就得出 Aab。所以，如果有一个从 a 导至 b 的系列，这表达式就被断定；如果没有这样的系列，我们能消去 Aaf 型的前提(将它们的第二个变元等同于 a)，用这种方法这表达式被化归为从属情况(c)，而它已是被排斥的。

第六种情况：所有前件都是肯定的，而后件是一个特称肯定命题。这里我们也必须区分几种从属情况。

(a)后件是 Iaa；这表达式是被断定的，因为它的后件是真的。

(b)后件是 Iab，而出现为前件的或是 Aab，或 Aba，或 Iab，或 Iba；很显然，在所有这些情况，这表达式必须被断定。

以下都假定以上四者都不作为前件出现。

(c)后件是 Iab，而没有前件是 Afa 型的(f 不同于 a)，或者是

Agb 型的(g 不同于 b)这表达式是被排斥的。

证明：我们把所有不同于 a、b 的变项都等同于 c；于是在 Acc 或 Icc 型的真前提之外，我们只得到以下前件：

Aac，Abc，Iac，Ibc.

Aac 蕴涵 Iac，而 Abc 蕴涵 Ibc。所以，前提的最强的组合是 Aac 与 Abc。然而，从这个组合，不会得出 Iab，因为公式

CAacCAbcIab

等值于我们的排斥公理。

(d)后件是 Iab，并且在前件之中有 Afa 型(f 不同于 a)的表达式，而没有 Agb 型(g 不同于 b)的表达式。如果有 Abe 或 Ibe (Ieb)，并且有一个从 e 导至 a 的系列：

(α)Abe；Aee_1，Ae_1e_2，…，Ae_na，

(β)Ibe；Aee_1，Ae_1e_2，…，Ae_na

我们从(α)得到 Abe 与 Aea，从而用 Bramantip 式得到 Iab，而从(β)得到 Ibe 与 Aea，从而用 Dimaris 式得到 Iab。在两种情况中，这表达式都是被断定的。然而，如果不满足条件(α)和(β)，我们能够消去 Afa 型的前提(用把它们的第一个变元等同于 a 的办法)，根据从属情况(c)，这表达式必须被排斥。

(e)后件是 Iab，并且在前件之中有 Agb 型(g 不同于 b)的表达式，而没有 Afa 型(f 不同于 a)的表达式。这个情况能够化归为从属情况(d)，因为 a 与 b 就后件 Iab 而言是对称的。

(f)后件是 Iab，并且在前件之中有 Afa 型(f 不同于 a)的表达式与 Agb 型(g 不同于 b)的表达式。我们可以设想条件(α)与(β)对于 Afa 是没有满足的，或者同样的条件对于 Agb 也是没有满足

的；否则，如我们已经知道的，这个原表达式将是被断定的。现在，如果有 Aca 与一个从 c 导至 b 的系列：

(γ) Aca；Acc_1，Ac_1c_2，…，Ac_nb，

或者 Adb 与一个从 d 导至 a 的系列：

(δ) Adb；Add_1，Ad_1d_2，…，Ad_na，

我们从(γ)得到 Aca 与 Acb，从(δ)得到 Adb 与 Ada。从而在两种情况下，用 Darapti 式都得出 Iab。进一步说，如果有一前件 Icd（或 Idc）与两个系列，一为从 c 导至 a，另一为由 d 导至 b：

$$(\varepsilon)\begin{cases}\text{Icd};\ Acc_1,\ Ac_1c_2,\ \cdots,\ Ac_na,\\ \text{Icd};\ Add_1,\ Ad_1d_2,\ \cdots,\ Ad_nb.\end{cases}$$

我从第一个系列得出前提 Aca，从第二个系列得出前提 Adb，而这两个前提与 Icd 一起，基于复合三段论（polysyllogism）

CIcdCAcaCAdbIab

得出结论 Iab。我们这样来证明这个复合三段论：从 Icd 与 Aca 用 Disamis 式推出 Iad，然后从 Iad 与 Adb 用 Darii 式推出 Iab。在所有这些情况下，这个原表达式都必须被断定。然而，如果条件(γ)、(δ)或(ε)没有一个是被满足的，我们可以消去 Afa 与 Agb 型的表达式（用将它们的第一个变元分别地等同于 a 或 b 的办法），而根据从属情况（c），这个原表达式必须被排斥。现在穷尽了一切可能的情况，并且证明了每一个有意义的亚里士多德三段论系统的表达式，在我们的公理和推论规则的基础上，或者是被断定的，或者是被排斥的。

§34. 三段论系统的一个算术的解释

莱布尼兹于1679年发现了亚里士多德三段论系统的一个算术的解释。从历史的以及从系统的观点来说，它应当受到我们的注意。[①] 它是一个同构的解释（isomorphic interpretation）。莱布尼兹并不知道亚里士多德三段论系统可以公理化，而且他也不知道关于排斥及其规则的任何东西。他为了相信他的解释是不错的，他才检验了某些换位定律与某些三段论的式。所以，他的解释满足我们的断定的公理1—4、排斥的公理＊59，以及斯卢派斯基规则等等，好像仅仅是一种巧合。无论如何，在他的研究中他的哲学直观指导着他产生了一个如此圆满的结果，的确是一桩奇事。

莱布尼兹的算术解释是基于三段论系统的变项与自然数彼此互素的有序偶（ordered pairs of natural numbers prime to each other）之间的相关关系（correlation）。例如，对于变项a，对应着两个互素的数，a_1 与 a_2；对于变项b，对应着两个其他的也是互素的数，b_1 与 b_2。当且仅当 a_1 可被 b_1 整除，并且 a_2 可被 b_2 整除时，前提Aab才是真的。如果这些条件之一没有满足，Aab就是假的，从而NAab就是真的。当且仅当 a_1 与 b_2 之间没有公因数，并且 a_2 与 b_1 之间没有公因数时，前提Iab才是真的。如果这些条件

① 见L.库杜拉特：《莱布尼兹未刊行的著作和残篇》（*Opuscules et fragments inédits de Leibniz*），巴黎，1903年版，第77页以下。又参看杨·卢卡西维茨《论亚里士多德的三段论》（*O sylogistyce Arystotelesa*），《克拉科夫科学院院刊》xliv，第6号（1939年），第220页。

之一没有满足，Iab 就是假的，从而 NIab 就是真的。

容易看出：我们的断定的公理 1—4 都是被确证的。公理 1，Aaa 是被确证的，因为每一个数可由它自己整除。公理 2，Iaa 是被确证的，因为已经假定，对应于 a 的两个数，a_1 与 a_2 是互素的。公理 3，Barbara 式 CKAbcAabAac 也是被确证的，因为可整除的关系是传递的。公理 4，Datisi 式 CKAbcIbaIac，也是被确证的；因为如果 b_1 可被 c_1 整除，b_2 可被 c_2 整除，b_1 与 a_2 之间没有公因数，并且 b_2 与 a_1 之间没有公因数，那么，a_1 与 c_2 之间必定没有公因数，并且 a_2 与 c_1 之间必定没有公因数。因为，如果 a_1 与 c_2 有一个比 1 大的公因子，a_1 与 b_2 也将有这个相同的公因子，因 b_2 包含 c_2。但这是与 a_1 与 b_2 之间没有公因数的假定相违背的。同样，我们证明 a_2 与 c_1 之间必定没有公因数。

表明公理 *59 CKAcb AabIac 必须被排斥，也是容易的。举以下数字为例：

$a_1 = 15, b_1 = 3, c_1 = 12,$

$a_2 = 14, b_2 = 7, c_2 = 35.$

Acb 是真的，因为 c_1 被 b_1 整除，并且 c_2 可被 b_2 整除；Aab 也是真的，因为 a_1 可被 b_1 整除，并且 a_2 可被 b_2 整除；但结论 Iac 不是真的，因为 a_1 与 c_2 不是互素的。

斯卢派斯基规则的确证较为复杂些。我将借助实例来说明这个问题。让我们取排斥的表达式：

(*1) CNAabCNIcdCIbdNAad 与

(*2) CNIbcCNIcdCIbdNAad.

我们用斯卢派斯基规则，

$^*CN\alpha\gamma, {}^*CN\beta\gamma \to {}^*CN\alpha CN\beta\gamma$,

从(*1)与(*2)得到第三个排斥的表达式，

(*3) CNAabCNIbcCNIcdCIbdNAad.

例如用以下一组数字，表达式(1)就被反驳了：

$$(4)\begin{cases} a_1=4, b_1=7, c_1=3, d_1=4, \\ a_2=9, b_2=5, c_2=8, d_2=3. \end{cases}$$

能够很容易地证明：根据这个解释 Aab 是假的(因为 4 不能被 7 整除)，从而 NAab 是真的；Icd 是假的(因为 c_2 对于 d_1 不是互素的)，所以 NIcd 是真的；Ibd 是真的(因为 b_1 与 d_2，b_2 与 d_1 两对数，彼此都是互素的)；但是 NAad 是假的，因为 Aad 是真的(a_1 可被 d_1 整除，而且 a_2 可被 d_2 整除)。所有前件都是真的，后件是假的；所以表达式(1)被驳倒了。

相同的这样一组数并不反驳表达式(2)，因为 Ibc 是真的(由于 b_1 与 c_2，及 b_2 与 c_1 两对数，彼此是互素的)，从而 NIbc 是假的。但如果一个蕴涵式的前件是假的，这个蕴涵式就是真的。为了反驳表达式(2)，我们必须取另外一组数：

$$(5)\begin{cases} a_1=9, b_1=3, c_1=8, d_1=3, \\ a_2=2, b_2=2, c_2=5, d_2=2. \end{cases}$$

根据这个解释，表达式(2)的所有前件都是真的，而后件是假的；所以，这表达式就被反驳了。但这第二组数并不反驳表达式(1)，因为 Aab 是真的，从而 NAab 是假的，而一个假前件产生出一个真蕴涵式。所以，(4)组与(5)组数都不能反驳表达式(3)，它包括 NAab 以及 NIbc。

有一个一般的方法能使我们当表达式(1)与(2)被反驳后，就反驳表达式(3)。[①] 首先,我们写下构成反驳(1)与(2)的数组的所有素数,我们得到对于(1)的一系列数 2、3、5 与 7,以及对于(2)的一系列数 2、3 与 5。其次,我们用完全不同于第一系列的素数的新的素数来代换第二系列的数,例如,以 11 代 2,13 代 3,17 代 5。这样我们就得到一组新的数:

$$(6)\begin{cases} a_1=13\cdot 13, b_1=13, c_1=11\cdot 11\cdot 11, d_1=13,\\ a_2=11, \quad b_2=11, c_2=17, \quad d_2=11. \end{cases}$$

这个数组也反驳(2),因为可整除性与互素性的关系保持着和它们在代换之前的同样情况。第三,我们把(4)组和(6)组中出现的对应的变项的数相乘。这样我们就得到一个新组:

$$(7)\begin{cases} a_1=4\cdot 13\cdot 13, b_1=7\cdot 13, c_1=3\cdot 11\cdot 11\cdot 11, d_1=4\cdot 13,\\ a_2=9\cdot 11, \quad b_2=5\cdot 11, c_2=8\cdot 17, \quad d_2=3\cdot 11\text{[②]}. \end{cases}$$

这个数组反驳(3)。因为很明显,第一,如果对于前提 Aef 或 Ief 对应着数组:

e_1, e_2, f_1, f_2, e_1 与 e_2 互素,f_1 与 f_2 互素,

并且有另一数组

$e_1', e_2', f_1', f_2', e_1'$与 e_2'互素,f_1'与 f_2'互素,

它们全都由不同于前一组数的素数组成,从而 e_1 与 e_1'的乘积(即 $e_1\cdot e_1'$),与 e_2 与 e_2'的乘积(即 $e_2\cdot e_2'$)必定是互素的,而且 $f_1\cdot f_1'$与 $f_2\cdot f_2'$也必定是互素的。其次,如果 Aef 被第一组数确证,亦即如

① 这个方法是由斯卢派斯基发现的。《关于亚里士多德三段论理论的研究》,第 28—30 页。

② 如果有一个变项出现于被反驳的表达式之一中,但不出现在另一个之中,我们在最后的置换之后,就简单地取它的对应的数。

果 e_1 可被 f_1 整除，而且 e_2 可被 f_2 整除，并且同样情况对于第二组数也是真的，使得 e_1'也被 f_1'整除，而且 e_2'也被 f_2'整除，那么，$e_1 \cdot e_1'$必定可被 $f_1 \cdot f_1'$整除，$e_2 \cdot e_2'$必定可被 $f_2 \cdot f_2'$整除。再有，如果 Ief 被第一组数确证，亦即 e_1 与 f_2 互素，而 e_2 与 f_1 互素，并且同样情况对于第二组数也是真的，使得 e_1'与 f_2'互素，而 e_2'与 f_1'互素，那么，$e_1 \cdot e_1'$与 $f_2 \cdot f_2'$必定是互素的，$e_2 \cdot e_2'$与 $f_1 \cdot f_1'$必定是互素的，因为所有第二组的数对第一组的数都是互素的。相反地，只要可整除性或互素性这些条件之一未能满足，那么，这相关的前提必定是假的。从我们的例子中可以看出：Aad 和 Ibd 都被(7)确证，因为它们都被(4)和(6)确证，并且 Icd 同时被(4)和(6)两者反驳，从而也被(7)反驳。Aab 仅被(4)反驳(但这也足以使得用(7)来反驳它了)，并且 Ibc 仅被(6)反驳(但这也足以使得用(7)来反驳它了)。这个方法可应用于这一类的任何情况，从而斯卢派斯基规则就由莱布尼兹的解释所确证。

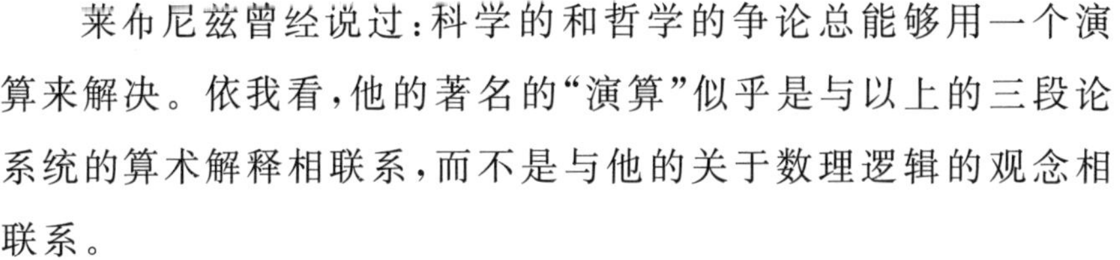

莱布尼兹曾经说过：科学的和哲学的争论总能够用一个演算来解决。依我看，他的著名的“演算”似乎是与以上的三段论系统的算术解释相联系，而不是与他的关于数理逻辑的观念相联系。

§35. 结束语

在亚里士多德三段论系统的历史的和系统的研究的基础上，我们所达到的结果，在许多点上都与通常的介绍不同。亚里士多德逻辑不仅被来自哲学方面的逻辑学家所误传，因为他们错误地把它与传统的三段论系统等同起来,而且也被来自数学方面的逻辑学家所误传。人们可以在数理逻辑教科书中一再地读到:A前提的换位定律以及从它引出的有些三段论的形式(如 Darapti 或 Felapton)都是错的。这个批评是基于这个错误的概念:亚里士多德的全称肯定前提"所有 a 都是 b"与量化的蕴涵式"对所有 c 而言,如果 c 是 a,则 c 是 b"(其中 c 是一个单一词项)的意思是一样的,而且特称肯定前提"有些 a 是 b"与量化的合取式"对于有些 c 而言,c 是 a 并且 c 是 b"(其中 c 也是一个单一词项)的意思是一样的。一个人如果承认这样一种解释,那么,他当然能够说定律 CAabIba 是错的,因为 a 可以是一个空词项,以致没有 c 是 a,并且上面的量化的蕴涵式成为真的(因为它的前件是假的),而上面的量化的合取式成为假的(因为它的因子之一是假的)。但是所有这些都是对亚里士多德逻辑的不恰当的误解。在《分析篇》中没有什么段落能说明这样一个解释是正确的。亚里士多德并没有把单一词项或空词项或量项引入他的逻辑。他把他的逻辑仅应用于普通词项,如像"人"或"动物"。并且甚至这些词项也仅仅属于这个系统的应用,而不属于这个系统本身。在这个系统中,我们只有带有变元的表达式(如 Aab 或 Iab)及其否定式。并且这些表达式中的两个乃是原始词项而不能被定义;它们仅仅有那些由公理陈述的性质。同样的理由,像亚里士多德的三段论系统是否是一个类的理论(a theory of class)这样的争论,在我看来,是没有益处的。亚里士多德的三段论系统既不是一个类的理论也不是一个谓项理论;它独立于其他演绎系统而存在,有它自己的公理系统和自己本身的问题。

我曾试图陈述这个系统使之从各种外来因素中解脱出来。我不把单一的、空的、否定的词项引入其中，因为亚里士多德未曾引进它们。我也不引入量词；我只试图借助量词来解释有些亚里士多德的观念。在形式证明中，我使用了演绎理论的断定命题，因为亚里士多德直观地把它们用在他的证明中，并且我使用排斥，因为亚里士多德本人排斥有些公式，而且甚至还陈述过一条排斥规则。凡是亚里士多德的解说不完全正确的地方，我曾企图改正他的解说的缺点，例如，有些不能令人满意的使用归谬的证明，或者通过具体词项的排斥。我所关注的是根据作者本人画定的轮廓并且符合现代形式逻辑的要求来建立亚里士多德的三段论的原来的系统。这个系统的顶峰是判定问题的解决，而这是由斯卢派斯基的排斥规则而使之成为可能的，而且这是亚里士多德或其他逻辑学家所不知道的。

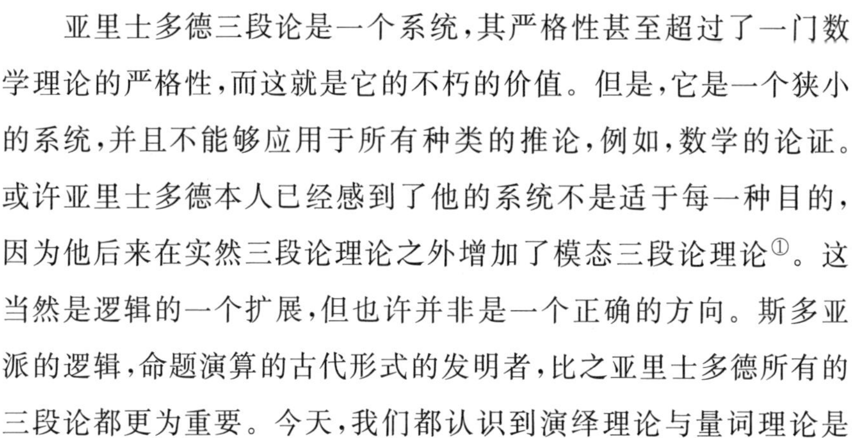

亚里士多德三段论是一个系统，其严格性甚至超过了一门数学理论的严格性，而这就是它的不朽的价值。但是，它是一个狭小的系统，并且不能够应用于所有种类的推论，例如，数学的论证。或许亚里士多德本人已经感到了他的系统不是适于每一种目的，因为他后来在实然三段论理论之外增加了模态三段论理论①。这当然是逻辑的一个扩展，但也许并非是一个正确的方向。斯多亚派的逻辑，命题演算的古代形式的发明者，比之亚里士多德所有的三段论都更为重要。今天，我们都认识到演绎理论与量词理论是

① 我认为由亚里士多德在《前分析篇》，第Ⅰ卷，第 8—22 章所说明的模态三段论理论是后来插进去的，因为第 23 章明显地是第 7 章的一个直接的继续。

逻辑的最基本的分支。

亚里士多德对这一事实是没有责任的：即多少世纪以来，他的三段论，或者毋宁说他的三段论的讹误的形式，曾经是哲学家们所知道的唯一的逻辑。他对这个事实也是没有责任的：他的逻辑对哲学的影响（在我看来）乃是灾难性的。我认为，这个灾难性的影响的根本点在于这样一种偏见，即认为每一个命题跟亚里士多德逻辑的前提一样有一个主项和一个谓项。这种偏见与把真理标准了解为“事物与认识一致”（adaequatio rei et intellectus）合在一起，构成了某些著名的但是奇怪的哲学玄思的基础。康德根据一个命题的谓项对于它的主项的关系，把所有命题（他称为“判断”）划分为分析的和综合的。他的《纯粹理性批判》主要是企图解释真的综合的先验的命题怎样是可能的问题。有些逍遥学派的学者，例如亚历山大，显然已经察觉到有一大类没有主项与谓项的命题，如像蕴涵式、析取式、合取式等等。[①] 所有这些都可以叫作函子命题（functorial proposition），因为在它们之中全都有一个命题函子，像“如果——那么”、“或”、“并且”。这些函子命题乃是每一种科学理论的主要支柱，并且不论是康德关于分析的和综合的判断的区分，还是真理的通常标准，对它们都是不适用的，因为没有主项或谓项的命题是不能直接与事实比较的。康德的问题失去了它

① 联系着亚里士多德对于前提（πρότασις）的定义，亚历山大写道（11.17）：“这些前提的定义不是对所有的前提而言，而仅是对简单的或所谓的直言的前提而言的。它的特点在于：某物包含于某物之中，或者包含于其全部之中，或包含于其部分之中，或包含于不加限定的某物之中。对于假言命题来说，不能断言其中某物包含于某物之中，而它的内容乃是一命题由另一命题而得出或者它们矛盾，从而或是真的或是假的。”

的重要性，并且必须代之以一个更为重要的问题：真的函子命题怎样才是可能的？在我看来，这里似乎存在着一个新哲学以及一个新逻辑的起点。

第六章　亚里士多德的模态命题逻辑

§36. 导　言

亚里士多德的模态逻辑之所以这样很少为人知道，有两个原因。首先，应当归咎于作者自己，因为跟十分明确并且差不多完全没有错误的实然三段论相反，亚里士多德的模态三段论，由于其中包含很多缺点和自相矛盾之处而使人几乎不能理解。亚里士多德在《解释篇》的某些有关章节中叙说了这个问题，但是他的模态三段论的系统却在《前分析篇》的第Ⅰ卷（第 3 章和第 8 章到第 22 章）做了详细的阐述。哥尔克[①]提出过这样的假设：这些章节可能是后来插进去的，因为第 23 章显然与第 7 章直接衔接。如果哥尔克是正确的，那么，模态三段论是亚里士多德最后的逻辑著作，应当作为未经作者最后修订的初稿看待。这种说法既可解释系统中的缺点，也可解释德奥弗拉斯特斯和欧德谟斯的修订，这种修订可能是根据亚里士多德自己的暗示作出的。

第二个原因就在于，现代逻辑学家尚不能建立一个可以普遍为

---

① 保尔·哥尔克：《亚里士多德逻辑的形成》，柏林，1936 年版，第 88—94 页。

人接受的、对解释和评价亚里士多德的著作提供坚实基础的模态逻辑系统。我曾试图建立这样一个与迄今已知系统迥然不同的系统，并且已经依据亚里士多德的思想将它建立起来。[①] 现在这篇关于亚里士多德模态逻辑的专文，正是按照这个系统的观点写的。

模态词项逻辑要以模态命题逻辑为先决条件。这一点并没有为亚里士多德所清楚地意识到，他的模态三段论是一种词项逻辑。不过仍然可以提到亚里士多德的模态命题逻辑，因为亚里士多德的某些定理一般足以包含所有种类的命题，而其他一些定理被他以命题变项明白地表述出来。我们将从亚里士多德的模态命题逻辑开始论述，从逻辑和哲学的观点看来，这种模态命题逻辑比他的模态词项逻辑更为重要得多。

§37. 模态函项和它们的相互关系

亚里士多德使用了四个模态名词：ἀναγκαῖον“必然”、ἀδύνατον“不可能”、δυνατόν“可能”和 ἐνδεχόμενον“偶然”。后一名词有两重意义：在《解释篇》中，它与δυνατόν具有同样的含义；在《前分析篇》中，它还具有更为复杂的意义，关于这一点我将在后面谈到。

按照亚里士多德的意见，只有命题才是必然的、不可能的、可能的或者偶然的。我将使用表达式：“p 是必然的”（这里 p 是命

① 杨·卢卡西维茨：《模态逻辑系统》，载《计算系统杂志》第 1 卷，圣保罗，1953 年版，第 111—149 页。这篇论文的摘要以同样的标题发表在《第十一届国际哲学会议会刊》，第 14 卷，布鲁塞尔，1953 年版，第 82—87 页。在下面第 49 节对这个系统做了简短的记述。

题)去代替"命题'p'是必然的"(这里"p"是命题 p 的名称)这种说法。例如,代替"命题'人是一种动物'是必然的"这种说法,我将说:"'人是一种动物'是必然的。"我将以同样的方式去表达其他模态。表达式如:"p 是必然的"(这里以 Lp 标志),或者"p 是可能的"(这里以 Mp 标志)我称之为"模态函项";L 和 M(它相应于语词"是必然的"和"是可能的")是"模态函子",p 是它们的"主目"。由于模态函项是命题,因此我说 L 和 M 乃是具有一个命题主目的命题构成函子。以 L 起始的命题,或者它的等值式,称为"必然命题"。以 M 起始的命题,或者它的等值式,称为"或然命题"。非模态命题称为"实然命题"。这些现代的术语和符号将帮助我们给予亚里士多德的命题的模态逻辑一个清晰的说明。

"必然"和"可能"这两个模态名词以及它们的相互关系,是最为重要的。亚里士多德在《解释篇》中错误地断定了:可能性蕴涵着非必然性,以我们的术语表示就是:

(a) 如果 p 是可能的,那么,p 就不是必然的。[①] 后来他又看到,这不可能是正确的,因为他承认必然蕴涵着可能性,也就是说:

(b) 如果 p 是必然的,那么,p 是可能的,而从(b)和(a)依靠假言三段论就能推出:

(c) 如果 p 是必然的,那么,p 就不是必然的;而这是荒谬

① 《解释篇》,13,22ª15,"从命题'那是可能的'推出'那是偶然的',而反过来也是一样。它还推出'那不是不可能'和'那不是必然的'。"

的。[①] 经过对问题的深入考究，亚里士多德正确地陈述了：

(d) 如果 p 是可能的，那么，非 p 就不是必然的，[②]但是他并没有在《解释篇》的正文中改正自己的上述错误。这种改正是在《前分析篇》中作出的，那里可能性对必然性的关系具有一种等值形式：

(e) p 是可能的——当且仅当——非 p 不是必然的。[③] 我由此推想，另外一种关系，即必然性对可能性的关系，（这种关系在《解释篇》中陈述为一种蕴涵式[④]）同样表示一种等值式，并且可以给以这样的形式：

(f) p 是必然的——当且仅当——非 p 不是可能的。

如果我们以 Q[⑤] 标志函子“当且仅当”，将它放在它的主目之前，并且以 N 标志“非”，那么，我们就可以用符号的形式表示(e)和(f)的关系：

1. QMpNLNp，即 Mp——当且仅当——NLNp，

2. QLpNMNp，即 Lp——当且仅当——NMNp。

---

① 《解释篇》，13，$22^{b}11$，“因为，当必然有一事物的时候，就可能有它”……14，“从命题‘那是可能的’推出‘那不是不可能的’，而从后者又推出‘那不是必然的’。因此，就出现这样的情况：那一定必然有的东西，不必一定有，而这是荒谬的。”

② 同上，$22^{b}22$，“因此，剩下的只能是：从命题‘那是可能的’推出命题‘那并非必然不是的’。”

③ 《前分析篇》，i. 13，$32^{a}25$，“（表达式）‘可能属于’和‘不是不可能属于’和‘不是必然不属于’或者是同一的，或者从一个推出另一个。”

④ 《解释篇》，13，$22^{a}20$，“从命题‘那不能不是’或‘那并非偶然不是’推出命题‘那必然是’和‘那不可能不是’。”

⑤ 平常我用 E 标志等值，但由于这个字母在三段论中已经具有其他意义，我用了（第 148 页）字母 Q 标志等值。

上述公式对任何模态逻辑系统都是基本的。

§38. 基本模态逻辑

模态逻辑的两个著名的经院哲学原则：*Ab oportere ad esse valet consequentia* 和 *Ab esse ad posse valet consequentia*[①] 已为亚里士多德所知，但是没有为他明确地表述出来。第一个原则用我们的符号标记是这样表达的(C 是函子“如果——那么”的符号)：

3. CLpp，即：如果 p 是必然的，那么 p。

第二个原则读为：

4. CpMp，即：如果 p，那么，p 是可能的。

从《前分析篇》的一段引文中[②]可以看出，亚里士多德是知道从实然的否定结论“非 p”即 Np，可以推断出或然的结果“非 p 是可能的”，即 MNp。因此，我们就有了 CNpMNp。亚历山大注释这段引文时陈述了一个普遍规则：存在蕴涵着可能，即 CpMp，但不能反转过来，也就是说 CMpp 是被排斥的[③]。如果我们以星号标志被排斥的表达式，那么我们得出公式：[④]

*5. CMpp，即：如果 p 是可能的，那么 p——是被排斥的。

---

① 从必然的可以正确地推断出是存在的，并且从存在的可以正确地推断出是可能的。

② 《前分析篇》，i. 16，36^a15，“而显然‘不属于’的这种可能性能被推断出来，因为‘不属于’的事实被推断了”。这里 ἐνδέχεσθαι 表示“可能”，而不是“偶然”。

③ 亚历山大，209. 2，“从实有的也可推出(作为真实的)可能的，但是，从可能的则不一定能推出实有的。”

④ 在第六至第八章中，被断定的表达式以不带星号的阿拉伯数字标志。

亚历山大也陈述了关于必然性的相应公式。他说，必然性蕴涵着存在，即 CLpp，但不能反转过来，也就是说 CpLp 是被排斥的。[①] 这样我们就得出另一个被排斥的表达式：

*6. CpLp，即：如果 p，那么 p 是必然的——是被排斥的。

公式 1—6 为传统逻辑所接受，并且，据我所知，也为现代逻辑所接受。但是这些公式对揭示 Mp 和 Lp 的模态函项的特性来说是不充分的，因为，如果我们将 Mp 解释为永真命题，即"p 是真的"（"verum of p"），而将 Lp 解释为永假命题，即"p 是假的"（"falsum of p"），上面所有的公式都是可满足的。采用这种解释，则建立在公式 1—6 之上的系统就不复是模态逻辑。因此，我们不能断定 Mp，即认为所有的或然命题为真，也不能断定 NLp，即认为所有的必然命题为假；两个表达式都应被排斥，因为任何不能被断定的表达式就应该被排斥。由此，我们得到两个补充的被排斥的公式：

*7. Mp，即：p 是可能的——是被排斥的，和

*8. NLp，即：p 不是必然的——是被排斥的。

两个公式都可称为亚里士多德的公式，因为它们都是从亚里士多德所允许的假定中推出来的结果，这个假定就是：存在着被断定的必然命题。因为如果 Lα 被断定，那么，LNNα 也应该被断定，而从邓斯·司各脱原则 CpCNpq，我们用代入法和分离法得出断定的公式 CNLαp 和 CNLNNαP。由于 p 是被排斥的，那么，NLα

① 亚历山大，152，32，"从必然的可推出实有的，但是，从实有的决推不出必然的。"

和 NLNNα 也是被排斥的，而结果，NLp 和 NLNp，即 Mp，也应该是被排斥的。

当且仅当一个系统满足公式 1—8 的时候，我称之为“基本的模态逻辑”系统。我已经表明过，基本的模态逻辑可以在古典命题演算的基础上予以公理化。[①] 两个模态函子 M 和 L 中，一个作为基本词项，而另一个则可由它来下定义。取 M 为基本词项和公式 2 作为 L 的定义，我们就能得出基本模态逻辑的下列一组独立的公理：

4. CpMp *5. CMpp *7. Mp 9. QMpMNNp，

这里公式 9 根据定义 2 和命题演算是与公式 1 演绎地等值的。取 L 为基本词项和公式 1 作为 M 的定义，我们得出相应的一组公理：

3. CLpp *6. CpLp *8. NLp 10. QLpLNNp，这里公式 10 根据定义 1 和命题演算是演绎地等值于公式 2 的。推出的公式 9 和 10 作为公理是必不可少的。

基本的模态逻辑是任何模态逻辑系统的基础，并且总必须包含在这类逻辑的任一系统之中。公式 1—8 与亚里士多德的直觉相一致，并且成为我们关于必然性和可能性概念的基础。但是它们并没有穷尽公认的全部模态定律。例如，我们相信如果一个合取式是可能的，那么，它的每一个因子也必须是可能的，用符号表示就是：

11. CMKpqMp 和 12. CMKpqMq，

① 参阅我关于模态逻辑的论文第 114—117 页。

而如果一个合取式是必然的，那么，它的每一个因子也必须是必然的，用符号表示就是：

13. CLKpqLp　　和　　14. CLKpqLq.

这些公式的任何一个都不能从定律 1—8 推演出来。基本模态逻辑是一个不完全的模态系统，因而需要补充若干新的公理。让我们看看亚里士多德本人是怎样补充的。

§39. 扩展定律

亚里士多德的最为重要，并且照我看来，最为成功的超出基本模态逻辑范围的尝试，在于他断定了某些可以称为“模态函子扩展定律”的原则。这些原则可以在《前分析篇》第 1 卷第 15 章找到；它们在三个地方表述出来。在这一章开始我们读到：

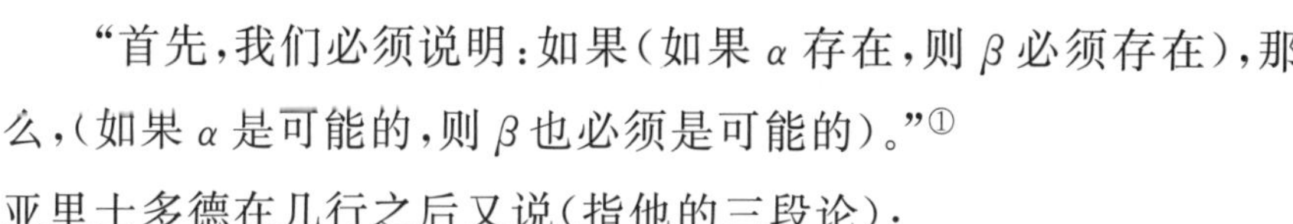

“首先，我们必须说明：如果（如果 α 存在，则 β 必须存在），那么，（如果 α 是可能的，则 β 也必须是可能的）。”①

亚里士多德在几行之后又说（指他的三段论）：

“……如果用 α 标志前提，而用 β 标志结论，则不仅由此可以得出：如果 α 是必然的，则 β 是必然的，而且得出：如果 α 是可能的，则 β 是可能的。”②

而在这一段结尾时他又重复说：

“已经证明过，如果（如果 α 存在，则 β 存在），那么，（如果 α 是

① 《前分析篇》，i.15，$34^{a}5$。

② 同上，$34^{a}22$。

可能的，则 β 是可能的）。”[①]

让我们首先从涉及三段论的第二段原文开始，来分析这些模态定律。

所有亚里士多德的三段论都是具有 Cαβ 形式的蕴涵式，这里 α 是两个前提的合取，而 β 是结论。举 Barbara 式为例：

15. CKAbaAcb Aca

按照这第二段引文，我们得出两个具有蕴涵形式的模态定理，这个蕴涵式取 Cαβ 作为前件和取 CLαLβ 或 CMαMβ 作为后件，用符号表示就是：

16. CCαβCLαLβ　　和　　17. CCαβCMαMβ。

字母 α 和 β 在这里代表一个亚里士多德三段论的前提和结论。由于最后一段引文没有涉及三段论，所以我们可以将这些定理看作一般原则的特殊情况，这个一般原则我们可以通过用命题变项去代替希腊字母得出：

18. CCpqCLpLq　　和　　19. CCpqCMpMq。

两个公式都可以称为广义的“扩展定律”，第一个是关于 L 的，第二个是关于 M 的。这“广义”一词需要作些解释。

作为 Sensu stricto（严格意义）的一般扩展定律，乃是一个通过引入变项函子而扩充的古典命题演算的公式，它具有下述形式：

20. CQpqCδpδq。

简略地说，这表示：如果 p 等值于 q，那么，如果 δ 属于 p，那么 δ 也

---

① 《前分析篇》，34[a]29。

属于 q,这里 δ 是任一具有一个命题主目的命题构成函子,例如 N。相应地,关于 L 和 M 的严格的扩展定律将具有下述形式:

21. CQpqCLpLq　　和　　22. CQpqCMpMq。

这两个公式比公式 18 和 19 具有更强的前件,并且依靠命题 CQpqCpq 和假言三段论的原则可以容易地从公式 18 和 19 推演出来(从 18 推出 21,从 19 推出 22)。但是,也可以证明,在命题演算和基本模态逻辑的基础上,反过来,从公式 21 推演出公式 18,从公式 22 推演出公式 19。我在这里对 L 公式给以一个完整的推演:

前提:

23. CCQpqrCpCCpqr

24. CCpqCCqrCpr

25. CCpCqCprCqCpr

3. CLpp。

推演:

23. r/CLpLq×C21—26

26. CpCCpqCLpLq

24. p/Lp,q/p,r/CCpqCLpLq×C3—C26—27

27. CLpCCpqCLpLq

25. p/Lp,q/Cpq,r/Lq×C27—18

18. CCpqCLpLq

依据前提 CCQpqrCNqCCpqr,CCpqCCqrCpr,CCNpCqCrpCqCrp 和模态断定命题 CpMp 的易位 CNMpNp,同样可以从公式 22 推演出公式 19。

从上面所述,我们看到,给予了命题演算和基本模态逻辑,公式 18 与严格的扩展定律 21 是演绎地等值的,而公式 19 与严格的扩展定律 22 是演绎地等值的。因此,我们将这些公式称为“广义的扩展定律”是正确的。自然,不管我们是通过补充 CCpqCLpLq 或者是通过补充 CQpqCLpLq 去完成基本模态逻辑的 L 系统,它们在逻辑上都是毫无区别的;另外将 CCpqCMpMq 或者 CQpqCMpMq 任选其一补充到 M 系统中去也是同样有效的。但是就直观上说,其区别却很大。公式 18 和 19 不像公式 21 和 22 那样明显。如果 p 蕴涵 q,但是并不与它等值,那么,如果 δ 属于 p,则也属于 q,这却不是永真的;例如:CNpNq 就不能从 Cpq 推演出来。但是,如果 p 与 q 等值,那么总是,如果 δ 属于 p,则 δ 属于 q,即如果 p 真,则 q 也真,而如果 p 假,则 q 也假;同样,如果 p 是必然的,则 q 也是必然的,而如果 p 是可能的,则 q 也是可能的。这看来应该是十分明显的,除非模态函项看作内涵函项,即作为函项,它的真值不单纯依赖于它的主目的真值。但是在这种情况下,必然性和可能性应该表示什么,这对我来说至今还是个秘密。

§40. 亚里士多德对扩展的 M-定律的证明

在上面的最后一段引文中,亚里士多德说他已证明了关于可能性的扩展定律。他实际上是这样论证的:如果 α 是可能的,而 β 是不可能的,那么当 α 出现时 β 却不出现,所以 α 可以在没有 β 的情况下出现，但这是与如果 α 存在则 β 也存在的前提相矛盾。① 很难将这个论证改造成一个逻辑公式，因为词项“出现”与其说具有逻辑意义，不如说更具有本体论的意义。但是亚历山大给这个论证所作的注释却值得仔细研究。

亚里士多德将“偶然的”定义为某种不是必然的东西，而对这种东西设想的存在也不包含任何不可能。② 亚历山大将亚里士多德关于偶然性的定义与省去了“不是必然的”一语的“可能性”的定义等同起来。他说：“一个作为不可能的 β 不能从一个作为可能的 α 推演出来，这一点也可以从可能性的定义加以证明，这个定义是：可能的东西是这样的，对它设想的存在不包含任何不可能。”③ 这里“不可能”和“不”(nothing)两词要求慎重的解释。我们不能将“不可能”解释为“不是可能的”，因为这样定义就会产生循环。我们应当或者采用“不可能”作为基本词项，或者采用“必然”作为基本词项，用“非 p 是必然的”去定义表达式“p 是不可能的”。我宁愿采取第二个方式，并且将在 L 基本模态逻辑的基础上来讨论这个新的定义。“不”一词应该用全称量词来表示，因为要不然定义就不是正确的。因此，我们就得出等值式：

28. QMpIIqCCpqNLNq.

这用语言来表达就是：“p 是可能的——当且仅当——对于所有的

---

① 《前分析篇》，i. 15，34a8，“如果它是可能的，在它的存在成为可能的时候，就可以出现；而如果它是不可能的，在它的存在成为不可能的时候，就不会出现；而如果在同一时间 α 是可能的而 β 是不可能的，那么，α 就可能在没有 β 的情况下出现，而如果它出现了，那么就存在着……。”

② 参阅下面第 211 页。

③ 亚历山大，177，11。

q，如果（如果 p，则 q），那么，非 q 不是必然的。”这个等值式必须增加到 L 基本模态逻辑中去，以代替等值式 1 作为 Mp 的定义，等值式 1 现在应当作为定理而被证明。

等值式 28 由两个蕴涵式组成：

29. CMpIIqCCpqNLNq　　和　　30. CIIqCCpqNLNqMp.

我们依靠定理 CIIqCCpqNLNqCCpqNLNq 和假言三段论，从 29 式得出这样的结果：

31. CMpCCpqNLNq；

而通过替代 q/p、Cpp，交换法和分离法，从 31 式就能容易地推出蕴涵式 CMpNLNp. 逆换的蕴涵式 CNLNpMp 与原来的蕴涵式结合起来得出等值式 1。这个逆换的蕴涵式除了依靠 L 的扩展定律：CCpqCLpLq 以外，不能用其他方法得到证明。由于这个证明略复杂，我将作出一个完整的证明。

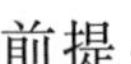

前提：

18. CCpqCLpLq

24. CCpqCCqrCpr

30. CIIqCCpqNLNqMp

32. CCpqCNqNp

33. CCpCqrCqCpr.

推演：

18. p/Nq，q/Np×34

34. CCNqNpCLNqLNp

24. p/Cpq，q/CNqNp，r/CLNqLNp×C32—C34—35

35. CCpqCLNqLNp

32. p/LNq,q/LNp×36

36. CCLNqLNpCNLNpNLNq

24. p/Cpq,q/CLNqLNp,

r/CNLNpNLNq×C35—C36—37

37. CCpqCNLNpNLNq

33. p/Cpq,q/NLNp,r/NLNq×C37—38

38. CNLNpCCpqNLNq

38. II2q×39

39. CNLNpIIqCCpqNLNq

24. p/NLNp,q/IIqCCpqNLNq,

r/Mp×C39—C30—40

40. CNLNpMp.

现在我们可以来证明 M 的扩展定律,这正是亚历山大所论证的目的。这个定律可以轻易地从等值式 1 和断定命题 37 推出来。除此以外,我们还看到,依靠具有量词的定义所作的证明并不一定复杂。只要保留定义 1 并且将 L 扩展定律补充到 L 系统中去,就足以得出 M 扩展定律。如果我们将 M 扩展定律补充到 M 系统中去并且保留定义 2,我们同样可以得出 L 扩展定律。带有扩展定律的 L 系统与 M 系统是演绎地等值的,正如不带有扩展定律它们是演绎地等值的一样。

当然,很难相信古代的逻辑学家能够作出像上面所作的那样精确的证明。但是证明是正确的这个事实本身却有趣地阐明了亚里士多德关于可能性的观念。我认为亚里士多德已经直觉地看到了这一点,简短地表达出来就是:今天可能的东西(例如说,一场海战)可以在明天存在或成为现实;但是,不可能的东西任何时候都不能成为现实。这个观点看来是亚里士多德和亚历山大的证明的基础。

§41. 命题之间的必然联系

亚里士多德只有一次表述了 L 扩展定律,那是在他涉及三段论的章节中,与 M 定律一起谈到的。

按照亚里士多德的意见,在一个有效的三段论的前提 α 和它的结论 β 之间存在着一种必然的联系。因此,看来上面表述的具有以下形式的扩展定律

16. $CC\alpha\beta CL\alpha L\beta$ 和 17. $CC\alpha\beta CM\alpha M\beta$,

应该表达为带有必然的前件:

41. $CLC\alpha\beta CL\alpha L\beta$ 和 42. $CLC\alpha\beta CM\alpha M\beta$,

而相应的一般扩展定律应当读作:

43. CLCpqCLpLq 和 44. CLCpqCMpMq.

这由上面关于 M 定律的第一段引文得到证实,在那一段引文中,我们读到:"如果(如果 α 存在则 β 必须存在),那么(如果 α 是可能的,则 β 也必须是可能的)。"

公式 43 和 44 比带有实然前件的相应的公式 18 和 19 为弱,并且可以借助于公理 CLpp 和假言三段论 24 式从公式 18 和 19 得出。但是反过来从较弱的公式推出较强的公式却是不可能的。问题在于,我们是不是应当排斥较强的公式 18 和 19,而代之以较弱的公式 43 和 44。要解决这个问题,我们必须探讨亚里士多德的必然性的概念。

亚里士多德承认有些必然命题是真的而应予断定。在《分析篇》中可以找到两类断定了的必然命题：一类是命题之间的必然联系，另一类是词项之间的必然联系。任何有效的三段论都可以作为第一类的例证，就以 Barbara 式为例：

(g)如果每一个 b 是 a 并且每一个 c 是 b，那么，必然地每一个 c 必定是 a。

这里"必然"一词不是意味着结论是必然命题，而是标志着三段论的前提和它的实然结论之间的必然联系。这就是所谓"三段论的必然性"。当亚里士多德在讨论一个具有实然结论的三段论时，说这个结论并不是"简单地"(ἁπλῶς)必然的，即本身是必然的，而是有"条件地"必然的，即关系到他的前提(τούτων ὄντων)[①]的时候，他非常清楚地看到在三段论的必然性和一个必然结论之间存在着区别。有这样的章节，在那里亚里士多德将必然性的两个标记都用于结论中去，例如说：从前提"每一个 b 是 a，并且有些 c 是 b"得出结论："这是必然的，有些 c 必然是 a"。[②] 这里第一个"必然"是指三段论的联系，第二个"必然"是指结论乃是一个必然命题。

顺便指出亚里士多德的一个严重错误，他说，从单个前提不能必然地推出任何结论，而只有像在三段论中那样，至少从两个前提

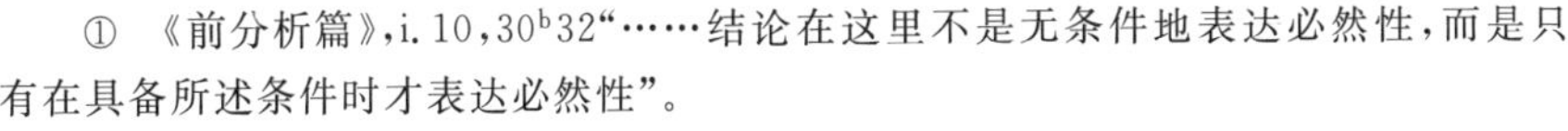

① 《前分析篇》，i. 10，$30^{b}32$"……结论在这里不是无条件地表达必然性，而是只有在具备所述条件时才表达必然性"。

② 同上，9，$30^{a}37$。

才能必然地推出结论。[①] 在《后分析篇》中，他断言这一点已经得到证明，[②]但是，连一点证明的尝试在任何地方都没有提供。相反，亚里士多德自己却说："如果有些 b 是 a，那么必然有些 a 是 b"，这样，就只从一个前提引出一个必然的结论。[③]

我已说过：三段论的必然性可以化归为全称量词。[④] 当我们说，在一个有效的三段论中，结论是由前提必然地推出来的时候，我们需要指出的是三段论对于任何内容都是有效的，也就是说，它对于其中出现的变项的任何值都是有效的。正如我们在后来所发现的那样，这种解释是为亚历山大所确定的，他断定："三段论的结合是这样的，从这种结合中有某种东西必然地推论出来；并且它是这样的，在这种结合中，对于任何内容都将同样地推出结果。"[⑤]化归为全称量词的三段论的必然性，可以依据三段论的定律而消去，这从下述考察中将看到。

三段论(g)，正确地译成符号"语言"将具有这样的形式：

(h)LCKAbaAcbAca，

它的语言表达式就是：

(i)这是必然的，(如果每一个 b 是 a，并且每一个 c 是 b，那么，

---

① 《前分析篇》，i. 15，34ª17，"……从某个事物的存在并不能必然地推出任何东西，而至少要从两个事物的存在，例如，当两个前提按照所述三段论的那种方式联结起来的时候，才能必然地推出什么来。"

② 《后分析篇》，i. 3，73ª7，"已经证明，举出一个事物——不论是一个词项或一个前提——决不包含一个必然的结论。两个前提对于推出一个结论，从而更加是，对于论证的三段论科学是最初的和最少的基础。"

③ 《前分析篇》，i. 2，25ª20。

④ 参阅第 5 节。

⑤ 亚历山大，208，16。

每一个 c 必定是 a)。

在三段论之前的必然性记号表明，不是结论，而是前提和结论之间的联系是必然的。亚里士多德会断定(h)。而公式

(j) CKAbaAcbLAca，

在字面上相当于语言表达式(g)，但这个公式却是错误的。亚里士多德排斥了这个公式，正如他排斥带有更强的前提的公式一样，即

(k) CKAbaLAcbLAca，

也就是："如果每一个 b 是 a，并且必然地每一个 c 是 b，那么，必然地每一个 c 是 a。"①

通过将必然性化归为全称量词，公式(h)可以改变为表达式：

(l) ΠaΠbΠcCKAbaAcbAca，

即："对于任何 a，对于任何 b，对于任何 c(如果每一个 b 是 a，并且每一个 c 是 b，那么，每一个 c 是 a)。"这最后的表达式等值于没有量词的 Barbara 式：

(m) CKAbaAcbAca，

因为一个全称量词当放置在断定了的公式之前时，是可以省略的。

公式(h)和(m)并不等值。显然，(m)可以根据 CLpp 的原则而从(h)推演出来，而相反的推演过程却不能不将必然性化归为全称量词。但是，如果将上述公式应用于具体词项的话，这种推演终究是不可能做到的。例如，在公式(h)中，我们用"鸟"代替 b，用"乌鸦"代替 a，用"动物"代替 c，我们得出必然命题：

---

① 《前分析篇》，i. 9，30ᵃ23，"如果前提 AB 不表示必然性，而 BC 表示必然性，那么，就不会得出关于必然属于的结论。"

(n) 这是必然的(如果每一只鸟是乌鸦,并且每一个动物是鸟,那么,每一个动物是乌鸦)。

从(n)又得出三段论(o):

(o) 如果每一只鸟是乌鸦,并且每一个动物是鸟,那么,每一个动物是乌鸦。

但我们却不能通过将必然性变为量词而从(o)得出(n),因为(n)不包含可以被量化的变项。

这里我们就遇到了第一个困难。当函子 L 加在包含自由变项的断定了的命题之前,必然性的意义是容易了解的。在这种情况下,我们有一个一般定律,并且,我们可以说:我们将这个定律看作必然的,因为它对于一定种类的任何客体都是真的,而且不允许有例外。但是当我们有一个缺少自由变项的必然命题,特别是当命题是一个由假的前件和假的后件所组成的蕴涵式,如我们所举的(n)的例子那样,我们应当怎样去解释必然性呢?我认为只有一个合理的回答:我们可以说,如果谁接受了这个三段论的前提,那么,他就必然地要被迫接受它的结论。但是,这是一种心理学上的必然性,它与逻辑学是迴然不同的。除此以外,谁会将显然假的命题断定为真,这是很值得怀疑的。

我不知是否有比去掉在断定了的蕴涵式之前的 L 函子更好的补救方式去排除这个困难。这种方法已经为亚里士多德所采用,他有时就省略了有效的三段论式中的必然性符号。

§42. "实质"蕴涵还是"严格"蕴涵？

按照麦加拉的菲罗的意见，蕴涵式"如果 p，那么 q"，即 Cpq，是真的，当且仅当它不是从真的前件开始和以假的后件结尾。这也就是现今在古典命题演算中普遍接受的所谓"实质"蕴涵。"严格"蕴涵："这是必然的：如果 p，那么 q，"即 LCpq，乃是一个必然的实质蕴涵式，它是由 C.I. 刘易士引入符号逻辑中的。借助于这些术语，我们所讨论的问题，可以这样来陈述：我们应将亚里士多德的扩展定律的前件解释为实质蕴涵呢？还是解释为严格蕴涵？换句话说就是：我们应当接受较强的公式 18 和 19（我称这为强的解释），或者我们应当排斥它们，而采用较弱的公式 43 和 44（弱的解释）？

亚里士多德自然没有意识到这两种解释之间的区别和它们对模态逻辑的重要性。他不可能了解由菲罗所提出的实质蕴涵的定义。但是亚里士多德的注释者亚历山大却非常了解斯多亚—麦加拉学派的逻辑学，并且熟悉在这个学派的后继者中对蕴涵的意义所进行的热烈的争论。我们现在来看亚历山大对我们这个问题所作的注释。

亚历山大在注释亚里士多德"如果（如果 α 存在，则 β 必须存在），那么，（如果 α 是可能的，则 β 必须是可能的）"这一段时，强调了"如果 α 存在，则 β 必须存在"这个前提的必然的性质。因此看来，他定会采用较弱的解释 CLC$\alpha\beta$CMαMβ 和较弱的 M 扩展定律 CLCpqCMpMq。但是，他所指的必然蕴涵的意思和刘易士所认为的严格蕴涵之间是有区别的。他说，在一个必然蕴涵中，后件应当总是(即在任何时候)从前件推出来，因此命题“如果亚历山大存在，他就有若干岁”，就不是一个真的蕴涵式，甚至当陈述这个命题时，亚历山大事实上是这么多岁数，这个蕴涵式也不是真的[①]。我们可以说，这个命题表达得不够严格，并且为了使它永真，需要补充一些时间性的限定。一个真的实质蕴涵，当然应当是永真的，而如果它包含了变项，则对变项的所有的值都须是真的。亚历山大的注释与强的解释不是不相容的；它无助于解决我们的问题。

如果我们将第40节所阐述的亚历山大对M扩展定律所作的证明中的实质蕴涵Cpq，代之以严格蕴涵LCpq，问题就得到了某些解决。这样来改变公式

31. CMpCCpqNLNq,

我们就得出：

45. CMpCLCpqNLNq.

从公式31我们可以容易地推出CMpNLNp，方式是依靠替代q/p，得出CMpCCppNLNp，从这个公式依靠交换法和分离法就得出我们的命题，因为Cpp乃是一个断定了的蕴涵式。但是这同一的方法却不能运用于公式45。我们得出CMpCLCppNLNp；而如果我们希望分离CMpNLNp，我们必须断定这必然的蕴涵式LCpp。而在这里，我们遇到了正如上节所叙述的同样的困难。表达式

① 亚历山大，176，2。“必然的推论是这样的：它不具有时间的性质，而在它的表达式中，‘这个前提推出’与表达式‘这个前提有后件’永远表示同样的意思。例如，如果我们说：‘如果亚历山大存在，那么就说亚历山大’，或者‘如果亚历山大存在，那么他就有若干岁’，就不是真的蕴涵式，即令在我们陈述这个命题的时刻，他是有若干岁。”

LCpp 是什么意思呢？这个表达式，如果我们将它变形为 ΠpCpp，它可以解释为关于所有命题的一般定律；但是，如果我们将 LCpp 运用于具体词项，例如运用于命题“二的二倍为五”时，这种变形就成为不可能的了。实然蕴涵式：“如果二的二倍为五，那么二的二倍为五”是可以理解的，并且作为同一律 Cpp 的一个推断来说是真的；但是必然蕴涵式：“这是必然的：如果二的二倍为五，则二的二倍为五”，是什么意思呢，这个奇怪的表达式不是关于所有数的一般定律，它充其量也只可能是某个必然定律的一个推断；但是一个必然命题的推断并非也必须是一个必然命题。按照 CLCp-pCpp，（它是 CLpp 的一个代替式）Cpp 是 LCpp 的推断，但不是一个必然命题。

从上面的论述得出，在解释亚历山大的证明时，将它前后文中的 συμβαίνει 一词与其解释为严格蕴涵，不如解释为实质蕴涵，这的确要简便一些。可是我们的问题仍未得到明确的解决。因此，让我们转向为亚里士多德所接受的另一类断定的必然命题，即转向词项间的必然联系。

§43. 分析命题

亚里士多德断定了“这是必然的，人必定是动物”这个命题。[①] 他在这里所陈述的是主项“人”和谓项“动物”之间的必然联系，即词项之间的必然联系。他显然将命题“人是动物”，或者精确一点

① 《前分析篇》，i. 9，30^a30。

说“每一个人都是动物”必须是一个必然命题这一点，看作是自明的，因为他将“人”定义为一种“动物”，因此谓项“动物”包含于主项“人”之中。谓项包含于主项之中的命题就称为“分析”命题。我们推测，亚里士多德会将所有根据定义作出的分析命题都看作必然命题，这或许是正确的，因为他在《后分析篇》中说到，本质的谓项必然属于事物，①而本质的谓项是从定义中得出的。

分析命题最明显的例子是其中主项与谓项同一的命题。如果每一个人必定是动物，乃是必然的，那么，每一个人必定是人，更加是必然的。同一律“每一个 a 都是 a”乃是一个分析命题，从而也是必然命题。这样，我们得到下述公式：

(p) LAaa，即：这是必然的，一个 a 必定是 a。

亚里士多德没有陈述过同一律 Aaa 以作为他的实然三段论的一个原则；只有一处地方后来为 I. 托玛斯所发现，那里亚里士多德在一个证明中用了这一个定律。② 因此，我们不能期望他已经知道了 LAaa 这个模态命题。

亚里士多德的同一律 Aaa（A 表示“每一个——都是”，a 是普遍词项的变项），与同一原则 Fxx（F 表示是“同一于”，x 是个体词项的变项），是有区别的。后一原则属于同一理论，这个理论可以建立在下述公理的基础上：

(q) Fxx，即：x 同一于 x，

(r) CFxy CϕxϕY，即：如果 x 同一于 y，那么，如果 x 满足 ϕ，则

---

① 《后分析篇》，i. 6，74b6，“……本质地属于其主体的属性就必然地属于它们。”

② Ivo. 托玛斯教授，《混合逻辑》(*Farrago Logica*)，《多米尼卡研究》，第 4 卷，1951 年，第 71 页。这段话读作(《前分析篇》，ii. 22，68a19)：“……B 也表述自身。”

y 也满足 ϕ，

这里 ϕ 是有一个主目的构成命题的函子的一个变项。现在，如果所有的分析命题都是必然的，(q)就是必然的，我们也就会得出一个必然的原则：

(s) LFxx，即：必然 x 同一于 x。

奎因已经发现：原则(s)如果被断定了，则会导致一个困难的结果，[①]因为，如果 LFxx 被断定，通过替代 ϕ/LFx，我们就可以从(r)得出(t)，(LFx 在这里起着具有一个主目的构成命题的函子的作用)：

(t) CFxyCLFxxLFxy

通过交换法得出

(u) CLFxxCFxyLFxy，

从而推出命题：

(v) CFxyLFxy。

这表示，任何两个个体，如果它们是同一的，它们就必然是同一的。

相等关系经常被数学家作为同一看待，这种关系建立在同样的公理(q)和(r)的基础之上。因此，我们可以将 F 解释为相等，将 x 和 y 解释为个别的数，并且说：如果等式是成立的，那么，它就必然是成立的。

公式(v)显然是错误的。奎因举出一个例子以表明它的错误。

① W. V. 奎因："模态包含物的三个等级"("Three Grades of Modal involvement")，《第十一届国际哲学会议会刊》，第 14 卷，布鲁塞尔(1953 年)。对于下面的论证，由我单独负责。

让 x 标志行星的数，而 y 标志数 9。(大)行星的数等于 9，这在实际上是真的，但是它并不是必须等于 9。奎因试图以反对用这类单一词项替代变项的方法去克服这个困难。但是，我认为，他这种反对是没有根据的。

公式(v)有另一个没有被奎因所发现的困难的结果。依靠 L 的定义和易位律，我们从(v)得出这样的结果：

(w)CMNFxyNFxy。

这表示"如果可能 x 不等 y，那么 x(事实上)不等于 y"。这个结果的错误可以从下述例子看出来：让我们假定掷骰子落下的数为 x，可能下一次掷下来的数 y，它不同于数 x。但是，如果可能 x 将不同于 y，即不等于 y，那么，按照(w)，x 将事实上不同于 y。这个结果显然是错误的，因为，可能两次掷出同一个数。

我的意见是，要解决上述困难只有一个办法，那就是我们必须不允许公式 LFxx 可被断定，即不允许同一性原则 Fxx 是必然的。由于 Fxx 是一个典型的分析命题，并且由于没有理由认为这个原则与其他的分析命题有什么不同，我们不得不假定任何一个分析命题都不是必然的。

在进一步讨论这个重要的问题之前，让我们先将对亚里士多德模态概念的研究告一段落。

§44. 一个亚里士多德的悖论

有一个由亚里士多德所提出的必然性原则很值得讨论。他在《解释篇》中说道，"任何存在的东西，当它存在的时候，它是必然的；而任何不存在的东西，当它不存在的时候，它是不可能的。”他补充说：这并不意味着，所有存在的东西都是必然的，所有不存在的东西都是不可能的。因为说：“任何东西，当它存在的时候，它是必然的”，和说：“它仅仅是必然的”，这两句话并不相同。[①] 需要指出，在这段话中，使用了时间连词“当”（ὅταν），以代替条件连词“如果”。德奥弗拉斯特斯也陈述了一个同样的断定命题。当他为各类必然的事物下定义时，他说第三类（我们不知道前两类是什么）是“这种存在物，因为当它存在的时候，那时它不存在是不可能的”。[②] 这里，我们又遇到时间连词“当”（ὅτε）和“那时”（τότε）。毫无疑问，在中世纪逻辑学中出现过类似的原则，并且学者们可以在那里发现这个原则。莱布尼兹在他的《神正论》一书中引述了一个公式，它是这样说：*Unumquodque，quando est，opertet esse*（任何存在的东西，当它存在的时候，它是必然的）[③]。请注意在这个句子中也出现时间连词“quando”（当）。

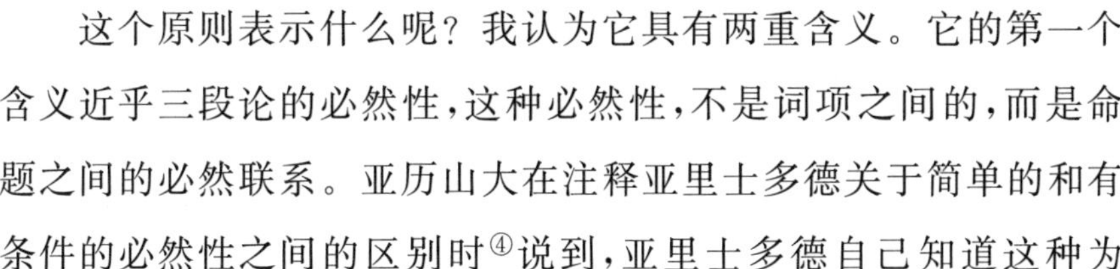

这个原则表示什么呢？我认为它具有两重含义。它的第一个含义近乎三段论的必然性，这种必然性，不是词项之间的，而是命题之间的必然联系。亚历山大在注释亚里士多德关于简单的和有条件的必然性之间的区别时[④]说到，亚里士多德自己知道这种为

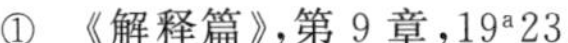

① 《解释篇》，第 9 章，$19^{a}23$。

② 亚历山大，156，29，“德奥弗拉斯特斯在《前分析篇》第 1 卷谈到表示必然的事物的时候，这样写道：‘第三类是这种存在物，因为当它存在的时候，那时它不存在是不可能的。’”

③ 《哲学著作》（*Philosophische Schriften*），格尔哈特编，第 6 卷，第 131 页。

④ 参阅第 188 页，注①。

他的朋友(即德奥弗拉斯特斯和欧德谟斯)所明确述说出来的区别,并且亚历山大还引述了《解释篇》中的上面已经指出过的章节作为补充论据。他知道,亚里士多德是将这些章节与关于未来事件的单称命题相联系来表述的,并且称这种必然性为“假设的必然性”(ἀναγκαῖον ἐξ ὑποθέσεωε)。[1]

这种假设的必然性和条件的必然性没有区别,除非它不是运用于三段论,而是运用于关于事件的单称命题。这种命题总是包含一个时间的限定语。但是,如果我们将这种限定语包含在命题的内容中,我们就可以用条件连词去代替时间连词。例如代替这种不确定的说法:“这是必然的,一场海战必定发生,当它发生时”,我们可以说:“这是必然的,一场海战明天必定发生,如果它明天将要发生。”我们记住,假设的必然性乃是命题之间的必然联系,我们就可将这后一蕴涵式解释为下述命题的等值式:“这是必然的,如果一场海战明天将要发生,那么,它明天必定发生”——这就是公式 LCpp 的替代式。

我们所讨论的必然性原则,如果只具有上面所解释的含义,就不会引起什么争论。但是它还可以有另外一个意义;我们可以将其中所包含的必然性解释为不是命题之间而是词项之间的必然联系。亚里士多德说明“所有未来的事件都是必然的”这个决定论观

① 亚历山大,141,1,“亚里士多德自己是知道为他的朋友所叙说的各种必然性之间的区别的。这一点由于补充了《解释篇》中他预示这种说明的地方而变得更为明显。亚里士多德说:‘任何存在的东西,当它存在的时候,它是必然的;而任何不存在的东西,当它不存在的时候,它是不可能的。’当他这样来写矛盾的可能性时,他指的是未来的单一的事件。这也就是假设的必然性。”

点时，亚里士多德本人所指的看来正是这另一种含义。在这种联系中，有一个由他提出的一般性的陈述值得我们注意。我们在《解释篇》中读道："如果说某个东西是白的或者不是白的，这是真的，那么，它必定是白的或者不是白的，这是必然的。"[①]看来这里陈述的是在主项"东西"和谓项"白的"之间的一种必然联系。用一个命题变项去代替"某个东西是白的"这个句子，我们就得出公式："如果p是真的，那么p是必然的"。我不知道，亚里士多德是否断定了这样的公式，但是无论如何，从它引出某些结果这总是有趣的。

在二值逻辑中，任何一个命题或者是真的，或者是假的。从而表达式"p是真的"与"p"等值。将这种等值式运用于我们这种场合，我们就看到公式："如果p是真的，那么p是必然的"，将等值于较简单的表达式："如果p，那么p是必然的"，后者用符号表示为：CpLp。但是，我们知道，这个公式已为亚历山大所排斥，也一定为亚里士多德本人所排斥。它必须是被排斥的，因为如果它被断定，命题的模态逻辑就会遭到破坏。这样，任何一个实然命题p将会与对应于它的必然命题Lp等值，因为CLpp和CpLp两个公式都会是有效的，并且还可以证明，任何实然命题p与对应于它的或然命题Mp等值。在这种情况下，去建立一套命题的模态逻辑就毫无意义了。

但是，所以用符号的形式来表达包含在公式"如果p是真的，那么，p是可能的"中的思想，我们只须以表达式"α是被断定的"代换"p是真的"一语就行了。这两个表达式并不表示同样的含义。

① 《解释篇》，第9章，18^a39。

我们可以提出办法，使不仅在考察真命题，而且在考察假命题时，不会出现错误。但是，去断定一个非真的命题，总是一个错误。所以，如果我们想表达p事实上是真的这个思想，而说“p是真的”那是不充分的：p可能是假的，而“p是真的”与它同假。我们必须说：“α是被断定的”，将“p”换成“α”，因为p作为一个替代变项不能被断定，而“α”却可以解释为一个真命题。现在我们可以陈述出不是一个定理，而是一个规则：

(x) $\alpha \longrightarrow L\alpha$。

它的语言表达式就是：“α，所以，α是必然的。”“箭头”表示“所以”，而公式(x)是推论的规则，它只有当α被断定的时候才有效，这样一个局限于“重言式”命题的规则已为现代某些逻辑学家所接受[①]。

从规则(x)和被断定的同一性原则Fxx就推出被断定的必然公式LFxx，这公式正如我们已经看到的那样，会导致一个困难的结果。这个规则看来是值得怀疑的，即使只限于将它运用于逻辑定理或者分析命题。没有这种限制，正如从亚里士多德提供的例子中所表明的那样，规则(x)将产生那些仅仅事实上为真的必然性断定，而这是一个与直观相矛盾的结果。由于这个原因，亚里士多德的这一原则完全配得上悖论之称。

---

① 例如：参阅冯·莱特：《论模态逻辑》(*An Essay in Modal Logic*)，阿姆斯特丹，1951年版，第14—15页。

§45. 亚里士多德的偶然性

我已经提到过，亚里士多德使用的 ἐνδεχόμενον 一词有两重意义。在《解释篇》中，有时也在《前分析篇》中，这一词与 δυνατόν 一词同义，但有时它又有另一个更为复杂的含义。我将和大卫·罗斯爵士一样，将它译为“偶然性”。[①] 指出这两重含义应归功于 A. 贝克尔[②]。

亚里士多德关于偶然性的定义是这样说的：“‘偶然的’意思，我是指那不是必然的东西，但设想它的存在也并不包含任何不可能。”[③]我们立刻可以看到，亚历山大关于可能性的定义是从亚里士多德关于偶然性的定义，通过省去“那不是必然的东西”这句话而得出的。因此，如果我们将这句话的符号表达式加到我们的公式 28 中，并且用“T”表示这个新的函子，那么我们就得出下述定义：

46. QTpKNLpIIqCCpqNLNq。

这个定义可以简化，因为 IIqCCpqNLNq 与 NLNp 等值。蕴涵式

39. CNLNpIIqCCpqNLNq

已经证明过了；逆换的蕴涵式

① W. D. 罗斯所编《前分析篇》，第 296 页。

② 参阅 A. 贝克尔，《亚里士多德的可能性推论的学说》(*Die Aristotelische Theorie der Möglichkeits-schlüsse*)，柏林，1933 年。我同意大卫·罗斯的意见，见所编《前分析篇》的序言，贝克尔的书“非常深刻”，但是我不同意贝克尔的结论。

③ 《前分析篇》，i. 13，32a18。

47. CIIqCCpqNLNqNLNp

可以从命题 CIIqCCpqNLNqCCpqNLNq 通过替代 p/q，交换法，Cpp 和分离法很容易地就能得出。在 46 式中以更为简单的表达式 NLNp 代替 IIqCCpqNLNq，我们得出：

48. QTpKNLpNLNp。

这个公式在语言上表示："p 是偶然的——当且仅当——p 不是必然的并且非 p 不是必然的。"由于短语"非 p 不是必然的"与"p 不是不可能的"表示同一意思，我们可以简略地说："某个东西是偶然的；当且仅当它不是必然的而又不是不可能的。"亚历山大更简短地说："偶然的是既非必然也非不可能的。"[①]如果我们按照我们的定义 I，将 NLNp 变形为 Mp，而将 NLp 变形为 MNp，我们就得出另一个 Tp 的定义：

49. QTpKMNpMp　　或　　50. QTpKMpMNp。

公式 50 读作："p 是偶然的——当且仅当——p 是可能的，并且非 p 也是可能的。"它将偶然性定义为"双重可能性"，即定义为一种确实是这样也可以不是这样的可能性。我们将看到这个定义与亚里士多德关于偶然性的其他断定在一起，其结果就会引起一个新的重大困难。

亚里士多德在关于未来偶然事件的一次著名讨论中，企图为非决定论的观点辩护。他假定那些不是恒常出现的东西，具有存在或不存在的相同的可能性。例如这件长袍可以被剪成一片片，

① 亚历山大，158，20。

但同样也可能不被剪碎[①]。同样地一场海战可能在明天发生，也同样可能不发生。他说："关于这类事件的两个互相矛盾的命题中，必须有一个是真的，而另一个是假的，但是不能确定是这一个还是那一个，只能说总有一个可能碰巧出现，其中一个比另一个更为真一些，但任何一个都不能在那个时候就已确定是真的或是假的。"[②]

这些论证，虽然没有十分清楚地表达出来，或者考虑得尚不够十分深透，却包含了一个重要的并且极为丰富的思想。让我们举海战为例，并且假定关于这场海战今天什么也没有决定。我的意思是指今天既没有那种真实存在的并且能引起明天发生一场海战的东西，也没有任何能引起明天不发生一场海战的东西，因此，如果说，真理在于思想符合于现实，那么，"明天将发生海战"这个命题在今天既不真也不假。我正是在这个意义上理解亚里士多德的"现在既不真也不假"这句话。但是这将导致一个结果：明天将有一场海战就今天来看既不是必然的，也不是不可能的，换句话说，"可能明天将有一场海战"和"可能明天将没有一场海战"这两个命题就今天来看都是真的，而这个未来的事件是偶然的。

从上面的叙述得出：按照亚里士多德的意见，存在着真的偶然命题，也就是说公式 Tp 和它的等式 KMpMNp 对于 p 的某些值（如说 α）是真的。例如，如果 α 表示"明天将有一场海战"那么亚里士多德就会断定 $M\alpha$ 和 $MN\alpha$ 两个都是真的，这样他就要断定合

---

① 《解释篇》，9，19^a9。

② 同上，9，19^a36。

取式：

(A) $KM\alpha MN\alpha$

但是，在借助于变项函子 δ 而扩充的古典命题演算中，存在着下述由列斯涅夫斯基所提出的原始命题演算系统(Protothetic)的断定命题：

51. $C\delta pC\delta Np\delta q$

用语言表达就是："如果 δ 属于 p，那么，如果 δ 属于非 p，δ 就属于 q"，或者，简而言之："如果某个东西对于命题 p 是真的，并且对于 p 的否定也是真的，那么，它对于任一命题 q 是真的。"命题 51 根据输入律和输出律 CCpCqrCKpqr 和 CCKpqrCpCqr 与

52. $CK\delta p\delta Np\delta q$

等值。从(A)和 52 式我们得出结果：

$$52.\ \delta/M, p/\alpha, q/p \times C(A) —— (B)$$

(B) Mp。

这就是，如果我们断定了任何一个偶然命题为真，那么，我们就不得不承认另外某个表述可能的命题。但是，这就要引起模态逻辑的破坏，由此 Mp 必须被排斥，从而 $KM\alpha MN\alpha$ 不能被断定。

我们现在就将结束我们对亚里士多德命题的模态逻辑的分析。这种分析使我们遇到两个巨大的困难：第一个困难是与亚里士多德承认有真的必然命题相联系，第二个困难是与他承认有真的偶然命题相联系。两个困难都将在亚里士多德的模态三段论中重新出现：第一个困难重现在具有一个实然前提和一个必然前提的三段论理论中；第二个困难重现在他的偶然三段论的理论中。如果我们希望克服这些困难，并解释和评价他的模

态三段论，我们必须首先建立一个可靠的并且前后一贯的模态逻辑系统。

第七章 模态逻辑系统

§46. 真值表方法

为了充分了解在本章中所阐述的模态逻辑系统，必须熟悉真值表方法。这个方法可以运用于一切逻辑系统，在这些系统中会出现真值函项，即出现这样的函项，它的真值仅仅依赖于它们的主目的真值。古典命题演算是一个二值系统，它假定了两个真值："真"（用 1 表示）和"假"（用 0 表示）。按照麦加拉的菲罗的意见，一个蕴涵式总是真的，除非它是以真起始而以假结尾。这用符号表示就是：C11＝C01＝C00＝1，而只有 C10＝0。显然，真命题的否定是假的（即 N1＝0），而假命题的否定则是真的（即 N0＝1）。这些符号等式常借助于"真值表"（或称为"矩阵"）来表示。C 和 N 的二值真值表 M1 可以描述如下：C 的真值排列成横行和纵栏而形成一个正方形，并且为左边和上端的直线所分开。第一个主目的真值放在正方形的左边，第二个主目的真值放在正方形的上端，而 C 的真值可以在正方形中找到，在这个正方形中，能够想象到的、从正方形的边沿的各真值划起的许多直线彼此交叉看。N 的真值表则是容易了解的。

	C	1 (q)	0 (q)	N
p	1	1	0	0
p	0	1	1	1

M1

借助于这个真值表，古典命题演算，即 C—N—p 演算中的任何表达式都可以机械地加以验证，即当它被断定时加以证明，和被排斥时加以否证。它满足于这样的目的，将值 1 和值 0 去代替变项的一切可能的结合时，如果每一种结合按照真值表所规定的等式最后导至 1，那么，这个表达式就是被证明的；如果不是这样，它就是被否证的。例如，CCpqCNpNq 根据 M1 而被否证，因为当 p=0和 q=1 时，我们有：CC01CN0N1=C1C10=C10=0。相反，我们的 C—N—p 系统的公理之一 CpCNpq[①] 根据 M1 而得到证明，因为我们有：

当 p=1，q=1：C1CN11=C1C01=C11=1，

当 p=1，q=0：C1CN10=C1C00=C11=1，

当 p=0，q=1：C0CN01=C0C11=C01=1，

当 p=0，q=0：C0CN00=C0C10=C00=1.

用同样的方法我们可以验证 C—N—p 系统另外两个公理 CCpqC-CqrCpr 和 CCNppp。因为 M1 是这样构成的：关于断定的表达式的替代规则和分离规则永远产生 1 的这种特性是有传递性的，C—N—p 系统中的所有断定的公式都能用真值表 M1 加以证明。

---

① 参阅第 111 页。

同样,因为关于被排斥的表达式的推论规则不经常产生 1 的这种特性是有传递性的,如果 p 按照公理是被排斥的,那么,C—N—p 系统中的所有被排斥的公式都能用 M1 加以否证。一个真值表能验证一个系统中所有的公式,即证明被断定的公式和否证被排斥的公式,这个真值表对这个系统来说,称为“足够的”。M1 是古典的命题演算一个“足够的”真值表。

M1 对 C—N—p 系统来说不是唯一足够的真值表。我们通过 M1 和自身“相乘”而得出另一个足够的真值表 M3。得出 M3 的过程可以描述如下:

首先,我们形成 1 和 0 的有序对偶值,即:(1,1),(1,0),(0,1),(0,0),它们是新真值表的元素。其次,我们借助下述等式决定 C 和 N 的真值:

(y) C(a,b)(c,d)=(Cac,Cbd),

(z) N(a,b)=(Na,Nb)。

然后,我们按照这些等式建立真值表 M2,最后,通过简化式:(1,1)=1,(1,0)=2,(0,1)=3 和(0,0)=0 而将 M2 改变为 M3。

C	1,1	1,0	0,1	0,0	N
(1,1)	(1,1)	(1,0)	(0,1)	(0,0)	(0,0)
(1,0)	(1,1)	(1,1)	(0,1)	(0,1)	(0,1)
(0,1)	(1,1)	(1,0)	(1,1)	(1,0)	(1,0)
(0,0)	(1,1)	(1,1)	(1,1)	(1,1)	(1,1)

M2

C	1	2	3	0	N
1	1	2	3	0	0
2	1	1	3	3	3
3	1	2	1	2	2
0	1	1	1	1	1

M3

M3 中的符号 1 仍旧标志真，而 0 仍旧标志假。新的符号 2 和 3 可以解释为真和假的补充记号。这通过将其中之一（究竟是哪一个这没有关系）等同于 1，而另一个等同于 0 就可以看出来。

C	1	1	0	0	N
1	1	1	0	0	0
1	1	1	0	0	0
0	1	1	1	1	1
0	1	1	1	1	1

M4

C	1	0	1	0	N
1	1	0	1	0	0
0	1	1	1	1	1
1	1	0	1	0	0
0	1	1	1	1	1

M5

请看 M4，那里 2＝1，而 3＝0。M4 的第二行和第一行相同，而第四行与第三行相同；同样，M4 的第二栏和第一栏相同，而第四栏与第三栏相同。消除中间多余的各行和各栏，我们就得出 M1。用同样的方式我们从 M5 得出 M1，那里 2＝0 和 3＝1。

M3 是一个四值的真值表。M3 乘以 M1，我们得出一个八值的真值表，继续乘以 M1，就得出十六值真值表，并且一般地说，得出一个 2^n 值的真值表。所有这些真值表对 C—N—p 系统来说都是足够的，并且如果我们通过导入变项函子的方式去扩充系统的话，对它继续是足够的。

§47. C—N—δ—p 系统

我们已经遇到两个带有变项函子 δ 的断定命题：扩展原则 CQpqCδpδq 和断定命题 CδpCδNpδq。由于后一断定命题是我们模态逻辑系统的一个公理，这就有必要对借助于 δ 而扩充的 C—N—p 系统给以充分的解释，这个扩充了的系统，我们跟随麦雷狄士称之为 C—N—δ—p 系统。这样做更有必要，是因为对带有 δ 的系统，甚至一些逻辑学家也几乎是完全无知的。

将变项函子引入命题逻辑，应当归功于波兰逻辑学家列斯涅夫斯基。通过修改他的关于变项函子的替代规则，我就能得出简易而良好的证明[①]。首先需要解释一下这个规则。

我用 δ 标志一个带有一个命题主目的变项函子，并且断定：如果 p 是一个有意义的表达式，那么，δp 就是一个有意义的表达式。我们考察一下，带有一个变项函子的、最简单的、有意义的表达式，即 δp 的含义是什么。

一个变项是一个被看作关于一定值域的单个的字母，这些值可以用来替代这个字母。替代就意味着实际地书写它的一个值去代替这个变项，同一变项的每一次出现都用同样的值去代替。在

① 参阅杨·卢卡西维茨：《论命题主目的变项函子》(*On Variable Functors of propositional Arguments*)，载《爱尔兰皇家科学院院刊》，都柏林，1951 年，54 A 2。

C—N—p 系统中，命题变项（如 p 或 q）的值域是由这个系统中所有有意义的命题的表达式所组成的。除此以外，还可以导入两个常项：1 和 0，即一个恒真命题和一个恒假命题。那么，什么是函子变项 δ 的值域呢？

很明显，我们可以将任何一值去代替 δ，只要这个值与 p 一起能提供一个在我们系统中有意义的表达式。不仅带一个命题主目的常函子（例如 N）是如此，就是与带一个主目的函子起相同作用的复合表达式也是如此（例如 Cq 或 CCNpp）。通过替代 δ/Cq，我们从 δp 得出表达式 Cqp，而通过 δ/CCNpp，则得出表达式 CCNppp。但是，这种替代显然不能包括所有可能的情况。我们不能用这个方法从 δp 得出 Cpq 或 CpCNpq，因为没有任何一种对 δ 的替代能将 p 从它最后的位置上移开。但是毫无疑问，最后所说的两个表达式正如 Cqp 或 CCNppp 一样，也是对 δp 的替代，因为 δp，正如我所知道的那样，是代表所有包含 p 的（包括 p 和 δp 本身）有意义的表达式。

我可以用下述方法来克服这个困难，我首先用例子来说明这个方法。为了从 δp 通过对 δ 的替代而得出 Cpq，我写作 δ/C'q，我通过消除 δ 并用 δ 的主目、即用 p 去填充由省略符号所划出的空栏来实现这种替代。用同样的方法我从 δp 通过替代 δ/C'CN'q 得出表达式 CpCNpq。如果在表达式中出现不止一个 δ，如在 CδpCδNpδq 中所出现的那样，而我想对这个表达式作出替代 δ/C'r，那么，我就必须在每一次都消除 δ 并在消除的地方写上 C'r，以 δ 的相应的主目去填充空栏。这样，我就从 δp 得出 Cpr，从 δNp 得出 CNpr，从 δq 得出 Cqr，而从整个表达式得出 CCprCC-

NprCqr。从同一表达式 CδpCδNpδq 通过替代 δ/C”推出公式 CCppCCNpNpCqq。替代 δ/’表示 δ 应当省略；通过这样的替代，我们就可以例如从 CδpCδNpδq 得出邓斯·司各脱原则 CpC-Npq。替代 δ/δ’是“同一的”替代，它不引起任何变化。一般地说，我们通过对 δ 的替代而从一个包含 δ 的命题得出一个新的表达式，这种替代是对 δ 写上一个带有至少一个空白处的有意义的表达式，并且以 δ 的各个主目去填充这些空白处。这不是一个新的替代规则，而只是对一个变项函子的替代应当如何实行的一个描述。

C—N—δ—p 系统可以建立在被断定的单个公理之上，这个单个公理已为我们所熟悉：

51. CδpCδNpδq，

对这个系统必须加入按照公理加以排斥的表达式 p 以便产生所有被排斥的表达式。麦雷狄士在一篇未发表的论文中表明，C—N—δ—p 系统的所有断定的公式都可以从公理 51 推出。① 推论规则就是通常的分离规则和对命题变项和函子变项的替代规则。为了以例子说明这些规则如何发生作用，我将从公理 51 推

① 麦雷狄士在他的论文《论一个命题演算的扩充系统》(*On an Extended System of the propositional calculus*)(载《爱尔兰皇家科学院院刊》，都柏林，1951 年，54 A 3)中证明，C—O—δ—p 演算，即以 C 和 O 作为基本词项和带有函子变项和命题变项的演算，可以从公理 CδδοδP 完全地建立起来。他的证明完全性的方法可以运用于带有表达式 CδpCδNpδq 作为公理的 C—N—δ—p 系统。在第 183 页注①中所提到的我那篇关于模态逻辑的论文中，我从公理 51 推出 C—N—p 系统的三个被断定的公理，即 CCpqCCqrCpr，CCNppp，CpCNpq，以及某些出现 δ 的重要断定命题，其中包括扩展原则。

出同一律 Cpp。可将这个推论与 C—N—p 系统中对 Cpp 证明加以比较。[①]

　　51. δ/',q/p×53

53. CpCNpp

　　51. δ/CpCNp',q/Np×C53—54

54. CCpCNpNpCpCNpNp

　　51.δ/',q/Np×55

55. CpCNpNp

　　55. p/CpCNpNp×C55—56

56. CNCpCNpNpNCpCNpNp

　　51.δ/C'',p/CpCNpNp,q/p×C54—C56—57

57. Cpp

我想强调指出，在公理 51 之上建立的系统比 C—N—p 系统要丰富得多。在包含 δ 的断定的结论中有这样的逻辑定律，像 CCpqCCqpCδpδq，CδCpqCδpδq，CδCpqCpδq——所有这些都是非常重要的定律，但是几乎所有的逻辑学家对它们都毫无所知。例如，第一个定律是与 CQpqCδpδq 等值的扩展原则；第二个定律可以采用为称作"蕴涵"系统的唯一的公理；第三个定律可以采用为称作"实证"逻辑的一个公理。所有这些定律都可以用真值表方法按照下面给予的规则加以验证。

在二值逻辑中存在四个并且也只有四个带有一个主目的不同函子，这里用 V、S、N 和 F 来标志(参阅真值表 M6)

① 参阅第 113 页。

P	V	S	N	F
1	1	1	0	0
0	1	0	1	0

M6

对验证 δ-表达式，用下述实用规则是足够的，这个规则实际上应当归功于列斯涅夫斯基。这个规则是：相继地写下函子 V、S、N 和 F 以代替 δ，然后消除 S，将 Va 变成 Cpp，而将 Fa 变成 NCpp。如果你们在所有的情况下都得出一个真的 C—N—公式，那么，这个表达式就被断定，否则，就应当被排斥。例如，CδCpqCδpδq 应当被断定，因为我们有

CSCpqCSpSq＝CCpqCpq，

CNCpqCNpNq，

CVCpqCVpVq＝CCppCCppCpp，

CFCpqCFpFq＝CNCppCNCppNCpp.

表达式 CCpqCδpδq 应当被排斥，因为 CCpqCNpNq 不是一个真的 C—N—公式。由此，我们看到，C—N—δ—p 系统的所有表达式用真值表的方法都是容易加以证明或否证的。

§ 48. δ-定义

函子 δ 可以成功地运用于表达定义。《数学原理》的作者们用一个特殊的符号表达定义，这特殊的符号由将定义项和被定义项

联结起来的等号“＝”，以及放在定义之后的字母“DF”所组成。按照这个方法，析取式的定义就可以这样来表示：

CNpq. ＝. Hpq Df，

这里 CNpq(“如果非 p，那么 q”)是定义项，而 Hpq(“或者 p，或者 q”)是被定义项。[①] 符号“. ＝. Df”是与一个特殊的推论规则联结在一起的，这个推论规则允许用被定义项代替定义项，以及反转过来。这种定义的优点在于结果是直接给予的。但是它却具有增加基本符号和推论规则的数目这样的缺点，而这些数目应当尽可能地减少。

列斯涅夫斯基总是将同样的定义写成一个等值式，因此，在他的系统中没有引入用以表达定义的新的基本词项。为了这个目的，他选择了等值式作为他的命题逻辑的基本词项，这个命题逻辑借助于函子变项和量符而加以扩展，并且被他称为“原始命题演算系统”(protothetic)。这正是他的观点的优越之处。但另一方面，他不能直接用被定义项代换定义项，或者反转过来，因为等值式具有允许作出这种代换的一些特殊规则。

在我们的 C—N—δ—p 系统中，等值式不是基本词项；因此对它必须给以定义，但是为了避免恶的循环，它不能用等值式来下定义。然而，我们将看到，可以用一定的方法将 C 和 δ 去表达定义，这种方法保存了上述两种观点的优点，而避免了它们的缺点。

一个定义的目的在于引入一个新的词项，这个词项通常是

① 我通常用 A 表示析取，但这个符号在我的三段论中已经具有了别的意义。

由我们已知的词项所组成的一些复合表达式的一个简化式。定义的两部分(定义项和被定义项)为了产生一个合式的定义,必须满足某些条件。下述四个条件对引入我们系统中的新的函项的定义是必要的也是充分的:(a)不管是定义项还是被定义项,都须是命题的表达式。(b)定义项必须由基本词项,或者由用基本词项已经定义过的词项组成。(c)被定义项须要包含通过定义而引入的新的词项。(d)在定义项中所出现的任何自由变项,必须在被定义项中也出现,反过来也是一样。容易看到,例如作为定义项的 CNpq 和作为被定义项的 Hpq 就遵守了上述四个条件。

我们现在以 P 和 R 标志满足(a)—(d)的条件的两个表达式,因此,其中之一(究竟是哪一个,这没有关系)可以取作定义项,而另一个取作被定义项。假定其中任何一个都不包含 δ。我认为,这个断定的表达式 CδPδR 就代表一个定义。例如:

58. CδCNpqδHpq

代表析取的定义。按照 58 式,任何包含 CNpq 的表达式可以直接改变为另外一个表达式,其中 CNpq 被 Hpq 所代换。我们可以取邓斯·司各脱原则作为例子:

59. CpCNpq,

我们可以通过下述推论从它得出定律 CpHpq,用语言表达即是:“如果 p,那么,或者 p 或者 q”:

58. δ/Cp'×C59—60

60. CpHpq.

如果我们想将我们的定义运用于克拉维乌斯原则:

61. CCNppp，

我们必须首先在58式中用p代q，从而得出

58. q/p×62

62. CδCNppδHpp

62. δ/C'p×C61—63

63. CHppp.

（公式63读作："如果或者p或者p，那么p"，它是《数学原理》的作者们所采用的一个"基本命题"或公理。他们将这个公理正确地称为"重言式原则"，因为这个公理所陈述的是两次叙说同一东西（ταὐτὸ λέγειν），"p或者p"，就是仅只叙说了"p"。例如，邓斯·司各脱原则在任何合理的意义上都不是重言式。）

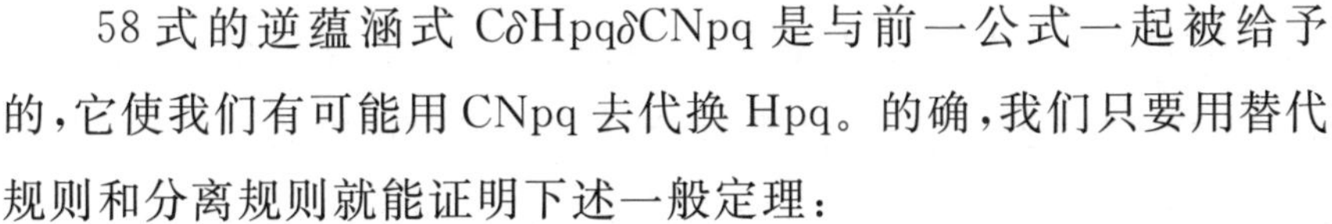

58式的逆蕴涵式CδHpqδCNpq是与前一公式一起被给予的，它使我们有可能用CNpq去代换Hpq。的确，我们只要用替代规则和分离规则就能证明下述一般定理：

（C）如果p和R是任何不包含δ的有意义的表达式，并且CδpδR是被断定的，那么，CδRδp也同样应当被断定。

证明：

（D） CδpδR

（D）δ/Cδ'δp×（E）

（E） CCδpδpCδRδp

（D）δ/CCδpδ'CδRδp×（F）

（F） CCCδpδpCδRδpCCδpδRCδRδp

（F）×C（E）—C（D）—（G）

（G） CδRδp.

所以,如果 p 和 R 不包含 δ,并且其中一个可以解释为定义项而另一个为被定义项,那么,显然,任何具有 CδpδR 形式的被断定的表达式都是一个定义,因为 p 到处可以为 R 所代换,而 R 也到处可以为 p 所代换,这恰恰就是一个定义所具有的特性。

§49. 模态逻辑的四值系统

模态逻辑的每一系统都必须包含基本模态逻辑以作为自己的固有部分,即必须在它的断定命题中包含 M-公理:CpMp,* CMpp 和 * Mp,与 L-公理:CLpp,* CpLp 和 * NLp。容易看到,M 和 L 与二值演算中的四个函子 V、S、N 和 F 的任何一个都是有区别的。M 不能是 V,因为 Mp 是被排斥的,而 Vp=Cpp 却被断定;它也不能是 S,因为 CMpp 是被排斥的,而 CSpp=Cpp 却被断定,它也不能是 N 和 F,因为 CpMp 被断定,而 CpNp 和 CpFp=CpNCpp 却被排斥。这对于 L 也同样如此。函子 M 和 L 在二值逻辑中不能得到解释。所以,任何模态逻辑系统都应当是多值的。

另外还有一种观点,它也导致同样的结果。如果我们跟亚里士多德一样,承认某些未来的事件(例如海战)是偶然的,那么,今天陈述这些事件的命题就既不能是真的,也不能是假的,因此要有区别于 1 和 0 的第三个真值。根据这个观念,并且借助于真值表方法(我从皮尔士和施累德那里熟悉了这种方法),我在 1920 年建立了三值的模态逻辑系统,后来又在 1930 年的论文中发展了这个系统。[1] 今天我已了解到，这个系统不能满足我们关于模态的全部直觉，因而应当为下面所描述的系统所代替。

我的意见是：在任何模态逻辑中都应当保存古典的命题演算。这种演算至今仍然表明它的确实性和有效性，而不应当毫无根据将它弃之一边。万幸得很，古典命题演算不仅有一个二值的真值表，而且还有足够的多值真值表。我曾试图将最简单的，对 C—N—δ—p 系统为足够的多值真值表，即四值真值表运用于模态逻辑，并且成功地获得了预期的结果。

正如我们在第 46 节所看到的那样，真值表 M2 的元素是一对值 1 和 0，它从下述等式推出 N 的真值：

(z)N(a,b)=(Na,Nb).

表达式“(Na,Nb)”是一般形式(εa,ζb)的特殊情况，这里 ε 和 ζ具有二值演算中的 V、S、N 和 F 等函子作为真值。因为 ε 的四个值中的每一个都可以和 ζ的四个值中的每一个相组合，我们就得出 16 种组合，这 16 种组合定义四值演算中具有一个主目的 16 个函子。我在其中找到两个函子，每一个都能代表 M。这里我定义其中一个，而另一个我将在以后再讨论。

(α)M(a,b)=(Sa,Vb)=(a,Cbb)

在(α)的基础上我得出 M 的真值表 M7，我用在第 46 节中所说的同样的简化法将 M7 变为真值表 M8，即：(1,1)=1，(1,0)=2，(0,

---

[1] 杨·卢卡西维茨《论三值逻辑》(*O logice trójwartościowej*)，载《哲学进展》(*Ruch Filozoficzny*)，第五卷利沃夫(Lwów)，1920；杨·卢卡西维茨《命题演算多值系统的哲学考察》(*Philosophische Bemerkungen zu mehrwertigen Systemen des Aussagenkalküls*)，载《华沙科学与文学学会会刊》，第十三卷 cl. 3，1930。

1)＝3 和(0,0)＝0。

P	M
(1,1)	(1,1)
(1,0)	(1,1)
(0,1)	(0,1)
(0,0)	(0,1)

M7

P	M
1	1
2	1
3	3
0	3

M8

这样，在得出 M 的真值表以后，我选择 C、N 和 M 作为基本词项，并且将我的模态逻辑系统建立在下述四个公理之上：

51. CδpCδNpδq　　4. CpMp

*5. CMpp　　*7. Mp.

推论的规则是关于断定的表达式和排斥的表达式的替代规则和分离规则。

Lp 是依靠 δ-定义引入的：

64. CδNMNpδLp.

这表示："NMNp"在任何地方都可以为"Lp"所替换，而反过来，"Lp"在任何地方也可以为"NMNp"所替换。

同样的模态逻辑系统也可以在下述基础上建立：使用 C、N 和 L 作为基本词项，以及公理：

51. CδpCδNpδq　　3. CLpp

*6. CpLp　　*8. NLp,

和 M 的 δ-定义：

65. CδNLNpδMp.

M9 是这个系统的充分足够的真值表：

C	1	2	3	0	N	M	L
1	1	2	3	0	0	1	2
2	1	1	3	3	3	1	2
3	1	2	1	2	2	3	0
0	1	1	1	1	1	3	0

M9

我希望，在经过上述解释之后，每一个读者都可以借助于这个真值表去验证属于这个系统的任何公式，即证明断定的公式和否证排斥的公式。

可以证明，这个系统在这样的意义上说是完全的，即属于这个系统的每一个有意义的表达式都是可以判定的，它或者被断定，或者被排斥。它在这样的意义上说也是一致的，即无矛盾的，这就是说任何一个有意义的表达式不能同时既被断定又被排斥。这一个公理的集合是独立的。

我想强调一下，这个系统的公理完全是自明的。带有 δ 的公理应当为所有接受古典命题演算的逻辑学家所熟悉；带有 M 的公理也应当断定为真；推论的规则同样是自明的。在这个系统中所有正确推出的结果都应当为接受这些公理和推论规则的人所允许。没有真正的理由可以用来反对这个系统。我们也将看到，这个系统排斥了所有关于模态逻辑所引出的错误推论，解释了亚里士多德模态三段论中的困难，并且揭示了一系列意外的、对于哲学具有重大意义的逻辑事实。

§50. 必然性和模态逻辑的四值系统

在第六章结尾时指出过两个重大的困难：第一个是与亚里士多德承认有断定的必然命题相联系，第二个是与他承认有断定的偶然命题相联系。现在让我们解决第一个困难。

如果将所有分析命题都看作是必然真的命题，那么，最典型的分析命题——同一性原则 Fxx——也应当看作是必然真的命题。正如我们已经看到的那样，这就会导致这样错误的结论，即任何两个个体，如果它们是同一的，它们就必然是同一的。

这个结论是不能从我们的模态逻辑系统推论出来的，因为可以证明：在这个系统中任何一个必然命题都不是真的。由于这个证明是建立在扩展定律 CCpqCLpLq 的基础上的，我们必须首先证明，这个定律是从我们的系统推出的。

公理 51 的结果要这样表述：

66. CδCpqCδpδq.

从 66 式通过替代 δ/M' 推出公式：

67. CMCpqCMpMq，

而从 67 式通过 CCpqMCpq，公理 4 的替代，和借助于假言三段论，我们得出较强的 M-扩展定律：

19. CCpqCMpMq.

较强的 L-扩展定律 CCpqCLpLq 是通过易位从 19 式推出的。在第 42 节中所遗留下未获解决的问题，即亚里士多德的扩展定律的较强的或较弱的解释应该容许哪一个的问题，这样得到了有利于较强的解释的解决。任何必然命题都不是真的，这个证明现在将以充分精确的形式作出：

前提：

*6. CpLp

18. CCpqCLpLq

33. CCpCqrCqCpr

68. CCCpqrCqr

推演：

68. r/CLpLq×C18—69

69. CqCLpLq

33. p/q, q/Lp, r/Lq×C69—70

70. CLpCqLq

70. p/α, q/p×C*71—*6

*71. Lα

希腊字母的变项 α 需要作些解释。公式 70 的后件 CqLq，它与排斥的表达式 CpLp 同义，按照我们的规则，允许排斥前件 Lp 以及对 Lp 的任何替代。但是，这不能依靠*Lp 来表达，因为从一个排斥的表达式通过替代不能得出任何东西。例如，Mp 是被排斥的，但是 MCpp——一个 Mp 的替代式——却是被断定的。为了表达 70 式的前件对于 L 的任何主目都是被排斥的，我使用希腊字母（称之为“解释变项”）以便与用拉丁字母标志的“替代变项”相区别。因为命题 α 可以给予任何解释，*Lα 代表一个一般的定律，并且表示，任何以 L 起始的表达式，即任何必然命题，都是应当被排斥的。

这个结果，*Lα 通过 L 的真值表得到证明，这个 L 真值表是由 N 和 M 的真值表按照 L 的定义建立起来的。每个人在看到 M9 表之后都可以发现，L 只以 2 和 0 作为自己的真值，而从来不以 1 为自己的真值。

由于运用模态逻辑于同一性原理而得出错误结果的问题，现在就容易得到解决了。因为 LFxx 作为一个必然命题，不能被断定，它就不能用分离法从前提

(t) CFxyCLFxxLFxy 或

CLFxxCFxyLFxy

引申出结论：(v)CFxyLFxy。用真值表的方法的确可以证明(t)应予断定，因为它永远得 1，但(v)却应当是被排斥的。由于同一性原则 Fxx 是真的，即 Fxx＝1，因此，我们就得出 LFxx＝2，和 CFxyCLFxxLFxy＝CFxyC2LFxy。表达式 Fxy 可以具有 1、2、3 或 0 四个值中的任何一个值。

如果 Fxy＝1，那么，CFxyC2LFxy

＝C1C2L1＝C1C22＝C11＝1，

如果 Fxy＝2，那么，CFxyC2LFxy

＝C2C2L2＝C2C22＝C21＝1，

如果 Fxy＝3，那么，CFxyC2LFxy

＝C3C2L3＝C3C20＝C33＝1，

如果 Fxy＝0，那么，CFxyC2LFxy

＝C0C2L0＝C0C20＝C03＝1。

可见，(t)是被证明的，因为它的真值化归的最后结果总是 1。相反，(v)是被否证的，因为我们有：当 Fxy＝1 时，CFxyLFxy＝

C1L1=C12=2。

当奎因问到什么是下面推理中的错误时[①]，提供了上述困难的有趣并且有益的例子：

(a) 晨星必然和晨星同一。

(b) 但是昏星并不必然和晨星同一（只是事实上与它同一）。

(c) 但是同样一个客体不能具有矛盾的属性（不能是 A 又不是 A）。

(d) 所以，晨星和昏星是不同的客体。

由我们的系统对这个困难所提供的解决是非常简单的。这个推理是错误的，因为前提(a)和(b)不是真的，而不能被断定，因此结论(d)不能从(a)和(b)推出，虽然事实上，蕴涵式 C(a)C(b)(d)是正确的（第三个前提作为真的前提可以省去）。上述蕴涵式可以用下述方式证明：

用 x 表示晨星，而用 y 表示昏星，那么，(a)是 LFxx，(b)是 NLFyx，它与 NLFxy 等值，（因为同一是一种对称关系），而(d)是 NFxy。这样，我们就得出公式 CLFxxCNLFxyNFxy，它是真的断定命题(t)的一个正确的变形。

奎因所提出的例子现在可以借助我们的四值真值表用下述方式来验证：如果“x”和“y”的意义同上，那么，Fxx=Fxy=1；从而 LFxx=LFxy=L1=2，NLFxy=N2=3 和 NFxy=N1=0，因此，按照 CLFxxCNLFxyNFxy，我们有 C2C30=C22=1。这个蕴涵式

① 我从坎特伯雷大学学院（新西兰，克赖斯彻奇）哲学系复写出版的“逻辑注释”(Logic Notes)（§160）中找到这个例子，这本书是由普莱奥尔(A. N. Prior)教授寄给我的。

是真的，但由于它的两个前提并非都是真的，所以，结论可能是假的。

我们将在下面一章看到，类似的困难是亚里士多德与他的朋友德奥弗拉斯特斯和欧德谟斯之间展开争论的主要原因。关于“任何一个必然命题都不是真的”这个重要发现的哲学含义，将在第 62 节中阐述。

§51. 成对的可能性

我在第 49 节中提到，有两个函子，它们都可以代表可能性。我用 M 标志其中的一个，并且用等式将它定义为

(α) M(a,b)＝(Sa,Vb)＝(a,Cbb)，

我用等式将另一个函子定义为

(β) W(a,b)＝(Va,Sb)＝(Caa,b)，

我用 W 标志它，这个 W 看起来好像反过来的 M。按照这个定义，W 的真值表是 M10，并且可以简化为 M11。虽然 W 与 M 有区别，但它证实了与 M 所证实的同样结构的公理，因为 CpWp 用 M11 得到证明，正如 CpMp 用 M8 得到证明一样，而 * CWpp 和 * Wp用 M11 被否证，正如 * CMpp 和 * Mp 用 M8 而被否证一样。我可以用 M 去标志 W 的真值表：

P	W
(1,1)	(1,1)
(1,0)	(1,0)
(0,1)	(1,1)
(0,0)	(1,0)

M10

P	W
1	1
2	2
3	1
0	2

M11

还可以表明,M 和 W 之间的区别不是一种真正的区别,而只是由于不同的标志而产生的区别。可以回忆一下,我是通过用 2 来标志(1,0)和用 3 标志(0,1)这成对的值,而从 M2 得出 M3 的。由于这种标志完全是任意的,因而我有同样的权利用 3 表示(1,0)和用 2 表示(0,1),或者选择别的任何数字和记号。让我交换 M9 中的值 2 和值 3,在写 2 的地方记上 3,而在写 3 的地方记上 2。我们从 M9 得出真值表 M12,而通过重新分配 M12 中的中间各行和各栏,就得出真值表 M13:

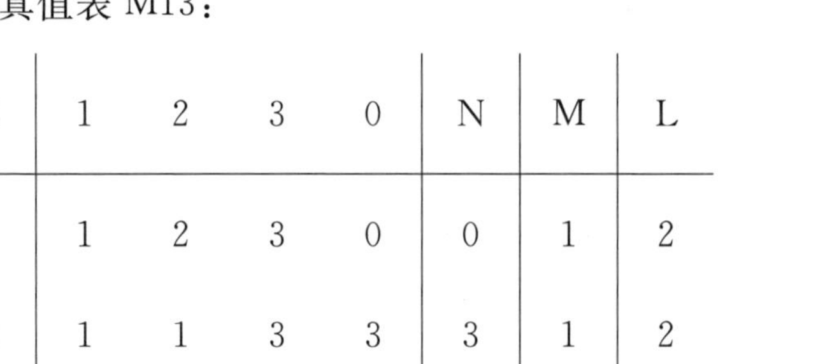

C	1	2	3	0	N	M	L
1	1	2	3	0	0	1	2
2	1	1	3	3	3	1	2
3	1	2	1	2	2	3	0
0	1	1	1	1	1	3	0

M9

C	1	3	2	0	N	—	—
1	1	3	2	0	0	1	3
3	1	1	2	2	2	1	3
2	1	3	1	3	3	2	0
0	1	1	1	1	1	2	0

M12

=

C	1	2	3	0	N	—	—
1	1	2	3	0	0	1	3
2	1	1	3	3	3	2	0
3	1	2	1	2	2	1	3
0	1	1	1	1	1	2	0

M13

如果我们将 M9 和 M13 进行比较，那么就看到 C 和 N 的真值表保持不变，而相当于 M 和 L 的真值表却变得不同了，因而我不能用 M 和 L 去标志它们。在 M13 中的、对应于 M9 中的 M 的真值表正是 W 的真值表。M13 仍然是与 M9 相同的真值表，只是用另一种标志书写出来而已。W 代表与 M 相同的函子，应当具有与 M 相同的性质。如果 M 表示可能性，那么，W 也同样表示可能性，并且在这两个可能性之间不可能有任何区别。

虽然 M 和 W 是同一的，但当他们在同一公式中出现的时候，他们就显出差别。它们类似于一对样子非常相像的孪生子，当分别地遇到他们的时候，不能加以区别，而当看到他们在一起时，就能立即将他们识别出来。为了了解这一点，让我们考察一下表达式 MWp、WMp、MMp 和 WWp。如果 M 和 W 是同一的，那么，这四个表达式也应当彼此同一。但是，它们并不同一。用我们的真值表可以证明，下述公式是被断定的：

72. MWp　　和　　73. WMp，

因为 Wp 只有 1 或者 2 作为它的真值，而 M1 正如 M2＝1；同样，Mp 只有 1 或者 3 作为它的真值，而两者 W1＝1 和 W＝31。另一方面，可以证明，公式

74. CMMpMp　　和　　75. CWWpWp

是被断定的，而因为不论是 Mp 还是 Wp，都是被排斥的，那么 MMp 和 WWp 也应当是被排斥的，因而我们有

* 76. MMp　　和　　* 77. WWp，

所以，我们不能在 72 或 73 式中用 M 代替 W 或用 W 代替 M，因为这样我们会从一个断定的公式得出一个排斥的公式。

至今还没有任何人注意到存在成对的可能性（与此相联系也存在成对的必然性）这个有趣的逻辑事实，它是由我的四值模态系统而得出的另一个重大的发现。这个事实非常精密并且要求为古代逻辑学家已经知道的形式逻辑有一个很大的发展。存在这对孪生子既说明了亚里士多德或然三段论理论中的错误和困难，也证明了他关于偶然性直觉观念的正确。

§52. 偶然性和模态逻辑的四值系统

我们已经知道，亚里士多德模态逻辑中的第二个巨大困难是与他关于某些偶然命题为真这个假设有关。根据断定命题 52（它是我们的公理 51 的变形）

52. CKδpδNpδq，

我们得出下述结果：

52. δ/M，p/α，q/p×78

78. CKMαMNαMp

78. C* 79—* 7

* 79. KMαMNα

这表示：表达式 79 对于任一命题 α，都是被排斥的，因为 α 在这里是一个“解释变项”。因而，不存在这样的 α，它能验证两个命题“α 是可能的”和“非 α 是可能的”，也就是说，不存在真的偶然命题 Tα，如果 Tp 是像亚里士多德所作的那样，定义为 Mp 和 MNp 的合取，即

80. CδKMpMNpδTp.

这个结果用真值表的方法得到证实。采用 Kpq 的通常定义：

81. CδNCpNqδKpq，

我们得出关于 K 的真值表 M14，并且我们有：

K	1	2	3	0
1	1	2	3	0
2	2	2	0	0
3	3	0	3	0
0	0	0	0	0

M14

当 p＝1：KMpMNp＝KM1MN1＝K1M0＝K13＝3

当 p＝2：KMpMNp＝KM2MN2＝K1M3＝K13＝3

当 p＝3：KMpMNp＝KM3MN3＝K3M2＝K31＝3

当 p＝0：KMpMNp＝KM0MN0＝K3M1＝K31＝3.

我们看到，合取式 KMpMNp 具有恒值 3，因而永远都不是真的。因此，Tp＝3，也就是说，不存在在定义 80 所指意义上的真的偶然命题。

然而,亚里士多德认为“明天可能发生海战”和“明天可能不发生海战”两个命题今天可以都是真的。因此,按照他的偶然性观点,是可以有真的偶然命题的。

有两个方法可以避免亚里士多德的观点和我们的模态逻辑系统之间的这种矛盾:我们应当或者否定命题可以同时既是偶然的又是真的,或者修改亚里士多德的偶然性定义。我选择了第二个方法,使用了上面所揭示的可能性成对的形态。

抛掷一个钱币,可以落下或者钱币的正面或者钱币的反面,换句话说,可能落下正面,也可能不落下正面。我们倾向于将两个命题都看作是真的。但是,如果第一个“可能性”用与第二个可能性相同的函子去标志的话,它们就不能两个都真。第一个可能性是与第二个可能性完全相同的,但是,从这里不应得出,它就应该用同样的方式去标志。落下正面的可能性与不落下正面的可能性是有区别的。我们可以用 M 标志一个可能性,而用 W 标志另一个可能性。带有肯定主目的命题“p 是可能的”可以表达为 Mp;带有否定主目的命题“非 p 是可能的”可以表达为 WNp;或者第一个作为 Wp,第二个作为 MNp。这样,我们就获得两个偶然性函子,譬如说是 X 和 Υ,它们的定义如下:

82. CδKMpWNpδXp　和　83. CδKWpMNpδΥp.

不可能将这些定义译成日常的语言,因为我们没有两类可能性和偶然性的名称。我们就将它们称为“M-可能的”和“W-可能的”,“X-偶然的”和“Υ-偶然的”。这样,我们就可以概略地说:“p 是 X-偶然的”表示“p 是 M-可能的并且 Np 是 W-可能的”,而“p 是 Υ-偶然的”表示“p 是 W-可能的并且 Np 是 M-可能的”。

从定义 82 和 83，我们可以推出 X 和 Υ 的真值表。我们得出：

当 p＝1：

X1＝KM1WN1＝K1W0＝K12＝2；

Υ1＝KW1MN1＝K1M0＝K13＝3.

当 p＝2：

X2＝KM2WN2＝K1W3＝K11＝1；

Υ2＝KW2MN2＝K2M3＝K23＝0.

当 p＝3：

X3＝KM3WN3＝K3W2＝K32＝0；

Υ3＝KW3MN3＝K1M2＝K11＝1.

当 p＝0：

X0＝KM0WN0＝K3W1＝K31＝3；

Υ0＝KW0MN0＝K2M1＝K21＝2.

P	X	Υ
1	2	3
2	1	0
3	0	1
0	3	2

M15

真值表 M15 表明，不论是 Xp 还是 Υp，对于 p 的某些值证明是真的（Xp，当 p＝2；Υp，当 p＝3）。现在已经证明，KMpMNp 具有恒值 3；同样可以表明，KWpWNp 具有恒值 2。这样，我们就得到两个断定的公式：

84. XKWpWNp　和　85. ΥKMpMNp.

这表明在我们的系统中存在真的 X-偶然命题和真的 Υ-偶然命题。我们就可以将在亚里士多德意义上的偶然性和我们的四值模态逻辑协调起来。

从 M15 也得出，X-偶然性和 Υ-偶然性是孪生子。如果我们在 M15 中用 3 代替 2，用 2 代替 3，那么，X 就变成 Υ，而 Υ 变成 X。然而，X 跟 Υ 是有区别的，其区别程度比 M 和 W 的区别更大，因为命题 Xp 和 Υp 是相互矛盾的。容易看到，借助于 M15，下述等式是成立的：

(γ) Xp＝ΥNp＝NΥp　和　(δ) Υp＝XNp＝NXp.

矛盾律和排中律对 Xp 和 Υp 都是真的，也就是说，我们有：

86. NKXpΥp　和　87. HXpΥp.

这表示，一个命题不能同时既是 X-偶然的又是 Υ-偶然的，而任何命题或者是 X-偶然的，或者是 Υ-偶然的。X-偶然命题的否定是 Υ-偶然命题，反过来，Υ-偶然命题的否定是 X-偶然命题。这听起来好像是自相矛盾的，因为我们习惯于认为：那种非偶然的东西，或者是不可能的，或者是必然的，不可能和必然是与同一种可能性发生联系的。但是，非 X-偶然的，或者是 M-不可能的，或者是 M-必然的，这种说法是不正确的；应该说，那种非 X-偶然的东西，或者是 M-不可能的，或者是 W-必然的，而那种或者 M-不可能，或者 W-必然的东西是与 Υ-偶然的东西等值的。

同样的误解是由于围绕断定命题 88 进行的争论而引起的，

88. CKMpMqMKpq，

它在我们系统中是被断定的。刘易士(C. I. Lewis)在他某些模态系统中断定了公式：

89. CMKpqKMpMq,

但是拒绝了它的逆换式,即 88 式。他使用了下述论证[①]:“如果 p 和 q 两个都真,是可能的,那么,p 是可能的并且 q 是可能的。这个蕴涵式不能逆换过来。例如,可能读者将立即看到它,也可能他不立即看到它。但是,不可能他既立即看到它又不立即看到它。”这个论证是缺少说服力的。这里“读者”指的是什么呢?如果指的是个别读者,如 R,那么,或者 R 将立即看到这个,或者 R 将不立即看到这个。在前一种情况下,第一个前提“可能 R 立即看到这个”是真的,但第二个前提是假的,而一个假的命题怎样可以成为可能真的命题呢?在后一种情况下,第二个前提是真的,而第一个前提是假的,而一个假的命题不能成为可能真的命题。公式 88 中的两个前提并不是两个都可证明的,因而用这种方式是不能驳斥这个公式的。

而如果“读者”一词指的是某些读者,那么,“可能某些读者将立即看到这个”和“可能某些读者将不立即看到这个”这两个前提可以都是真的,但是,在这种情况下,“可能某些读者将立即看到这个并且某些读者将不立即看到这个”这个结论显然也是真的。自然,将立即看到这个并且不看到这个的不会是同一读者。刘易士所提出的例子并没有驳斥掉公式 88,相反,它还证明了它的正确性。

但是,看来这个例子是选择得不适当的。前提增加了“立即”

① 刘易士和朗佛(C. H. Langford):《符号逻辑》(*Symbolic Logic*),纽约和伦敦,1932 年版,第 167 页。

一词，就丧失了它的偶然的性质。说读者将“立即”看到或者不看到这个，我们涉及的是那在看见的时刻被决定的东西。而真的偶然性涉及的是未决定的事件。让我们就举钱币的例子，它与亚里士多德的海战的例子是同一类的。两个例子都是关系到现在没有决定但将来要决定的事件。所以，“可能落下钱币的正面”和“可能不落下钱币的正面”这两个前提现在可以都是真的，而“可能落下又不落下钱币的正面”这个结论任何时候都不是真的。但是，我们知道，偶然性不能用 Mp 和 MNp 的合取来下定义，但可以用 Mp 和 WNp，或者 Wp 和 MNp 的合取来下定义，因此，上面引述的例子就不属于断定命题 88。所以，它不能否证它。这一点是为刘易士和其他逻辑学家所不知道的，而在一个错误的偶然性概念的基础上，他们就排斥了所讨论的断定命题。

§53. 其他某些问题

虽然我们的四值模态逻辑系统的公理和推论规则是十分显然的，但这个系统的某些结论却可能看起来是自相矛盾的。我们已经遇到自相矛盾的断定命题：偶然命题的否定仍然是偶然的；作为这一类的另一个断定命题，我可以提出“双重偶然性”定律，按照这个定律，下述公式是真的：

90. QpXXp　和　91. QpϒϒP.

问题在于去发现关于这样公式的某些解释，这些解释从直观上说是可满足的，并且能解释它们表面上的奇异。当古典命题演算刚刚为人所知的时候，也出现过对它的某些原则，特别是对 CpCqp

和 CpCNpq 的激烈的反对。这些原则具体地表现了中世纪的逻辑学家所熟悉的、并且为他们用下述语句表述出的两个逻辑定律。语句是：“*Verum sequitur ad quodlibet* 和 *Ad falsum sequitur quodlibet*.”①就我所知，这些原则现在已经是众所周知的了。

无论如何，我们的模态系统在这一方面不会比其他的模态逻辑系统处于更坏的地位。在某些模态逻辑系统中包含有这样非直观的公式，如：

*92. QMNMpNMp，

这里，一个或然命题“p 不可能，这是可能的”与一个必然命题“p 是不可能的”等值。代替这个必须加以排斥的奇怪的公式，在我们的系统中，我们有这样的断定命题：

93. QMNMpMNp

它和

94. QMMpMp

一起，使我们可能将所有由 M 和 N 组成的模态函子的组合化归为四个不能再行化归的、为亚里士多德已知的组合式，即 M＝可能，NM＝不可能，MN＝不必然和 NMN＝必然。

第二个问题关系到将四值模态逻辑扩充到更高系统中的问题。可以用八值系统作为例子。我们通过将真值表 M9 和真值表 M1 相乘而得出这个系统的真值表 M16。我们规定这些成对的值作为新的真值表中的元素：(1，1)＝1，(1，0)＝2，(2，1)＝3，(2，0)＝4，(3，1)＝5，(3，0)＝6，(0，1)＝7，(0，0)＝0，另外按照

① 真理随便从什么东西都能推出；从谬误推出所有任意的东西。

(y)、(z)和(α)这些等式规定 C、N 和 M 的真值。

C	1	2	3	4	5	6	7	0	N	M
1	1	2	3	4	5	6	7	0	0	1
2	1	1	3	3	5	5	7	7	7	1
3	1	2	1	2	5	6	5	6	6	3
4	1	1	1	1	5	5	5	5	5	3
5	1	2	3	4	1	2	3	4	4	5
6	1	1	3	3	1	1	3	3	3	5
7	1	2	1	2	1	2	1	2	2	7
0	1	1	1	1	1	1	1	1	1	7

M16

数字 1 像通常一样，标志真，0 标志假，而其他的数字则是真和假之间的中间值。如果我们注意考察真值表 M16，我们就会发现，C 栏的第二行与 M 栏是相同的。这一行因而代表可能性的真值表。同样，C 的其余各行，除了第一行与最后一行以外，都代表某种可能性。如果我们用 M2 到 M7 去标志它们，我们就能肯定：当 $2\leqslant i\leqslant 7$时，Mi 满足可能性的全部公理，即：

95. CpMip，* 96. CMipp，* 97. Mip.

在这些不同种类的可能性中，有某些"较强一些"和某些"较弱一些"，因为我们有，例如：CM2pM4p 或者，CM3pM6p，但是不能反转过来。所以，我们可以说，在八值模态逻辑中存在各种等级的可能性。我总是认为，只有两个模态系统可能具有哲学和科学的重要性：最简单的模态系统，其中可能性看作不具有等级，这就是我们的四值模态系统，和$\aleph_0$值系统，其中有无限多的可能性的等级。进一步研究这个问题将是有趣的，因为我们可能在这里发现模态逻辑和概率论之间的联系环节。

第八章　亚里士多德的模态三段论

我认为，亚里士多德的模态三段论跟他的实然三段论或者他在模态命题逻辑方面的贡献相比，意义要小得多。这系统看来好似一个逻辑练习，它虽然表面上很精密，却充满了粗心的错误，并且对科学问题没有任何适用之处。虽然如此，在这个三段论中却有两个争论问题主要由于历史的原因而有研究的价值，这就是关于带有一个实然前提和一个必然前提的三段论问题，和关于带有偶然前提的三段论问题。

§54. 有两个必然前提的各式

亚里士多德是模仿他的实然三段论的样子来论述模态三段论的。三段论划分为各种格和式，有些式被当作完全的式，这些式作为自明的而无须证明；不完全的式则通过换位法，归谬法或者通过所谓“显示法”而得到证明。不正确的式则通过用具体词项加以说明的方法而予以排斥。奇怪的是，只有一个例外，亚里士多德没有使用他的模态命题逻辑的定理。我们将看到，在某些情况下这会得出比他所作的证明更好并且更简单的证明。

必然命题的换位律和实然命题的换位律相类似。下述一些命题因此是真的："如果必然任何 b 都不是 a，那么必然任何 a 都不是 b"，用符号表达：

98. CLEbaLEab，

和"如果必然所有的 b 或者有些 b 是 a，那么必然有些 a 是 b"，用符号表达：

99. CLAbaLIab　和　100.　CLIbaLIab[①].

亚里士多德所作的证明是不能令人满意的[②]。他没有注意到，定律 98—100 可以从实然三段论类似的定律借助于定理 18 直接推出。

18. CCpqCLpLq.

例如，从 18 式，用 Eba 替代 p，用 Eab 替代 q，我们在前件中得出实然的换位律，由此我们可以分离出它的后件，即定律 98。

按照亚里士多德的意见，带有两个必然前提的三段论，除了对前提和结论都必须加上必然性记号以外，其余跟实然三段论都相同[③]。因此，关于 Barbara 式的公式将表述为：

101. CKLAbaLAcbLAca.

亚里士多德默然承认了，第一格的各式是完全的并且是不需要证明的。其他各格的各种式是不完全的，除了 Baroco 和 Bocardo 式以外，都需要按照对实然三段论的证明方法予以证明。Baroco

① 《前分析篇》，i. 3，25ª29，"……如果 A 必然不属于任何 B，那么，B 必然也不属于任何 A。"25ª32，"如果 A 必然属于所有的或有些 B，那么，B 也必然属于有些 A。"

② 参阅 A. 贝克尔：《亚里士多德的可能性推论的学说》，第 90 页。

③ 《前分析篇》，i. 8，29ᵇ35，"必然〔属于〕跟属于的情形几乎完全一样，因为，在〔前提中〕'属于'和'必然属于或不属于'对词项位置相同的情况下，得出和不得出的三段论仅仅具有这样的区别：给词项加上'必然属于'或者'必然不属于'。"

和 Bocardo 两个式在实然三段论中是用归谬法证明的，而这里须要用显示法加以证明[①]。我们再一次指出：对所有这些证明，运用定理 18 要容易得多，这将在以后的例子中看出。

通过输出律和输入律 CCKpqrCpCqr 和 CCpCqrCKpqr，可以表明 15 式，即实然的 Barbara 式与公式

102. CAba CAcbAca，

等值。这个纯粹的蕴涵形式比合取形式更便于推出结论。按照断定命题 3. CLpp，我们有：

103. CLAbaAba，

而从 103 和 102 借助于假言三段论，我们得出：

104. CtAbaCAcbAca.

而另一方面，由于替代 18 式的结果，我们有

105. CCAcbAcaCLAcbLAca，

而从 104 和 105 推出结论：

106. CLAbaCLAcbLAca

它与 101 等值。所有其余的带有两个必然前提的三段论的各式都可以用这样的方法加以证明，而不需要新的公理、换位律、归谬法，或者使用显示法的论证。

---

① 《前分析篇》，i. 8，30^a3—14。

§55. 有一个必然前提和一个实然前提的各式[①]

对带有一个必然前提和一个实然前提的第一格的三段论各式，亚里士多德是按照哪一个前提（大前提还是小前提）是必然前提而分别加以论述的。他说，当大前提是必然的，而小前提是实然的，我们就得出一个必然的结论；但是，当小前提是必然的，而大前提是实然的，我们就可能得出一个实然的结论[②]。这种区别借助于下述一些 Barbara 式的例子就显得很清楚。亚里士多德断定了三段论："如果必然所有的 b 是 a，那么，如果所有的 c 是 b，则必然所有的 c 是 a。"但是，他排斥了三段论："如果所有的 b 是 a，那么，如果必然所有的 c 是 b，则必然所有的 c 是 a。"用符号表达：

(ε)　CLAbaCAcbLAca 被断定，

(ζ)　CAbaCLAcbLAca 被排斥。

亚里士多德将三段论(ε)看作是自明的。他说："因为所有的 b 必然是 a 或者不是 a，而 c 是 b 中的一个，那么显然(φανερόν)，c

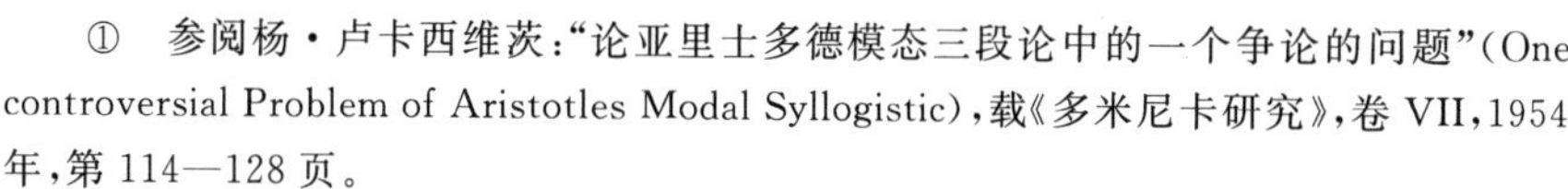
① 参阅杨·卢卡西维茨："论亚里士多德模态三段论中的一个争论的问题"(One controversial Problem of Aristotles Modal Syllogistic)，载《多米尼卡研究》，卷 VII，1954 年，第 114—128 页。

② 《前分析篇》，i. 9，30a15—25，"也有这样的情况：当一个前提表达必然性，但不是任一前提，而是其中包含大项的前提，其结论是关于必然属于的。例如，如果断定 A 必然属于或不属于 B，而 B 简单地属于 C，而如果前提正是这样安排的，那么，A 就必然地属于或不属于 C。"（以下的语句我们将在下面的附注中引述）"而如果前提 AB 不表达必然性，而 BC 表达必然性，那么，结论就不是关于必然属于的了。"

也将必然是 a 或者不是 a。”[①]由于下面将要说到的原因，用例子来表明这一点是困难的。但是下述实例或者可以使三段论(ε)在直观上比较好接受一些。让我仍设想，表达式 LAba 表示：“所有的 b 通过金属丝跟 a 联结起来。”因此，显然所有的 c(因为所有的 c 是 b)也通过金属丝跟 a 联结起来，即 LAca。因为任何东西以某种方式涉及所有的 b 是真的，那么如果所有的 c 是 b 的话，则它以同样的方式涉及所有的 c，也是真的。最后那个命题的自明性就没有什么好怀疑的了。

但是，我们从亚历山大那里知道，亚里士多德所断定的三段论(ε)的自明性，并没有为他的朋友们即他的学生德奥弗拉斯特斯和欧德谟斯所完全信服[②]。他们反对亚里士多德，他们坚持这样的观点：如果有一个前提是实然的，那么结论也应当是实然的；正像如果有一个前提是否定的，则结论也应当是否定的，并且如果有一个前提是特称的，则结论也应当是特称的一样；也就是说，符合于后来经院哲学家所表述的一个一般规则：*Peiorem sequitur semper conclusio partem*[③]。

这样的论证很容易遭到驳斥。三段论(ε)是演绎地等值于第

① 《前分析篇》，i. 9，30^{a}21，“……因为 A 必然地属于或不属于所有的 B，而 C 是 B 中的一个，显然，C 也就必然属于或不属于 A。”

② 亚历山大在注释第 225 页注②所引述的段落时说(124，8)：“这句话就是这样陈述的。但是他的朋友、即学生德奥弗拉斯特斯和欧德谟斯不同意他的意见。他们说：在所有这样的结合中，即它的一个前提表达必然性，而另一个前提指的是普通的属于，这时如果是以三段论进行讨论，结论说的只是普通的属于……(17)‘普通的属于’弱于‘必然的属于’。”

③ 结论永远由最弱的部分规定。

三格或然的 Bocardo 式："如果可能有些 c 不是 a，那么，如果所有的 c 是 b，则可能有些 b 不是 a"，用符号表达：

(η)CMOca CAcb MOba.

三段论(η)跟(ε)一样，也是自明的。它的自明性可以用例子来说明。我们假设，一只箱子里装着票签，从 1 号编到 90 号，设 c 表示"从箱子中抽出的号码"，b 表示"从箱子中抽出的偶数号"，而 a 表示"被 3 除尽的号码"。我们假定，在某一情况下，从箱中抽出了五个偶数号，因此，前提"从箱中抽出的所有的号码都是从箱中抽出的偶数号"，即 Acb 事实上是真的。由此，我们有把握推断，如果可能在这种情况下，从箱中抽出的有些号码不被 3 除尽，即 MOca，那么，也可能在这种情况下，从箱中抽出的有些偶数号不被 3 除尽，即 MOba。

亚里士多德断定了三段论(η)，并且从三段论 ε 通过归谬法对它加以证明[①]。但是他没有从(η)推演出(ε)，虽然，他一定知道，这是可能做到的。亚历山大看到了这一点，并且借助于归谬法从(η)明确地证明了(ε)。他说，这样的证明应当看作有利于亚里士多德学说的最合理的证明[②]。因为，按照他的意见，亚里士多德的朋友断定了满足于"最弱部分规则"的三段论(η)，而(ε)是可以从(η)推

---

① 《前分析篇》，i. 21，39^{b}33—39，"设 B 属于所有的 C，而 A 可能不属于有些 C，那么必然地，A 可能不属于有些 B。因为如果 A 必然属于所有的 B，而按照假设，B 属于所有的 C，那么 A 就像上面已经证明的那样，必然属于所有的 C，但是要知道原已假定：A 可能不属于有些 C。"

② 亚历山大，注释三段论(ε)(127.3)时写道："这证实了亚里士多德所说的，特别是如果使用第三格通过归谬法作出的证明，是正确的……(12)不论亚里士多德还是他的朋友都发现，按第三格所作的这种结合可能得出特称否定的结论。"

演出的，他们就不能根据这个规则去排斥(ε)。这个规则运用于模态时就变成错误的了。

在下一节中，我们将看到，德奥弗拉斯特斯和欧德谟斯反对三段论(ε)还提出了另外一个论据，它没有被亚历山大所驳倒，因为它与亚里士多德的一个论据相符合或相一致。不管亚历山大怎样谈到"最合理的证明"，人们还是感觉到有某些值得怀疑之处，因为他在提出很多论据支持亚里士多德的意见以后(上面引述的论据是最后一个)，最终又指出，在另外的著作中，他更为严密地证明了：在这些论据中哪些是合理的，哪些是不合理的[①]。亚历山大这里指的是他的著作《论亚里士多德和他的朋友之间的关于混合式的争论》和他的《逻辑注释》[②]。可惜，这两本书都失传了。

这个争论在我们这个时代又复活起来。大卫·罗斯爵士，在注释三段论(ε)和从三段论(η)对它所作的证明时，明确地表示[③]："亚里士多德的学说依然有明显的错误。因为他试图证明的东西是：前提不仅证明所有的C是A，而且还证明它们必然是A，正如所有的B必然是A那样；即由于它自身本性中具有一种永久的必然性；然而它们所证明的只是在所有的C是B的时候，它同样也是A，这不是由于它自身本性中具有一种永久的必然性，而是由于

① 亚历山大，127，14，"谁都可以用同样重要的论据去支持亚里士多德所陈述的意见。正如上面所说的那样，我在另外的著作中更为严密地证明了：其中哪些论据被认为是正确的和哪些是不正确的。"

② 第一种著作标题为(亚历山大，125.30)《论亚里士多德和他的朋友们之间关于混合式的争论》。参阅：亚历山大，249.38—250.2，那里使用"διαφωνίας"(意见分歧)代替"διαφορᾶς"(争论)一词；他引述的另一著作题为《逻辑注释》。

③ 大卫·罗斯编：《前分析篇》，第43页。

暂时分得B的性质中的一种暂时的必然性。”

这个论证是一种形而上学的，因为“事物的性质”和“它的本性中的永久的必然性”等术语都属于形而上学。但是在这些形而上学的术语后边却藏着一个逻辑问题，这个问题可以用我们的四值模态逻辑加以解决。现在我们转向亚里士多德所排斥的三段论。

§56. 有一个必然前提和一个实然前提的被排斥的各式

三段论(ζ)正如三段论(ε)一样，是自明的。奇怪的是，亚里士多德排斥了三段论

(ζ)　CAbaCLAcbLAca，

尽管很明显，这个三段论是与被断定的三段论(ε)相对等的。为了表明它的自明性，我们使用与上面相同的实例。如果LAcb表示所有的c通过金属丝与b联结起来，而所有的b是a，即Aba，那么显然，所有的c通过金属丝与a联结起来，即LAca。一般地说，如果每一个b都是a，那么，如果每一个c以某种方式与b联结起来，则它必须以同样的方式与a联结起来。这看来是自明的。

三段论(ζ)是正确的，最能使人信服的论据是它从它的演绎等值式第二格或然的Baroco式推出的。这个等值式是：

(θ)　CAbaCMOcaMOcb，用语言表达：

“如果每一个b是a，那么，如果可能有些c不是a，则可有些c不是b。”这可以用例子说明。让我们回到我们的箱子，从箱子中抽出了五个号码，让我们假定，从箱中抽出的所有的偶数号(b)都被

3 除尽(a),即 Aba,从这个实际上为真的事实,我们可以有把握地推出,如果可能有些从箱子中抽出的号码(c)不被 3 除尽,即 MOca,那么同样可能有些从箱子中抽出的号码不是偶数号即 MOcb。这个三段论看来完全是自明的。不管它看来是怎样完全是自明的,亚里士多德却否证了三段论(ζ),首先是用一个纯粹逻辑的论证,它将在下面被考察,然后是借助于下面的例子:设 c 表示“人”,b 表示“动物”,a 表示“正在运动”。他断定命题“每一个人都是动物”必然是真的,即 LAcb;但是所有的动物都在运动却不是必然的,这只能断定事实上为真,即 Aba,因而每一个人都在运动,也不是必然的,即 LAca,不是真的[①]。

亚里士多德的例子并不足以使人信服,因为我们不可能把“所有的动物都在运动”看作事实上是真的。一个最好的例子为我们的箱子所提供。设 c 表示“从箱子中抽出并且为 4 除尽的号码”。b 表示“从箱子中抽出的偶数号”,而 a 表示“被 3 除尽的数”。亚里士多德将会同意,命题“每一个从箱子中抽出的并且为 4 除尽的偶数号都是从箱子中抽出的偶数号”必然是真的,即 LAcb,但是前提“每一个从箱子中抽出的偶数号被 3 除尽”只能断定为事实上是真的,即 Aba,而结论“每一个从箱子中抽出并且为 4 除尽的号码都被 3 除尽”同样只能是事实上为真的,即 Aca,而不是 LAca。从箱子中抽出并为 4 除尽的号码的“性质”并不包含任何它可能被 3 除尽的“永久的必然性”。

① 《前分析篇》,i. 9,30ᵃ28,“此外,用一个例子表明结论不是必然的。设 a 指运动,b 指动物,而 c 指人。人必然是动物,但是动物也好,人也好,却不是必然在运动。”

由此看来，亚里士多德排斥三段论(ζ)似乎是正确的。但是问题变得很复杂，因为它表明，正是这同一论证也可以用以反对三段论。

(ε) CLAbaCAcbLAca.

这已为德奥弗拉斯特斯和欧德谟斯所发现，他们用了亚里士多德用以否证(ζ)的同样的词项按另一种顺序去驳斥(ε)。设 b 表示"人"，a 表示"动物"，而 c 表示"在运动"。他们同意亚里士多德的意见，命题"每一个人都是动物"必然是真的，即 LAba，而他们断定"所有在运动的东西都是人"是事实上真的，即 Acb。这样，(ε)的前提被证实了，但是很明显，结论"所有在运动的东西都是动物"，即 Aca，不是必然真的[①]。这个例子，正如亚里士多德相应的例子一样，是同样没有说服力的，因为我们不能允许前提 Acb 事实上是真的。

我们可以将我们的箱子作为一个更好的例子。设：b 表示"用 6 除尽的号码"，a 表示"用 3 除尽的号码"，并且 c 表示"从箱子中抽出的偶数号"。亚里士多德会接受：命题"每一个被 6 除尽的号码都可以被 3 除尽"必然是真的，即 LAba，但是，"每一个从箱子中抽出的偶数号能被 6 除尽"只能事实上是真的，即 Acb，因此，"每一个从箱子中抽出的偶数号能被 3 除尽"也只能事实上是真的，即 Aca。命题 Acb 和 Aca，显然是相互等值的，而如果其中一个只是事实上为真的，那么另一个就不能是必然的。

① 亚历山大，124.21，"他们证明，按实际材料来说，情况也正是这样……(24)所有的人必然是动物，所有运动着的东西都是人，但是，并非必然地所有运动着的东西都是动物。"

亚里士多德和德奥弗拉斯特斯之间关于带有一个必然前提和一个实然前提的各式的争论将我们带到一个自相矛盾的地步，因为存在表面上同样有力的论证去赞成和反对三段论(ε)和(ζ)。用 Barbara 式的例子所说明的争论可以推广到这一类所有其他式中去。这个争论表明：错误正潜伏在模态逻辑的基础之中，并且有它关于必然性的错误概念的根源。

§57. 争论的解决

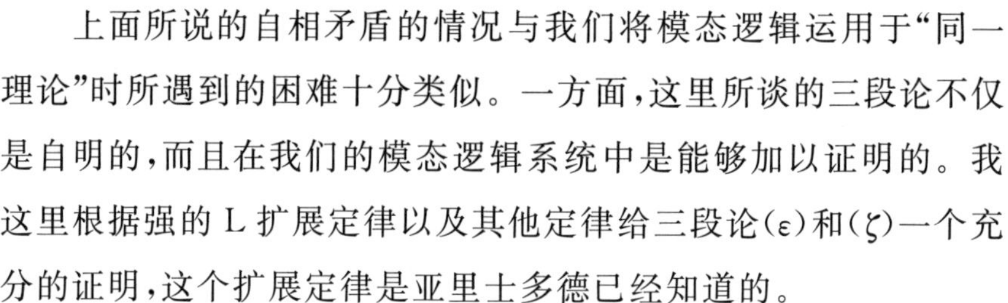

上面所说的自相矛盾的情况与我们将模态逻辑运用于"同一理论"时所遇到的困难十分类似。一方面，这里所谈的三段论不仅是自明的，而且在我们的模态逻辑系统中是能够加以证明的。我这里根据强的 L 扩展定律以及其他定律给三段论(ε)和(ζ)一个充分的证明，这个扩展定律是亚里士多德已经知道的。

前提：

3. CLpp

18. CCpqCLpLq

24. CCpqCCqrCpr

33. CCpCqrCqCpr

102. CAbaCAcbAca.

推演：

18. p/Aba, q/Aca×107

107. CCAbaAcaCLAbaLAca

33. P/Aba, q/Acb, r/Aca×C102—108

108. CAcbCAbaAca

24. P/Acb,q/CAbaAca

r/CLAbaLAca×C108—C107—109

109. CAcbCLAbaLAca

33. P/Acb,q/LAba,r/LAca×C109—110

110. CLAbaCAcbLAca　(ε)

18. p/Acb,q/Aca×111

111. CCAcbAcaCLAcbLAca

24. p/Aba,q/CAcbAca,

r/CLAcbLAca×C102—C111—112

112. CAbaCLAcbLAca　(ζ)。

我们看到,三段论(ε)和(ζ)(这里用 110 和 112 标志),是我们模态逻辑的断定的表达式。

另一方面,我们从 110 通过替代 b/a 得出(断定)命题 113,以及从 112 通过替代 b/c 和交换前件得出断定命题 114:

113. CLAaaCAcaLAca　114. CLAccCAcaLAca.

这两个命题在后件中都包含表达式 CAcaLAca,即命题:"如果每一个 c 是 a,那么,必然每一个 c 是 a。"如果这个命题被断定,则所有真的全称肯定命题都是必然真的,这与直观相矛盾。不但如此,由于 CAcaLAca 是与 CNLAcaNAca 等值的,而 Aca 与 NOca 意义相同,我们就有了 CNLNOcaNNOca 或 CMOcaOca。这最后的命题,它表示:"如果可能有些 c 不是 a,那么有些 c 不是 a",就不是真的,因为,从箱子中抽出的号码不是偶数号,的确是可能的,因此,如果这个命题是真的,则从箱子中抽出的每一组都须包含一个奇数——这个结果显然与事实相矛盾。

因此，表达式 CAcaLACa 是应当被排斥的，而我们就得到：

*115. CAcaLACa,

从这个表达式，按照我们关于排斥的表达式的规则，就推出：

113. ×C*116—*115

*116. LAaa.

亚里士多德的必然的同一律正如必然的同一原则 LFxx 一样，应当被排斥。这符合于我们一般的观点，按照这个观点，任何必然命题都不是真的。表达式 113 的后件，即 CAcaLACa，不能分离出，而承认有真的必然命题和断定强的 L-扩展定律之间的不相容性，得到了有利于扩展定律的解决。我不相信，任何其它模态逻辑系统能够圆满地解决这个古代的争论。

我在前面已经提到，亚里士多德企图驳斥三段论(ζ)不仅借助于例证，而且借助于一个纯粹逻辑的论证。他断定：前提 Aba 和 LAcb 不能给出一个必然的结论，他说："如果结论是必然的，那么，通过三段论第一格或第三格，从它就将推出有些 b 必然是 a，但这是不正确的，因为 b 可以是这样：即可能任何一个 b 都不是 a。"[①]亚里士多德这里指的是必然的 Darii 式和 Darapti 式，因为(ζ)与一个这样的式相结合，我们就能从它得出结果 CAba-CLAcbLIba。从 Darapti 所作的证明是：

117. CCpCqrCCrCqsCpCqs

① 《前分析篇》，i. 9，30ᵃ25，(继续第 251 页注②的引文)"因为，如果结论是必然的，那么，按照第一格和第三格，A 也必然属于有些 B。但是，这是不正确的，因为 B 完全可能是这样的，即 A 可能根本不属于它。"

112.　CAbaCLAcbLAca　(ζ)

118.　CLAcaCLAcbLIba　(Darapti)

117.　P/Aba, q/LAcb, r/LAca, S/LIba × C112—C118—119

119.　CAba CLAcbLIba

从 Darii 所作的证明提供同样的结果,但是比较复杂一些。亚里士多德似乎不注意前提 LAcb,并且将这个结果解释为一个简单的蕴涵式:

*120　CAbaLIba,

它显然是假的,而应予排斥。或者也可能他想通过适当地对 c 的替代和省略,可以使 LAcb 成为真的。如果是这样,他就错了,并且他的证明是失败的。除此以外,我们还看到在这个例子中,借助于产生某些似乎是真的必然前提的词项去确定像 119、112 或 110 这样的断定命题的正确性,是多么困难。因为很多逻辑学家相信,这样的命题实际上是真的,要用例子去使他们信服这些三段论的正确性是不可能的。

在结束这些讨论时,我们可以说,亚里士多德断定(ε)是正确的,而排斥(ζ)却是错误的。德奥弗拉斯特斯和欧德谟斯在两个问题上都是错误的。

§58. 有可能前提的各式

亚里士多德的或然三段论的学说显露出一个非常奇怪的缺陷:为了有利于带有偶然前提的各式,带有可能前提的各式完全被忽略了。按照大卫·罗斯爵士的意见,“亚里士多德经常在一个前提中,在‘既非不可能也非必然的意义上使用’ἐνδέχεται 一词,这里唯一正确的结论是其中 ἐνδέχεται 表示‘不是不可能的’意思,他像通常那样细心地指出了这一点。”[①]亚里士多德的确似乎细心地区分了 ἐνδέχεσθαι 的两种含义,当他说到,例如在阐述带有两个或然前提的第一格的各式时,在这些式中,ἐνδέχεσθαι 一词按照他所给的定义,即作为“偶然的”,而不是在“可能的”意义上去理解。但是,他又说,这有时是被忽略的[②]。谁能忽略这一点呢?自然是亚里士多德自己或者他的某些学生,正由于 ἐνδέχεσθαι 一词的歧义性而造成的。在《解释篇》中,ἐνδεχόμενον 与 δυνατόν 表示同一含义[③],而在《前分析篇》中,它具有两种意义。一个词在两种意义上使用总是危险的,这两种意义可能在无意中被混淆,这种危险正像使用具有同一意义的两个不同的词一样。亚里士多德有时说 ἐγχωρεῖ 以代替 ἐνδέχεται,而也将后者在两种意义上使用[④]。我们不能总有把握地确定他在什么意义上使用 ἐνδέχεται 一词。或许正是这个名词的歧义性导致了他和他的朋友德奥弗拉斯特斯和欧德谟斯的争论。因此,亚里士多德在引进偶然性以前,没有分别论述具有可能前提的各式。这是深为遗憾的。我们将弥补这个缺陷,

① 大卫·罗斯编:《前分析篇》,第 44 页;也参阅载于第 286 页的有效表。

② 《前分析篇》,i. 14,33^b21……“不应该在‘必然的’意义上来理解‘可能的’,而应该按照上面引述的定义来理解,但是这有时被忽视。”

③ 参阅第 183—184 页。

④ 例如,参照《前分析篇》,i. 3,25^b10(见第 263 页注①)和 i. 9,30^a25(第 260 页注①)以及 i. 13,32^b27(第 265 页注①)。

而这个缺陷至今仍未为学者们所注意。

我们首先考察换位律。亚里士多德是在《前分析篇》第一卷第三章开始说明这些定律的，在那里他说ἐνδέχεσθαι一词具有几种含义。然后他在对这个名词的不同含义没有给予解释的情况下说：肯定命题的换位律对于ἐνδέχεσθαι的各种含义都是一样的，但是否定命题的换位律对此却有区别。他明白地陈述了：或然命题"每一个 b 可能是 a"和"有些 b 可能是 a"（我使用"可能"一词，为的是包括两类或然命题），可以换成命题"有些 a 可能是 b"，它给出了可能性的公式：

121.　CMAbaMIab　　和　　122.　CMIbaMIab.

全称否定命题的换位律只是用例子解释的，从这个例子我们可以得出公式：

123.　CMEbaMEab.

特称否定可能命题不能换位就被默然假定了[①]。由此我们看到，亚里士多德在论述可能命题的换位律时多少有些粗心。他显然不认为"可能性"概念具有任何重要意义。

公式 121—123 是正确的，并且容易从类似的关于实然命题的换位律借助于定理。

① 《前分析篇》，i. 3，$25^{a}37$—$25^{b}14$，"'可能的'一词具有各种不同的含义……所有那些肯定判断，其换位的情况完全是一样。的确，如果 A 可能属于所有的或有些 B，那么 B 也可能属于有些 A……（$25^{b}3$）而否定判断的情况却不是这样。但是，在我们将'可能的'理解为或者是必然不属于，或者是不必然属于的地方，其情况却完全是一样……（$25^{b}9$）因为如果任何一个人可能不是马，那么，任何一匹马也可能不是人……（$25^{b}13$）特称否定判断的情况也是一样。"

19. CCpqCMpMq

而推出。这同一定理,即强的 M-扩展定律,可以使我们建立带有可能前提的整个三段论理论。借助于古典命题演算我们从 19 式得出下述公式:

124. CCpCqrCMpCMqMr 和

125. CCpCqrCpCMqMr.

公式 124 得出带有两个可能前提和一个可能的结论的式,因此,我们只需要在有效的实然式的前提和结论前面加上可能性的记号就行了。例如,按照 124 式,从实然的 Barbara 式通过替代 p/Aba, q/Acb, r/Aca,我们就得出三段论:

126. CMAbaCMAcbMAca.

公式 125 产生了带一个实然前提和一个可能前提的式,究竟是怎样排列,那是无关紧要的,例如:

127. CAbaCMAcbMAca 和 128. CMAbaCAcbMAca.

这个系统是非常丰富的。任何前提可以借助于以必然命题去代替相应的实然的或或然的命题而得以强化。除此以外,还有带一个或然前提和一个必然前提的式,它按照下述公式得出必然的结论:

129. CCpCqrCMpCLqLr.

这样,我们就有了例如下式

130. CMAbaCLAcbLAca,

它与德奥弗拉斯特斯和欧德谟斯所断定的结论最弱部分规定的规则相矛盾。

我认为，亚里士多德仅仅承认了（自然不是最后一个三段论式，而是）带有可能前提的式，特别是126式和128式。确实，在《前分析篇》中有一个关于或然三段论理论的有趣的导言，照我看来，这个导言既可以用于可能性，也可以用于偶然性。亚里士多德说，“为b所表述的任何东西，a都可能加以表述”，这个表达式具有两重意义，这句话最好的翻译看来是这样：“对于所有的c，如果每一个c是b，那么，每一个c可能是a”和“对于所有的c，如果每一个c可能是b，那么，每一个c可能是a”。后来他又说，表达式“为b所表述的任何东西，a也可能加以表述”与“每一个b可能是a”具有相同的意思[①]。这样，我们就有两个等值式：“每一个b可能是a”或者意味着“对于所有的c，如果每一个c是b，那么，每一个c可能是a”，或者意味着“对于所有的c，如果每一个c可能是b，那么，每一个c可能是a”。如果我们是在可能性这个意义上来解释“可能”一词，那么，我们就得出公式：

131.　QMAba IIcCAcbMAca 和

132.　QMAbaIIcCMAcbMAca，

它们在我们的模态逻辑系统中都是真的，而从它们就容易推出128和126式来。但是，如果是在偶然性意义上来解释“可能”一词（亚里士多德似乎正是这样认为的），那么，上面所得的公式就成为错误的了。

---

① 《前分析篇》，i. 13，$32^{b}27$，“……如果说：‘A可能属于B所表述的东西’，这表示两种意思中的一种：或者它属于B所表述的东西，或者它属于B可能表述的东西。‘A可能属于B所表述的东西’与‘A可能属于所有的B’表示同样的意思。”

§59. 偶然命题的换位律

亚里士多德在继续阐述他的模态命题的换位律时，于《前分析篇》的开始部分说道，全称否定的偶然命题不能换位，然而特称否定的偶然命题却是可以换位的。[①]

这个奇怪的断定要求细心地加以研究。我首先不是从我的模态系统的观点，而是从亚里士多德和所有逻辑学家都接受的基本模态逻辑的观点去批判地讨论这个断定。

按照亚里士多德的意见，偶然性是既非必然也非不可能的。偶然性的这个含义是明显地包含在亚里士多德的有点臃肿的定义之中，并且为亚历山大精确地证实了的。[②] 我们重复这一点是为了保证充分的清晰性："'p 是偶然的'，它的意思与'p 不是必然的并且 p 不是不可能的'完全相同"，或者用符号表示：

48. QTpKNLpNLNp.

这个公式显然等值于表达式

50. QTpKMpMNp,

即：偶然的东西是可能存在也可能不存在的。

公式 48 和 50 是非常一般的并且适用于任何命题 p。让我们将它们用于全称否定命题 Eba。我们从 50 得出：

---

① 《前分析篇》，i. 3，25^b14，（继续第 263 页注①引述的原文）"而如果说的是作为最常发现的和事物的本性的可能（按照我们给可能所下的定义），那么关于否定判断的换位的情况却不是这样，因为全称否定判断不能换位，而特称否定判断可以换位。"

② 参阅上面的第 45 节，特别是第 211 页注③和第 213 页注①。

133.　QTEbaKMEbaMNEba。

因为 NEba 等值于 Iba，我们又有：

134.　QTEbaKMEbaMIba.

现在我们从换位律：

123.　CMEbaMEab　和　122.　CMIbaMIab

可以推出：MEba 等值于 MEab，而 MIba 等值于 MIab；由此我们有：

135.　QKMEbaMIbaKMEabMIab.

这个公式的第一部分 KMEbaMIba 等值于 TEba，第二部分 KMEabMIab 等值于 TEab；由此，我们得出结论：

136.　QTEbaTEab.

这个公式表示，偶然的全称否定命题是可以换位的。

为什么当亚里士多德有其为此所需的一切前提的时候，会看不到这个简单的证明呢？这里我们接触到他的模态逻辑的被污染的另一部分，这比亚里士多德的必然性观念使之所受的创伤更难医治。现在让我们看一看，他是企图怎样否证公式 136 的。

亚里士多德非常一般地陈述过：带有对立主目的偶然命题，它们的主目可以相互交换。下述例子将说明这个不十分清楚的公式。“偶然地 b 是 a”，可以与“偶然地 b 不是 a”互换；“偶然地每一个 b 是 a”可以与“偶然地每一个 b 不是 a”互换；“偶然地有些 b 是 a”可以与“偶然地有些 b 不是 a”互换[①]。这一类的换位，我按照大

① 《前分析篇》，i. 13，32ª29，“由此产生，所有关于可能的前提都可以互相换位。我指的不是肯定前提可以换成否定前提，而是指可以转换为和它相互反对的具有肯定形式的前提，例如：‘可能属于’换成‘可能不属于’。而也可以将‘可能属于所有的’换成‘可能不属于任何一个’或‘不属于所有的’，也可以将‘可能属于有些’换成‘可能不属于有些’。”

卫·罗斯爵士的意见,称之为“补充的换位”。[①]

亚里士多德会由此断定,命题“偶然地每一个 b 是 a”与命题“偶然地任何 b 都不是 a”可以互换,或者用符号表达:

(ι) QTAbaTEba(为亚里士多德所断定)。

这是他的证明的出发点,这个证明是用归谬法作出的。他实际上是这样证明的:如果 TEba 与 TEab 可以互换,那么,TAba 与 TEab 也可以互换,而因为 TEab 与 TAab 可以互换,我们就得出错误的结果:

(κ) QTAbaTAab(为亚里士多德所排斥)[②]。

对这样的论证我们需要说些什么呢?十分显然,亚里士多德所采用的偶然性定义引申出偶然的全称否定命题的可换位性。因此,否定这种换位必定是错误的。因为它在形式上是正确的,错误一定出于前提,而由于这种否证所根据的有两个前提:被断定的公式(ι)和被排斥的公式(κ)——因此,或者断定(ι)是错误的,或者排斥(κ)是错误的。然而这不可能在基本模态逻辑的范围内加以决定。

在基本模态逻辑的范围内,我们只能说,被断定的公式(ι)的

---

① 大卫·罗斯编:《前分析篇》,第 44 页。

② 《前分析篇》,i. 17,36^b35,“首先应该证明的是:可能属于的否定判断不能换位。例如,如果 A 可能不属于任何一个 B,那并不必然地 B 可能不属于任何一个 A。假设是这样,而且假设 B 可能不属于任何一个 A,由于可能属于的肯定判断允许将它换成否定的与它相矛盾的或相反对的判断,而 B 可能不属于任何一个 A,那显然,B 还可以属于所有的 A。但这是不正确的,因为如果这种东西可能属于所有的那种东西,则不是必然地所有那种东西可能属于这种东西。所以,可能属于的否定判断不能换位。”

真不是由所采用的偶然性定义所证实的。从定义：

50.　QTpKMpMNp

通过替代 p/Np，我们得出公式 QTNpKMNpMNNp，而由于按照基本模态逻辑命题 9，MNNp 与 Mp 等值，我们有

137.　QTNpKMpMNp.

从 50 和 137 推出结果：

138.　QTpTNp，

将这个结果运用于前提 Eba，我们得出：

139.　QTEbaTNEba　或　140.　QTEbaTIba，

因为 NEba 与 Iba 意义相同。我们看到，QTEbaTIba 从偶然性定义得到证实，但 QTEbaTAba 未得证实。这后一公式却被亚里士多德错误地断定了。

如果我们考察了亚里士多德对用归谬法证明 TEba 的换位律的企图所作的反驳，我们就会更清楚地了解到这个错误。这种企图就是：如果我们假定偶然地任何 b 都不是 a，那么，偶然地任何 a 都不是 b，因为，如果后一命题是假的，那么，必然有些 a 是 b，而由此必然有些 b 是 a，这和我们的假定是相矛盾的①。用符号形式表示就是：如果假定 TEba 是真的，那么，TEab 也应当是真的。因为从 NTEab 可推出 LIab，从而又推出 LIba，这与假定 TEba 是不相

① 《前分析篇》，i. 17，37ᵃ9，“但是用归谬法不可能证明这些命题的可换位性。例如，如果谁允许自己作出这样的推论：由于 B 可能不属任何一个 A，这是假的，那 B 不可能不属于任何一个 A，这就是真的，因为一个命题是另一个命题的矛盾。但是如果这是正确的，那么 B 就必然属于有些 A，所以，A 也必然属于有些 B，就是真的。但这是不可能的……”

容的。

亚里士多德驳斥了这个论证，正确地指出 LIab 不是从 NTEab 推出的[①]。确实，按照 48 式，我们有等值式：

141. QTEabKNLEabNLNEab 或者

142. QTEabKNLEabNLIab.

于是将 QNKNpNqHpq，即所谓"德·摩尔根定律"之一，[②]用于 NTEab，我们有公式：

143. QNTEabHLEabLIab.

可以看到，借助于 143 式和断定命题 CCHpqrCqr，我们可以从 LIab 推出 NTEab，但是逆换的蕴涵式却不能成立，因为从 NTEab，我们只可能推出析取式 HLEabLIab，从这个析取式自然不能推出 LIab。这个企图要作的证明是错误的，但不能由此得出被证明的结论是假的。

在这化归的过程中，有一点值得我们注意，代替 143 式，亚里士多德明显地断定了公式：

(λ) QNTEabHLOabLIab,

这个公式不能用定义 48 加以证实。对于 NTAab 的情况也相同，

① 《前分析篇》，i. 17, $37^{a}14$（继续上面的注释）。"因为如果 B 不可能不属于任何一个 A，那么，不是必然地它就属于有些 A，因为表达式'不可能不属于任何一个'可以在两重意义上使用：第一种意义是必然属于有些，第二种意义是必然不属于有些。"

② 它们真正地应该称为奥卡姆定律，因为据我所知，奥卡姆第一个陈述了它们。见：波埃纳尔：《经院哲学中德·摩尔根定律的历史的考察》(*Bemerkungen zur Geschichte der De Morganschen Gesetze in der Scholastik*)载《哲学文库》(*Archiv für Philosophie*)，1951 年 9 月，第 115 页注。

他断定了公式：[①]

(μ)　QNTAabHLOabLIab，

它仍然不能用 48 式加以证实，而正确的公式是

144.　QNTAabHLOabLAab.

从(λ)和(μ)，亚里士多德可以推出等值式 QNTAabNTEab，而后推出(ι)，而(ι)不是由他的偶然性定义所证实的。

§60. 纠正亚里士多德的错误

亚里士多德的偶然三段论的理论充满着严重的错误。亚里士多德从他的偶然性定义没有得出正确的结论，并且他否定了全称否定偶然命题的可换位性，虽然这种可换位性显然是可以允许的。但是，他的威望是这样的高，以致很有才能的逻辑学家们在过去都不能看出这些错误。很明显，如果有人(例如，阿尔布列希特·贝克尔)接受了以 p 作为命题变项的定义：

48.　QTpKNLpNLNp，

那么，他也应当接受公式：

141.　QTEabKNLEabNLNEab，

这个公式是从 48 式通过替代 p/Eab 而推出的。而因为通过正确的逻辑变换，公式 141 产生断定命题

143.　QNTEabHLEabLIab，

① 《前分析篇》，i. 17，37ᵃ24，“因此，‘可能属于所有’以及：‘必然属于有些’和‘必然不属于有些’相反对。”

他也应当接受143式。但贝克尔为了偏心于自己虚构的产物即所谓“结构的公式”，却排斥了这个断定命题。[①]

前一节的评述是从基本模态逻辑的观点作出的，而基本模态逻辑是一个不完整的系统。现在让我们从四值模态逻辑的观点来讨论这个问题。

从亚里士多德的偶然性定义我们得出结果138式，QTpTNp，从它我们可以推出蕴涵式：

145. CTpTNp.

现在我们从前提：

51. CδpCδNpδq （C—N—δ—p系统的公理）

146. CCpCqrCCpqCpr （弗雷格原则）

得出结果：

51. δ/T'×147

147. CTpCTNpTq

146. P/Tp，q/TNp，r/Tq×C147—C145—148

148. CTpTq，

而由于逆换的蕴涵式CTqTp也是真的，因为它通过148式中的替代p/q和q/p可以得到证明，我们有了等值式：

149. QTpTq.

从149式我们通过替代首先得出换位律136式QTEbaTEab，然后又得出公式（ι）QTAbaTEba（它为亚里士多德所断定）和公式

① 参阅A.贝克尔：《亚里士多德的可能性推论的学说》，第14页，那里公式T_{11}=48（用另一种符号记述的，不过带有命题变项P）是被接受的。而在第27页，公式143是被排斥的。

(κ)QTAbaTAab(它为亚里士多德所排斥)。我们现在可以肯定，亚里士多德驳斥换位律的缺陷是在于:亚里士多德错误地排斥了(κ)。

公式 QTpTq 表明函项 Tp 的真值是不依赖于主目 p 的;这表示 Tp 是一个常项。我们实际上从 52 节知道 KMpMNp(它是 Tp 的定义项)具有恒值 3,所以,Tp 也具有恒值 3 而在任何时候都不是真的。因为这个原因,Tp 不可以适用于标志一个在亚里士多德意义上的偶然命题,因为亚里士多德相信有些偶然命题是真的。Tp 应当为 Xp 或 Yp 所代替,也就是说,换成函项:“p 是 X-偶然的”,或者它的孪生式:“p 是 Y-偶然的。”我将只考察 X-偶然性,因为对于 X-偶然性是真的东西,对 Y-偶然性也同样是真的。

首先,我想指出,全称否定偶然命题的可换位性不依赖于任何关于偶然性的定义。因为 Eba 等值于 Eab,按照扩展原则 CQpqCδpδq(它是从我们的公理 51 推出来的),我们应当断定公式

150.　CδEbaδEab.

从 150 我们得出对 δ 的任何值皆真的命题,因此同样也对 δ/X' 为真:

151.　CXEbaXEab.

亚历山大说到,德奥弗拉斯特斯和欧德谟斯与亚里士多德不同,他们断定了全称否定偶然命题的可换位性[①],但是在另一处地

① 亚历山大,220.9.“德奥弗拉斯特斯和欧德谟斯……肯定,可以使可能属于的全称否定命题换位,因为可以使属于和必然属于的全称否定命题换位。”

方他又说，在证明这个定律时，他们使用了归谬法[①]。这看来是值得怀疑的，因为由亚里士多德在这个问题上所作的唯一正确的事情就是驳斥用归谬法去证明可换位性，这种驳斥不可能不为他的学生们所知。归谬法可以用于从 CLIbaLIab 证明全称否定命题的可换位性，是当这些命题是可能的（即证明 CMEbaMEab），而不是当它们是偶然的时候。另一个证明是由亚历山大在上述引文的后面所提供的，但是，他没有充分清晰地将它表述出来。我们知道德奥弗拉斯特斯和欧德谟斯将全称否定前提（Eba 和 Eab）解释为标志 b 与 a 之间的一种对称的分离关系[②]，他们可能由此论证了：如果偶然地 b 与 a 是分离的，那么，也偶然地 a 与 b 是分离的[③]。这个证明遵守了扩展原则。无论如何，德奥弗拉斯特斯和欧德谟斯纠正了亚里士多德在偶然性原理上所犯的严重错误。

其次，从 X-偶然性的定义

82.　CδKMpWNpδXp

得出：所谓“补充的换位”是不能允许的。QTpTNp 是真的，但是 QXpXNp 应当被排斥，因为它的否定式，即：

152.　NQXpXNp

在我们的系统中作为可用真值表方法加以验证的命题而被断定。

---

① 亚历山大，223.3，“关于可能属于的全称否定命题换位的可能性可以用归谬法加以证明。而他的朋友也正是使用了这种证明。”

② 参阅亚历山大，31.4—10。

③ 亚历山大，220.12，“他们用下面的方式证明换位的可能性：‘如果 A 可能不属于任何一个 B，那么 B 也可能不属于任何一个 A。因为 A 可能不属于任何一个 B，那么，由于 A 不属于 B，所有的 A 就可能分离于所有 B 所包含的东西。但是如果是这样，那么 B 也分离于 A。如果是这样，那么 B 可能不属于任何一个 A’。”

所以，在我们的系统中，将命题“偶然地每一个 b 是 a”换成命题“偶然地有些 b 不是 a”，或者换成命题“偶然地任何一个 b 都不是 a”，是不正确的；亚里士多德所断定的这些变换没有任何证明。[①] 我认为，亚里士多德是由于“偶然的”(ἐνδεχόμενον)一词的歧义性而被导致一个关于“补充换位”的错误观念。在《解释篇》中，他将这个词用作“可能的”(δυνατόν)一词的同义词[②]，并且在《前分析篇》中继续在这个意义上使用，虽然语句“p 是偶然的”在这里具有另一种含义，即：“p 是可能的，并且非 p 是可能的。”如果在后一语句中像亚里士多德公开所作的那样，用“偶然的”一词代替“可能的”一词，那么，我们就得出废话：“p 是偶然的”与“p 是偶然的，并且非 p 是偶然的”意义是相同的。据我所知，这种废话到现在为止没有为任何人所注意到。

第三，从定义 82 推出，Xp 比 Mp 更强，因为我们有断定命题：

153.　CXpMp

但不能反转过来。这个断定命题很重要，因为它使我们可以稍加修正就能保留住大多数带有偶然前提的三段论，虽然亚里士多德在这一方面犯了很严重的错误。

§61. 有偶然前提的各式

没有必要详尽地叙述带有偶然前提的三段论的各式，因为亚

① 参阅第 267 页注①。

② 参阅第 183 页。

里士多德的偶然性定义是错误的，而他的三段论应当按照正确的定义加以重新改造。但是这种改造看来不值得去枉费时间，因为一个带有偶然前提的三段论是否能终究找到一个有效的应用，是十分值得怀疑的。我认为有下面一般的评述就足够了。

首先，可以证明，亚里士多德的所有带有一个偶然结论的式都是错误的。让我们举带有偶然前提和偶然结论的 Barbara 式为例，即式

*154. CXAbaCXAcbXAca.

这个式虽然为亚里士多德所断定，[①]却是应当被排斥的。设 Aba 和 Acb 是假的，而 Aca 是真的。这个条件满足 Barbara 的实然式，但是，运用真值表 M9 和 M15，我们从 154 式得出下述等式：CX0CX0X1＝C3C32＝C32＝2。同样地，为亚里士多德所断定的式[②]

*155. CXAbaCAcbXAca,

也应当被排斥，因为，当 Aba＝0 和 Acb＝Aca＝1 时，我们有：CX0C1X1＝C3C12＝C32＝2。当我在第 58 节末尾时说：如果我们将 ἐνδέχεσθαι 解释为“偶然的”，亚里士多德所断定的公式 131 和 132 就成为错误的了，我所指的正是 154 和 155 两公式。也可以说，如果用 T 代替 X 的话，公式 154 和 155 就成为真的，但是 T-偶

① 《前分析篇》，i. 14，32ᵇ33，“如果 A 可能属于所有的 B，而 B 可能属于所有的 C，那么得出一个完全的三段论，其结论是 A 可能属于所有的 C。从定义来看这是明显的。因为我们正是这样来理解：‘可能属于所有的’。”

② 《前分析篇》，i. 15，33ᵇ25，“如果现在假定一个前提是关于简单属于的判断，而另一个是关于可能属于的判断，并且包含大项的前提是关于可能属于的判断，那么整个三段论是完全的，并且按照所引述的定义，同时具有一个关于可能属于的结论。”

然性乃是一个无用的概念。

其次，所有通过补充换位所得出的式，都是应当被排斥的。我将用一个例子来说明，亚里士多德是怎样处理这一类式的。他将公式

*156. QXAbaXEba

用于154式，（公式156是应当被排斥的，取Aba=1，并且Eba=0），就得出下列各式：

*157.　CXAbaCXEcbXAca

*158.　CXEbaCXEcbXAca，

它们也是应当被排斥的[①]。为了表明这一点，只需以这样一种方式去选取157式的词项a、b和c就够了，即Aba=Ecb=0，而Aca=1，也可以用这样一种方式去选取158式的词项，即Eba=Ecb=0，而Aca=1。那时，在两种情况下我们都有：CX0CX0X1=C3C32=C32=2。

看来亚里士多德是不太相信这样一些式的，因为他甚至不称它们为三段论。他只说，它们可以通过补充的换位化归为三段论。但是，通过通常的换位化归的式是被他称为三段论的；如果两种换位是同样有效的，那么，为什么他要在通常的换位和补充的换位之间造成某种区别呢？

---

① 《前分析篇》，i. 14，33ª5，"……如果A可能属于所有的B，而B可能不属于任何一个C，那么从所采用的前提不能得出任何三段论。而如果使前提BC按照可能〔属于〕的命题换位，那就得出与前面相同的三段论。"33ª12，"如果在两个前提中将否定与可能性的表达结合起来，情况也是一样。我指的是这样一种情况，例如，当A可能不属于任何一个B，而B可能不属于任何一个C。从所采用的前提的确不能得出任何三段论，但是如果使它们换位，那么又得出与前面相同的三段论。"

亚历山大对这个问题做了说明，他在注释这段引文时提到他的老师论偶然性的两个具有本体论意义的非常重要的意见："在一个意义上'偶然的'意指'通常的'(ἐπὶ τὸ πολύ)，但不是'必然的'或'自然的'，例如，偶然地在人的头上长出白发；在另一个意义上它意指某种不确定的东西，它可能是这样，也可能不是这样，或者一般地意指那种碰机会的东西。在两种意义上，偶然命题的相互矛盾的主目可以换，但不是由于同样理由：'自然的'命题之所以可以转换是因为它们不表达某种必然的东西，'不定的'命题之所以可能转换是因为在那种情况下没有一种使它成为这样比不成为这样更强的趋势。没有关于不定的东西的科学或三段论的论证，因为中项只是偶然地联系于端项；只有关于'自然的'命题才有这样的东西。而大多数论证和探究都涉及在这个意义上的'偶然的'东西。"①

亚历山大论述了这节引文。他的思想看来是这样：如果我们举出任何一个在科学上有用的三段论，它的前提是在"通常的"(ἐπὶ τὸ πολύ)，或者甚至在"极为通常的"(ἐπὶ τὸ πλεῖστον)这个意义

① 《前分析篇》，i. 13，32^b4—21，"'是可能的'在两种意义上加以使用：一种意义是'可能的'指那经常发生但不是必然发生的东西。例如人长出白发……这对人来说按其本性一般都要发生……另一种意义是，'是可能的'表示某种不确定的东西，它可是这样也可以不是这样……一般来说，它都是那种碰机会的东西。"32^b13，"所以，这两种形式的可能性的判断，每一个都可以与它的反对的判断互换，但不是以同样的方式：按事物本性发生的判断可以换成并非必然属于的判断……而不定事物的判断可以换成在同样方式上可以这样也可以那样的事物的判断。没有关于不定可能性的科学，也没有关于它的直接三段论，因为其中缺少牢固地确立起来的中项。但是按事物本性发生的判断却有这样的中项。而一般的讨论和研究都是涉及这最后意义上的可能。"

上的偶然的，那么，我们就得出前提和一个结论，它们的确是偶然的，但是很少（ἐπ' ἔλαττον）能实现的，这种三段论是无用的（ἄχρηστος）。或者这正是为什么亚里士多德拒绝将这样得出的东西称为三段论的原因。①

这一点比任何其他的地方都更暴露出在亚里士多德三段论中的一个主要错误，即他对单称命题的忽视。可能一个个体 Z，当他衰老时头发就要变白，的确这是可能的，虽然不是必然的，因为这是自然的趋向。也有可能，虽然宁可说未必就会，Z 的头发不变白。亚历山大说到关于可能性的不同等级，这话当运用于单称命题时是真实的，但是当运用于全称或特称命题时就变成错误了。如果没有一般的规律规定每一个老人的头发都要变白，因为这只是“通常的”，而有些老人的头发并不变白，那么，后述的命题自然是真的，也因而是可能的，但前述的命题却完全是假的，而从我们的观点看来，一个虚假的命题是既非可能是真的，也非偶然为真的。

第三，从一个带有可能前提的有效式通过将一个可能的前提代之以相应的偶然前提，我们可以得出另一些有效式。这个规则是根据于公式 153，这个公式陈述 Xp 比 Mp 较强，而且显然，任何一个蕴涵式，如果它的一个或者更多的前件被一个较强的前件所

① 亚历山大，169.1，“关于可能属于的否定命题多半难以换成肯定命题。”5，“如果我们提出这样的前提，那么就得出三段论，但是这种三段论，正如他自己所说的那样，没有任何用处。因此，当我们研究这种结合时……就发现它们是无益的，并且没有三段论的性质。”10，“当他说：‘或者不能得出三段论’时，他自己也正好同样猜到了这一点。”对照 W. D. 罗斯关于这一段的译文，见所编《前分析篇》第 326 页。

代替，那么，它将仍是真的。例如，我们从

126. CMAbaCMAcbMAca 得出

159. CXAbaCXAcbMAca 式，

而从

128. CMAbaCAcaMAca 得出

160. CXAbaCAcbMAca 式。

将排斥式 154 与 155 和断定式 159 与 160 加以比较，我们看到，它们的差别只在于在结论中以 M 替代了 X。如果我们考查了亚里士多德带有或然前提的三段论各式的表（它由大卫·罗斯爵士所提供[①]）。我们就会发现它有一个有用的规则：通过这样一个很小的修正——在结论中以 M 代换 X，所有这些式都变成有效式。只有通过补充换位得出的各式不能得到改正，而必须确定地加以排斥。

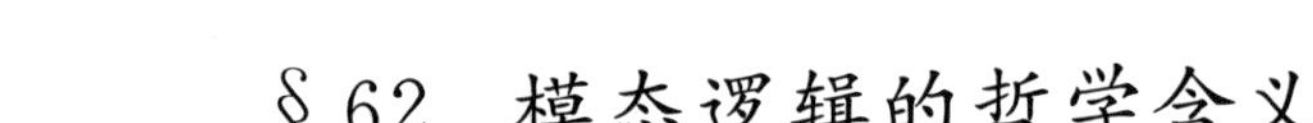

§62. 模态逻辑的哲学含义

表面上似乎亚里士多德的模态三段论即使经过了修正都不能有效地运用于科学或哲学问题。但是，实际上，亚里士多德的模态命题逻辑不论从历史的观点还是从系统的观点来看，对于哲学都具有重大的意义。在他的著作中可以找到对于一个完整的模态逻辑体系所需要的一切因素，如基本模态逻辑和扩展性原理。但是

---

① 大卫·罗斯编：《前分析篇》，第 286 页。在结论中，标志 C 每一处都应当代之以 P。

亚里士多德不能以正确的方式将这些因素组合起来。他不了解命题逻辑，这种逻辑是由在他之后的斯多亚派所创立的；他默然地断定了逻辑的二值原则，按照这种原则，一切命题或者是真的或者是假的，而模态逻辑却不可能是一个二值系统。当他讨论未来海战的偶然性时，他已非常接近于一个多值逻辑的概念，但是他没有着重发展这个重要的思想，而经过多少世纪他的启示依然没有成果。正由于亚里士多德的这种启示，我才能够在 1920 年发现这个观念，并且建立了与至今已知的逻辑(我称之为“二值逻辑”)相对立的第一个多值逻辑系统，而这样引入的一个术语，现在已为逻辑学家们所普遍接受[①]。

在柏拉图的理念论的影响下，亚里士多德发展了一个普遍词项的逻辑，并且陈述了关于必然性的观点，这种观点照我看来，对于哲学是有害的。将本质的属性归之于客体的命题，按照他的意见，不仅事实上是真的，而且必然是真的。这种错误的区分正是一个导致将科学分为两类的长期发展的开始：一类是由必然性原理所组成的先验的(*a priori*)科学，如逻辑和数学；另一类主要是由根据经验作出的实然命题所组成的后验的(*a posteriori*)或经验的科学。这种区分，我认为是错误的。真正的必然命题是没有的，而从逻辑的观点看来，数学真理与经验真理之间是没有区别的。模

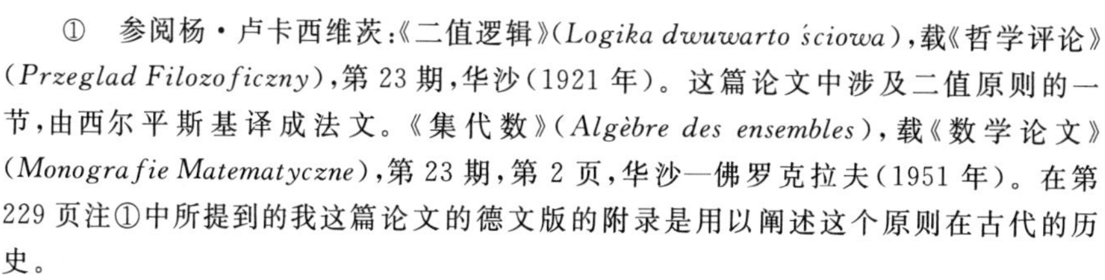

① 参阅杨·卢卡西维茨:《二值逻辑》(*Logika dwuwartościowa*)，载《哲学评论》(*Przeglad Filozoficzny*)，第 23 期，华沙(1921 年)。这篇论文中涉及二值原则的一节，由西尔平斯基译成法文。《集代数》(*Algèbre des ensembles*)，载《数学论文》(*Monografie Matematyczne*)，第 23 期，第 2 页，华沙—佛罗克拉夫(1951 年)。在第 229 页注①中所提到的我这篇论文的德文版的附录是用以阐述这个原则在古代的历史。

态逻辑可以描述为普通逻辑通过导入一个“较强的”和一个“较弱的”肯定而实现的一种扩充;必然的肯定 Lp 比实然的肯定 p 强,而或然的肯定 Mp 比实然的肯定弱。如果我们使用非通用的语句“较强的”和“较弱的”去代替“必然的”和“偶然的”,我们就免除了某些与模态名词相联系的危险的联想。必然性包含着强迫性,偶然性包含着机遇性。我们断定“必然的”,是因为我们感到不得不这样做。但是,如果 Lα 只是一个比 α 较强的肯定,并且 α 是真的,那么,我们有什么必要去断定 Lα 呢? 真理是足够强的,没有必要有一个比真理更强的“超真理”。

亚里士多德的 *a priori* 是根据定义作出的分析命题,而定义是在任何科学中都可能出现的。亚里士多德的例子“人必然是动物”就是根据“人”是“两足动物”这个定义作出的,这个例子就属于经验科学的范围。自然,任何科学都应当有便当的精确构成的语言,而为了这个目的,正确形成的定义是必不可少的,因为它们解释了词的含义,但是它们不能代替经验。一个人陈述一个分析命题“我是动物”(它所以是分析的,是因为“动物”属于人的本质)并不能传达出有用的知识;与经验的命题“我出生于 1878 年 12 月 21 日”相比时就能看出,这是一句空话。如果我们希望了解人的“本质”究竟是什么——如果有“本质”这样一种东西的话——我们不能依赖于词的含义,而应当探究人的个体自身,它们的解剖、组织、生理、心理情况等等,而这是一个没有止境的任务。甚至今天说“人是一种不可知的生物”,这都是不足为奇的。

对于演绎科学来说这也同样是真实的。任何演绎系统都不能建筑在将定义作为它的最后根据这样的基础上。每一个定义都须假定有某些基本词项，通过这些词项可以定义其他的词项，但是基本词项的含义又须要借助于根据经验作出的例证、公理或规则加以解释。一个真的 *a priori* 总是综合的。但是，它并不是由心灵的某种神秘的能力所产生，而是由在任何时候都能重复的极为简单的实验所产生。如果通过观察我知道在某个票箱里只装有白球，那么我可以 *a priori* 地说从箱子里只能取出一个白球。而如果箱子里装着白球和黑球，并且从里面一次取两个，那么，我可以 *a priori* 地预先说，只有四种组合可能出现：白球和白球，白球和黑球，黑球和白球，黑球和黑球。逻辑和数学的公理就是以这样的实验为基础的；在 *a priori* 和 *a posteriori* 科学之间不存在任何根本的区别。

虽然亚里士多德对必然性的论述，照我看来是一种失败，但是，他的对立的可能性(ambivalent possibility)或偶然性的观念却是一种重要的和丰富的思想。我认为，这思想可以成功地用来驳斥决定论。

根据决定论，我了解一个原理，它断定：如果某个事件 E 在 t 瞬间发生，那么，E 在 t 瞬间发生对 t 以前的任何时刻都是真的。支持这种原理的最有力的论据是建筑在因果律的基础上，这个定律断定每一个事件都有一个原因，这个原因存在于在它之前的事件中。如果是这样，那么，显然所有未来的事件都有原因，它在今天就存在，并且自古以来就存在，所以，一切都是预先决定了的。

但是，因果律就其最大的普遍性来说，只应当看作是一种假说。自然，天文学家们真的能够依靠某些支配宇宙的已知规律，高度精确地预言天体在未来年代的位置和运动。正当我写完前面的句子时，一只蜜蜂嗡嗡地飞过我的耳朵。我是不是相信，这个事件在无限久之前就为支配宇宙的某些未知的规律所预先决定了呢？接受这种思想，看来像比之依靠可以科学地加以验证的断定，更为喜欢沉醉于奇怪的思辨。

但是，即使我们认为因果律普遍地是真的，上面提供的论证也不是最终的。我们可以假定，每一个事件都有一个原因，都不是碰机会发生的，然而产生一个未来事件的原因的链条，虽然是无限的，却不会达到现在的时刻。这可以用一个数学的类比来解释。让我们用 0 来标志现在的时刻，用 1 标志未来事件的时刻，而用大于 1/2 的分数标志它的原因的时刻。因为不存在大于 1/2 的最小的分数，每一个事件都有一个在较早事件中的原因，但是这些原因和结果的整个链条都有一个在 1/2 时刻晚于 0 的极限。

所以，我们可以假定，亚里士多德所说的明天的海战，虽然它也有一个原因，而这个原因同样又有自己的原因，如此等等，但是，在今天却没有一个原因。同样，我们可以假定，今天也不存在某种东西，它会防止明天发生海战。如果真理在于思想符合于现实，那么，我们可以说，那种符合于今天的现实或者符合于为今天存在的原因所预先决定了的未来的现实的命题，今天是真的。由于明天的海战今天未成为现实，而它明天实现或不实现在今天缺少现实的原因，那么，命题“明天将发生一场海战”在今天既不真也不假。我们只能说：“明天可能发生一场海战”和“明天可能不发生一场海战”。明天的海战是偶然的事件，而如果有这样的事件，那么，决定论就被反驳掉了。

索　　引[①]

（一）

A

B

① 这个索引分三部分：第一部分按汉语拼音顺序排列；第二部分按拉丁字母顺序排列；最后部分按希腊文字母顺序排列。——编者

C

D

E

F

G

H

J

K

L

M

O

P

Q

S

T

W

X

Y

Z

(二)

A

B

C

D

E

F

H

I

K

V

W

X

Y

(三)

图书在版编目(CIP)数据

亚里士多德的三段论/(波)卢卡西维茨著;李真,李先焜译.—北京:商务印书馆,2017
(汉译世界学术名著丛书:120 年纪念版:珍藏本)
ISBN 978 - 7 - 100 - 14800 - 9

Ⅰ. ①亚… Ⅱ. ①卢… ②李… ③李… Ⅲ. ①亚里士多德(Aristotle 前 384 -前 322)—三段论—研究②推理—研究 Ⅳ. ①B502.233②B812.23

中国版本图书馆 CIP 数据核字(2017)第 161065 号

汉译世界学术名著丛书
(120 年纪念版·珍藏本)
亚里士多德的三段论
〔波兰〕卢卡西维茨 著
李 真 李先焜 译

商 务 印 书 馆 出 版
(北京王府井大街 36 号 邮政编码 100710)
商 务 印 书 馆 发 行
北京市松源印刷有限公司印刷
ISBN 978 - 7 - 100 - 14800 - 9

2017 年 12 月第 1 版 开本 710×1000 1/16
2017 年 12 月北京第 1 次印刷 印张 20¼
定价:102.00 元